똘스또이와 함께한 날들

김창진 지음

똘스또이와 함께한 날들

Дни, проведённые с Толстым

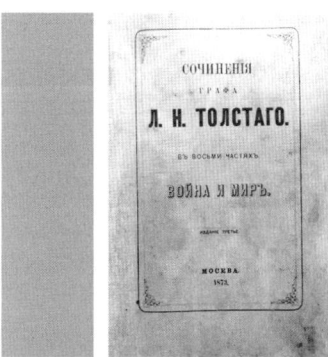

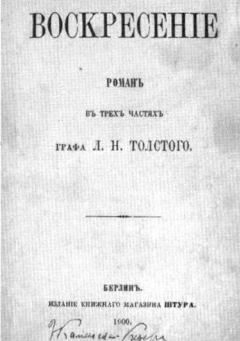

일러두기

1. 이 책의 외래어 표기는 된소리 표기법에 따랐다.

2. 러시아어 고유명사의 표기에 있어 표준 러시아어의 원 발음에 최대한 가깝게 표기하는 것을 원칙으로 하되, 한국어 어문 규정의 외래어 표기법과 원 단어의 철자를 유추할 수 있는 표기법을 절충하여 적는다. 기본적인 규칙은 다음과 같다.

    1) 원 발음에 충실하여 경음의 사용을 원칙으로 한다.
        예 : Москва(Moskva) 모스끄바

    2) 모음의 경우 강세에 따른 발음 변화는 표기하지 않는다.
        예 : Москва(Moskva) 모스끄바 (원 발음은 '마스끄바')

    3) 표준국어대사전에 등재되어 관용적으로 사용되는 지명 및 인명 가운데 일부는 등재된 표기에 준한다.
        예 : Крым(Krym) 크림반도 (원어: '끄림'), Сибирь(Sibir) 시베리아 (원어: '시비리')

    4) 구개음화가 일어나는 경우 원 발음에 준한다.
        예 : Петербург(Peterburg) 뻬쩨르부르그, Володя(Volodja) 볼로쟈

    5) 연음화가 일어나지 않는 고유명사 및 외래어는 원 발음에 준한다.
        예 : Пастернак(Pasternak) 빠스떼르나끄(시인의 이름), интернет(internet) 인떼르네뜨

    6) 모음 ы는 국어의 '의'와는 달리 항상 자음 뒤에 사용되어 대부분의 경우 국어에서 쓰지 않는 표기 조합을 만들어내므로 모두 '으이'로 풀어 쓴다.
        예 : Солженицын(Solzhenitsyn) 솔줴니쯔인(작가의 이름, 원 발음은 '솔줴니쯴')

    알파벳별 구체적인 표기법은 출판사 홈페이지(www.pushkinhouse.co.kr)를 참조하세요.

3. 인용문과 참고문헌의 경우 본문과 표기법을 일치시키기 위해 고유명사의 표기를 된소리 표기법에 준해 수정했다.

목차

책을 펴내며   6

프롤로그
   야스나야의 오솔길 똘스또이의 무덤 풍경   11

1부. 풍경의 미학
   1장. 풍경의 작가, 풍경의 사상가   23
   2장. 자연의 풍경, 마음의 풍경   41
   3장. 사랑의 풍경, 결혼의 풍경   105

2부. 인생의 풍경
   1장. 인생과 행복, 또는 죽음을 대하는 태도   151
   2장. 기차와 프랑스어, 또는 허영의 세계   175

3부. 말년의 풍경
   1장. 예술가와 말년의 양식   193
   2장. 부정(否定)을 넘어서는 똘스또이의 출가   214
   3장. 무엇을 위한 예술인가?   231

에필로그
   소피야의 일생, 또는 이루지 못한 가출   259

참고문헌   268

지은이 소개   271

책을 펴내며

소피아가 몸을 던졌다는 저수지를 지나 아름드리 자작나무들이 양 옆에 쭉 늘어서있는 경사진 오솔길을 한참동안 오른다. 나뭇잎들 사이로 다정하게 들어오는 햇볕을 받으며 넉넉한 흙길을 걷는 느낌이 마음을 편하게 한다. 왼쪽으로 사과밭이 나온다. 그 옆에 옛날 마구간이 보이고 아이들 두엇이 먼지를 일으키며 말을 타고 간다. '빛나는 벌판'이라는 뜻을 가진 소박한 동네 풍경은 이렇게 번잡하지도 적막하지도 않다. 모스끄바의 변방, 하지만 한때 세상의 중심이었던 곳. 똘스또이를 기억하는 사람들의 순례길이다.

흔히 러시아의 대문호로 불리는 똘스또이는 한국에서 <사람은 무엇으로 사는가>와 같은 교훈적 우화 작가, 또는 『전쟁과 평화』, 『부활』과 같은 장편소설 작가로 알려져 있다. 많은 작가들은 『안나 까레니나』를 문학사상 최고의 작품으로 꼽는다. 또는 간디와 함석헌의 정신적 스승으로서, 무소유 공동체나 비폭력저항 사상가로 그를 기억하는 이들도 있다. 그러나 그를 아는 젊은이들은 점점 줄어들고 있다.

자신의 숲속에 작은 풀무덤으로 누워있는 그를 발견하지 못했던들 내게도 똘스또이는 그저 대단한 작가이자 독특한 사상가로서만 남아있을 것이었다. 하지만 나는 그가 욕망과 방종과 번뇌와 깨달음과 회한 속에서 방황했던, 모순에 찬 인간이었다는 사실에 깊이 공감한다. 그가 틈만 나면 참나무 숲길을 걸었던 산책자였던 것도 마음에 들고, 백작 신분을 벗어던지려고 농부의 옷을 입고 쟁기질을 했던 모습도 좋다. 여든둘의 나이에 출가해야만 했던 절박한 처지에 연민을 느낀다.

내가 이 책에서 말하고 있는 것은 똘스또이가 '풍경의 작가이자 풍경의 사상가'라고 하는 사실이다. 뒤늦게 한국어로 번역된 똘스또이의 중·단편들에 빠져들면서 강렬하게 다가온 느낌이다. 얼마나 독자들의 공감을 얻을지 모를 일이다. 지난 5, 6년 동안 밴쿠버에서, 모스끄바와 뻬쩨르부르그에서, 그리고 일산에서 이 작업을 하는 동안 나는 행복했다.

2021년 12월 남해의 아침햇살을 받으며
김창진

프롤로그

🌿 야스나야의 오솔길 똘스또이의 무덤 풍경 🌿

　기념관이 된 똘스또이 생가를 나와 말을 탄 소년 소녀들이 먼지를 내며 오가는 넓은 흙길을 지나 숲속으로 난 아늑한 오솔길을 걸었다. 길 입구에 똘스또이가 산책길에 종종 앉았던 나무 의자가 새로 만들어져 있었다. 거기, 숲속 오솔길에 떨어져 있던 것은 나뭇잎만은 아니었다. 날마다 그 길을 걸었던 작가의 흔적과 보람과 상처가 나뭇잎 밑의 단단한 진흙에 섞여 있을 것이었다. 아무도 말을 하지 않았다. 침묵이 훨씬 많은 말을 대신할 수 있다는 것을 모두가 느꼈으리라. 그렇게 한참을 걷자 갑자기 나타난 똘스또이 무덤! 기껏해야 2미터 남짓 풀더미. 작은 나무 십자가 하나 세워져 있지 않았다. 러시아정교회로부터 파문당하고 자기의 숲속에 너무나 소박하게 누워있는 사람. 가장 똘스또이다운 마지막 모습…

　유럽 어느 나라에선가는 어수룩한 사람을 가리켜 '발처럼 어리석다'고 한다지만, 그런 속설을 믿는 것이 오히려 어리석을 터이다. 발처럼 인간을 현명함으로 이끄는 부위도 없다. 뿌리가 없는 발은 움직임으로써 자신의 존재 이유를 증명하고, 발로 걷는 인간은 고요함 속에서 온몸으로 세계를 느끼는 관능에로 초대된다.[01] "상습적인 보행자는 자신의 길을 거처로 삼고 있어서 때로는 길 위에서 죽음을 맞기도 한다... 구름 조각이 바람의 유혹에 못 이기듯..."[02] 똘스또이가 그랬다. 가족들이 지켜보는 가운데 집안의 안락한 침대에서 임종할 운명은 아니었다.

걷는 사람은 공간이 아니라 시간 속에 거처를 정한다고 한다. 똘스또이는 날마다 야스나야 뽈랴나의 숲속을 걸었지만 사실 그는 러시아 땅 전역을 걸은 것이다. 그는 야스나야를 통해 러시아를 느꼈고, 러시아를 통해 세계를 지각했다. 똘스또이는 자동차나 기차를 좋아하지 않았다. 그가 유럽여행을 나간 것도 평생 두 번뿐이었다. 그는 변방에서 살았다. 그것은 지리적으로뿐만 아니라 정신의 변방이기도 했다. 근대 서구 문명과 제국의 수도는 그와 맞지 않았다. 그는 걷는 것을 좋아했고, 바퀴 달린 기계보다 살아있는 말타기를 즐겼다. 그가 몽테뉴에 그렇게 심취했던 것도 아마 그 프랑스 사상가가 승마를 좋아했던 것이 이유의 절반은 될 것이다.

몽테뉴는 죽을 때를 선택할 수 있다면 "침대보다는 차라리 말 잔등에서 죽고 싶다"고 말했다. 그는 집과 식구들에게서 멀리 떨어져, 여행길의 말 위에서 죽기를 꿈꾸었다.[03] 강건한 육체를 가진

---

01 다비드 르 브르통 지음, 김화영 옮김, 『걷기 예찬』(현대문학, 2010), 15쪽
02 같은 책, 28쪽
03 앙투안 콩파뇽 지음, 장소미 옮김, 『인생의 맛: 몽테뉴와 함께하는 마흔 번의 철학 산책』(책세상, 2014), 64쪽

똘스또이도 걸핏하면 숲속으로 말을 달렸다. 그리고 언젠가는 영원히 돌아오지 않기를 꿈꾸었다. 두 작가이자 사상가는 말 위의 정동(情動)을 만끽한 것이다.

걷고 말 타는 똘스또이의 삶은 그가 유독 풍경에 관해 놀랍도록 풍부한 묘사에 능한 작가가 된 사실과 직접 관련이 있을 것이다. 그의 작품 속 주인공들은 홀로, 또는 함께 걸으면서 상념에 젖는다. 자연풍경 자체의 위대함과 아름다움, 또는 어둠과 슬픔은 주인공의 내면이라는 거울에 비친 자화상이다. 바로 여기에서 우리는 똘스또이에 관한 인상파적 해석의 커다란 가능성이 열려 있다는 사실을 발견하게 된다.

똘스또이의 풍경 묘사는 아침에서 달밤까지, 봄에서 겨울까지, 숲속에서 실내까지, 귀족에서 민중까지, 풀베기에서 전쟁터까지, 태어남에서 죽음까지, 앞뒤를 분간할 수 없도록 거센 눈보라에서 작열하는 태양, 세상을 뒤흔드는 공포의 뇌우까지를 아우른다. 그는 풍경의 작가요, 풍경의 사상가다. 풍경을 통해 똘스또이는 세상을 느끼고 인생의 모순과 역설에 관해 명상한다. 온갖 풍경에 관한 세밀한 묘사가 없다면 똘스또이 작품의 아름다움도 없을 것이며, 세상을 뒤흔든 똘스또이의 사상도 기껏 어느 노인의 날선 주장에 불과할 것이다.

똘스또이, 서구식 자유주의 관점으로 재단될 수 없는

똘스또이는 끝내 자기 계급을 배반했다. 유럽에서 가장 가난한 농부들과 가장 부유한 황실이 공존하는 러시아 땅에서 '귀족'은 부끄러운 신분을 대표하는 이름이었다. 무위도식과 방종이 그들의 일상이었다. 똘스또이 자신도 젊은 날 한때 그렇게 살았다. 그것이 그 계급의 구성원들에게는 무척이나 '정상'이었기 때문이다. 작가로 입신하고 나서도 문단에서 그가 빈번하게 목격한 것은 선배들의 허세와 타락의 세계였다.

똘스또이는 모순의 인간, 역설의 사상가다. 그는 추종자들이 미화했던 것처럼 완벽한 성자가 결코 아니었다. 자신도 그것을 긍정했고, 괴로워했고, 때로는 위악적으로 그것을 드러내려고도 했다. 이 위대한 작가이자 사상가는 사실 콤플렉스 투성이였다. 너무 어릴 때 여읜 어머니는 상상 속에서나 그리워할 수 있을 따름이었다. 백작이라는 신분과 물질적 풍족함이 엄마의 빈자리를 대신 채워주지는 못했다. 유년시절, 소년시절, 청년시절은 모성의 결핍에 대한 반응이었다. 또한 그는 어렸을 때부터 심하게 외모 콤플렉스에 시달린 사내였다. 할아버지 수염이 그의 얼굴에 현자(賢者)의 아우라를 부여하기 전까지 그는 '못생긴' 탓에 주눅이 든 주인공들을 작품 곳곳에 심어 놓았다. 육체적 욕망에 또다시 탐닉할까 두려워 한 그는 음악을 멀리하고, 사냥을 나갔다.

똘스또이는 20대 후반에 러시아 문단에 샛별처럼 등장하고 40대 초반에 걸작 『전쟁과 평화』를, 40대 후반에 『안나 까레니나』를 썼다. 조국의 경계를 넘어 세계적 작가의 평판을 얻게 된 것이다. 더구나 그는 고급 귀족인 백작 신분을 지니고 있었다. 하지만 사회적 신분과 세계적 명성은 오히려 그를 옥죄고 있었다. 똘스또이는 점차 자신이 가진 모든 부와 명성, 그리고 '전문가들이 만들어내는 순수예술'에 대해 깊이 회의하게 되었다. 그것들이 스스로 땀 흘려 일하는 민중과 함께 하는 것이 아니라면 무슨 가치와 의미를 찾을 수 있는가 하는 원초적 질문이었다. 내게 주어진 모든 것이 나 혼자 만들어 낸 독창적 산물이 아니라는 깨달음을 통해 그는 개인적으로는 무소유를, 사회적으로는 공유를 주장하게 되었다. 귀족의 세계와 민중의 세계가 평화롭게 만나는 세상을 그는 꿈꾸었다.

똘스또이의 생애와 작품에 대한 기존 논의의 상당수는 서구식 자유주의 관점에서 접근한 것이다. 그들 중 다수가 예술에 관한 유미주의적 태도를 견지하여 소설가일 뿐만 아니라 당대의 사상가, 사회개혁가였던 인간을 오직 '문학'과 '작가'라는 비좁은 틀 안으로만 집어넣으려는 편협한 태도를 보였다. 러시아의 선배 작가이자 경쟁자이기도 했던 뚜르게녜프는 똘스또이에게 "예술로 돌아오라"고 말했다. 이후 츠바이크, 나보꼬프, 윌슨 등 서구의 여러 비평가, 작가, 평전 집필자들도 같은 논조를 반복했다. '예술주의'에 심취해 있는 작가나 평론가들에게는 그런 태도에 대한 똘스또이의 신랄한 비판이 영 못마땅했을 것이다. 똘스또이는 말년에 예술이란 단순하고 민중에게 이해되기 쉬워야 한다는 전제 하에 기독교 경전과 러시아의 민담에서 빌어 온 많은 이야기를 변주해 썼다.

똘스또이의 인생과 사상이 지닌 모순과 역설에 관한 그들의 해석은 매우 단순했다.

『러시아 독본』, 『예술론』을 비롯한 똘스또이 말년의 작품과 발언은 서구식 근대 예술의 정신과 방법 자체에 대한 근본적인 비판이자 문제 제기였다. 대부분의 서구—나중에 그들을 그대로 따라간 비서구권—의 작가와 비평가들은 그를 깊이 이해하고 자신들을 성찰하려는 노력은 너무 불편해서 외면하고 싶었을 것이다. 대신 '똘스또이의 일탈', '도덕주의자로 퇴각'이라는 유치한 포충망을 씌워 그의 고뇌와 주장을 부정해버리는 손쉬운 방식을 택했다. 마치 똘스또이가 소피야와 결혼하고 나서 16년 동안 "왜?"라는 질문에서 해방되어, 성찰하지 않고, 물질적 풍요와 높아가는 명성에 만족하며 '평온하게' 사는 것이 만족스러웠던 것처럼, 그런 태도가 편하기 때문이었을 것이다. 그것은, 존 버거의 표현에 따르자면, '부르주아의 문화적 알리바이'였다.

똘스또이는 분야를 막론하고 기존 제도의 근원과 인간의 삶에 대한 그 의미를 근본적으로(radical) 생각했던 사람이었다. 따라서 주어진 관행과 전통을 특별한 생각 없이 수용하는 사람들 입장에서 그는 '일탈', '극단적', '노망든 노인'이라고 여겨지기 쉬웠다. 그러나 어떤 근본적 사유도 극단적일 수 있다. '현실'은 기존 질서와 관행을 유지하고자 하는 사람들에게 지위와 혜택을 보장해주기 때문이다. 하지만 그 '근본주의' 때문에 똘스또이는 오랜 시간이 지난 뒤에도 울림을 주는 사상가로 남아있는 것이다. 성찰이 없다면 현실은 너무나 비루한 변명의 포장지에 불과할 것이기 때문이다.

또한 똘스또이는 동·서양 양쪽을 보고 있는데, 비평가들은 정작 한 쪽밖에 보지 못한 경우가 많았다. 서구적 또는 전통 기독교의 관점에서 똘스또이를 비판하는 것은, 고대 그리스에서 동양 사상까지를 섭렵, 아우르려 했던 똘스또이에 대한 기본적인 이해 부족을 드러내는 것이다. 똘스또이는 심지어 미신을 제거한 '합리적 기독교'를 다시 세우려고까지 했다. 인생의 '궁극적 목적'은 인간의 지혜 자체로는 이해 불가능한 것이라는 전제를 도입한 그는 그런 전제하에 '이성'과 '사랑'이라는 두 축 위에 종교를 세우고, '선'을 행함이 인간의 존재 의의라는 믿음에 이른 것이다. 서구의 지식인과 예술가들은 기독교 문명이 자신들의 기반이라고 주장하면서도 그 밑바닥까지 파헤치는 것에 대한 커다란 두려움을 가지고, 외면하고자 하는 심리적 반응을 보여왔다.

똘스또이가 비판한 대상은 폭력적 국가권력, 제도권 교회, 탐욕적 사유재산, 고고한 척하는 학문과 예술, 지배계급인 귀족의 허영과 방탕 등이었다. 그가 옹호한 것은 반전과 평화였고, 소수자에 대한 공감과 연민, 민족 간 연대였다. 제정러시아 안에서 그는 깝까즈인, 폴란드인의 자유를 옹호했고, 종교적으로는 핍박받던 두호보르를 적극 지원했다. 그리고, 밖으로는 서구제국의 반식민지 상태로 전락한 중국인들을 언급했다. 서구의 대다수 지식인, 정치가, 성직자들이 야만적인 제국주의 앞잡이 노릇을 할 때였다. 범슬라브주의를 옹호하는 국수주의자로서 러시아의 전제군주제를 지지한 도스또옙스끼나 영국제국의 앞잡이로 '백인의 의무'를 말한 키플링을 생각해 보라!

다시, 똘스또이의 인간학

글로 쓰인 예술 작품들 자체가 무엇보다 인간에 대한 탐구, 이야기로 쓰인 일종의 인간학이지만, 똘스또이의 인간학은 독특하고 풍성하다.

먼저 당시까지 러시아에서뿐만—예컨대 <세바스또뽈 연작>—아니라 서구사회에서—예컨대 <네흘류도프 공작의 수기: 루체른>— 완고하게 남아있던 신분 사회의 풍습을 신랄하게 비판, 야유하는 대목은 매우 흥미롭다. 똘스또이는 그런 상황을 등장인물 개인의 일탈이라기보다 서구와 러시아 문명 일반, 인간 일반의 속성과 관련지어 묘사하고 있다.

다음으로 똘스또이는 초기부터 말년에 이르기까지 수많은 작품을 통해 귀족의 사회심리학을 전개하고 있다. 그의 전쟁소설은 전쟁의 무의미함과 민중의 덕성에 관한 것이며, 그에 못지않게 동시에 귀족사회의 타락에 관한 보고서이다. <1855년 5월의 세바스또뽈>과 『전쟁과 평화』는 그것을 전형적으로 보여주는 작품이다. 똘스또이 작품에서는 거의 매번 귀족이 주인공으로 등장한다. 그것은 작가 자신이 가장 잘 아는 세계로서, 한편으로는 허영을 상징하고 비난의 대상이며, 다른 한편으로는 그가 지향했던 민중의 세계와 극적으로 대비된다. 고된 노동으로 '주인들'에게 안락을 선사하지만 그 대가로 오히려 고통받고 무시 받는 하층 인간들에 대한 뜨거운 연민과 연대의식을 보여주는 방법이다.

마지막으로 똘스또이는 인생의 모순과 아이러니, 역설을 누구보다 집요하게 응시한 작가였다. 자신의 개인적 삶의 경험으로부터 인간의 생활, 인류의 문명에로 나아가 어떤 보편적 인식을 얻기를 열망한 그는, 따라서 풍경의 작가, 풍경의 사상가가 되었다. 그가 본 풍경은 자연만은 아니었고, 어린아이의 마음에서부터 젊은 여인의 미묘한 심리, 전장에서 쓰러지는 병사와 장교, 불타는 정열에 몸을 맡긴 청춘, 고뇌의 동굴에 갇힌 중년 남자, 그리고 죽음을 앞둔 노부인의 침실에 이르기까지 인생의 모든 장면을 아울렀다.

1부

풍경의 미학

1장
풍경의 작가, 풍경의 사상가

똘스또이의 풍경

　형언할 수 없는 자연은 세계의 본질이며 아우라다. 절경(絶景)은 언어의 한계를 넘는 찬탄을 불러일으킨다. 그것은 당신이 알고 있는 아름다움에 관련된 모든 형용사와 감탄사를 동원하더라도 피상(皮相)에 불과할 뿐인, 신비로움을 품고 있다. 어떤 천재적 모방(mimesis)도 자연의 흉내 내기이거나 자신의 감흥을 담은 이차적 해석을 넘을 수 없다. 그것은 모든 인공의 미가 오로지 자연에 기반을 두어 상상된 것임을 증언한다. 꽃보다 아름다운, 이라는 수식어는 그 뜻이 아무리 가상해도 형용모순이거나 자연을 빗대어 사람을 중심에 놓으려는 한낱 유치한 표현에 지나지 않는다.

　풍경은 또한 두려움의 근원이다. 수백 년 나이테를 가진 나무들이 빽빽하고 이름을 알 수 없는 풀들이 그들을 칭칭 휘감고 있는, 검은 그늘의 숲속에는 태곳적 공기가 음산하다. 집채만 한 새들의 날갯짓이 폭풍을 일으킨다. 가늠할 수 없는 그곳, 형체를 짐작할 수 없는 짐승들의 미세한 움직임마저도 만물의 영장이라 우기는 인간의 심장을 쪼그라들게 한다. 하늘은 보이지 않는다. 순식간에 몰려온 먹구름이 장대비를 쏟아부을 때 당신은 피신할 곳을 찾지 못한다. 한밤중, 아득한 별마저 홀로 된 나그네를 인도하지 않을 때, 적막은 공포와 동의어가 된다.

또 다른 풍경은 무기력과 권태의 근원이다. 한여름 외딴 시골의 밋밋한 벌판을 걷거나 아무도 없는 집안을 서성일 때, 누구도 당신에게 말을 걸지 않는다. 중천에 떠오른 해는 어제와 같고, 골목에는 발그림자 하나 찾을 수 없다. 바람 한 점 불지 않아 가슴이 메마른 당신은 하릴없이 우물가의 싱싱한 아가씨들을 상상한다. 시장기가 돈 돼지가 꿀꿀거리는 소리와 담벼락을 뚫고 지나가려는 염소의 헛된 고집도 변함이 없다. 울 밑에 핀 꽃도 시들고 마당 가에서 새벽에 살아난 풀들은 한낮에 풀이 죽었다.

풍경은 그렇게 시선을 가진 자를 내면에서 비추는 거울이 된다. 자연이 비할 나위 없이 아름답고 숭고한 것이라면, 그것은 인간 존재의 근원적 미력(微力)에 관한 생생한 증거이다. 그것이 광대무변하고 두려운 것이라면, 인간은 자연에 압도되고 그 일부가 되어 살아남는다. 그 속에서 살아가는 사람들은 종종 무심한 척 하지만, 실제로는 자연을 숭배한다. 그들에게 자연은 종교가 되고 신이 되는 것이다. 자연 안에서 그들의 기도는 속되지만 진실하다. 하지만, 풍경이 무력감만 초래하는 따분함 뿐이라면 젊은이들은 기차에 몸을 실을 것이다. 무엇을 잊고, 무엇을 잃었는지 모른 채 그들은 도시의 안락과 환락에 젖을 것이다.

그래서 멀리 보이는 이정표와 하늘에 퍼져 있는 구름들이 불길한 검은 빛을 띠며 거대한 먹구름으로 변해가는 모양을 유심히 관찰했다. 멀리서 천둥소리가 간간이 울리자 서둘러 여인숙에 도착해야 한다는 조바심에 마음이 더욱 급해졌다. 게다가 그 뇌우는 그리움과 두려움이라는 말할 수 없이 힘겨운 감정을 불러일으켰다.

인근 마을까지는 아직 10베르스타(약 10.76km)쯤이나 남았는데 어디서 나타났는지 거대하고 짙은 보라색 구름이 바람 한 점 거느리지 않고 빠르게 다가오고 있었다. 아직 구름에 가려지지 않은 태양은 먹구름의 어두운 형체와 지평선 끝까지 펼쳐진 회색 구름 줄무늬들을 환히 비추고 있었다. 멀리서 간헐적으로 번개가 번쩍이면서 희미한 울림이 전해지더니, 점차 커지면서 지평선 전체를 뒤흔드는 굉음으로 변해갔다. 바실리는 의자에서 몸을 일으켜 마차 포장을 올렸다. 마부들은 두꺼운 천으로 만든 외투를 입은 후 천둥소리가 울릴 때마다 모자를 벗으며 성호를 그었다. 말들은 귀를 쫑긋 세우고 다가오는 먹구름이 풍기는 신선한 공기 냄새를 맡은 듯 콧구멍을 벌름거렸다. 경마차는 먼지 날리는 길을 서둘러 달려갔다. 나는 기분이 나빠졌다. 혈관 속에서 피가 빠르게 도는 것만 같았다. 그런데 코앞의 구름들이 벌써 태양을 가리기 시작했다. 태양은 마지막으로 얼굴을 내밀어 칠흑처럼 어두운 지평선을 잠시 비추더니 이내 사라졌다. 갑자기 사위가 암흑으로 변했고 사시나무 숲이 떨리기 시작했다. 뒤쪽으로 보랏빛 구름과 선명히 대비되는 나뭇잎들이 희고 둔탁한 빛을 띠면서 요란스레 바람에 날렸다. 키 큰 자작나무 꼭대기가 바람에 흔들리고 마른 풀 뭉치가 길을 가르며 날기 시작했다. 흰가슴박이제비와 흰털제비는 우리를 멈춰 세우고 싶은 듯 마차 주위를 천천히 날다가 말의 가슴 바로 아래를 지나갔다. 갈가마귀들은 날개깃을 헝클어트린 채 바람을 타고 몸을 세워 날았다. 꼭 닫은 비가림용 가죽 덮개 끝부분이 바람에 들썩여 펄럭거리며 마차에 동체에 부딪히기 시작했고 그 틈으로 습기 찬 바람이 거세게 마차 안쪽으로 불어 들어왔다. 마치 번개가 마차 안에 내려치는 듯 그 번쩍임에 순간 눈이 멀었다가 한순간 회색 천과 견장, 구석에 몸을 사리고 있는 발로쟈의 모습이 훤하게 드러났다. 그 순간 우리 머리 위로 엄청난 우렛소리가 터져 나왔다. 그 소리는 거대한 나선을 그리며 높고 넓게 퍼지면서 점차 더 강해져 귀를 찢는 듯한 굉음으로 바뀌었다. 그 소리에 나도 모르게 몸이 떨리고 숨이 막혔다. 신의 분노다! 이러한 평범한 민중의 생각은 얼마나 시적인가![01]

    뇌우가 거세짐에 따라 그리움과 두려움이라는 불안한 감정이 점점 커져만 갔다. 뇌우가 들이치기 직전에 늘상 장엄한 침묵이 찾아왔다. 이 상태가 15분만 더 지속된다면, 확신컨대 숨이 막혀 죽을 것만 같았다. 바로 그 순간 구멍투성이의 더러운 셔츠 한 장만 걸친 인간 형상이 갑자기 다리 밑에서 몸을 드러냈다. 그 사람은 정신이 나간 듯했다. 삭발한 민머리를 흔들며 부석부석한 얼굴에 근육 하나 없는 다리는 구부정하게 휜 채로 나타나 붉은빛이 나는 의수를 마차 바로 앞으로 내밀었다......
    이 순간 내 마음을 사로잡은 차가운 공포를 어떻게 표현할 수 있을까. 머리칼이 쭈뼛거리고 이해할 수 없는 두려움에 사로잡힌

---

[01]   레프 똘스또이 지음, 최진희 옮김, 『유년 시절·소년 시절·청년 시절』(펭귄클래식코리아, 2015), 174-176쪽

나는 그 거지를 뚫어지게 쳐다 보았다……[02]

곧 비도 가늘어졌다. 먹구름은 엷은 구름으로 나뉘고 태양이 있어야 할 자리가 밝아지기 시작했다. 먹구름의 희뿌연 가장자리로 선명한 빛 조각이 살짝 비쳤다. 곧바로 도로의 물웅덩이 위로, 체로 친 것처럼 가느다란 빗줄기 위로, 물에 씻겨 반짝거리는 길가 초록 풀 위로 햇살이 수줍게 부서졌다. 검은 구름이 여전히 반대편 지평선을 위협적으로 가리고 있었지만 나는 이제 두렵지 않았다. 삶의 희망이 나를 짓누르는 공포를 서둘러 몰아내는 듯하여 몹시 기뻤다. 새롭게 탈바꿈한 유쾌한 자연처럼 내 영혼은 새로운 기운을 받아 미소 지었다. 바실리는 외투 깃을 뒤로 넘기고 모자를 흔들며 물을 털었다. 발로쟈는 마차 포장을 걷었다. 나는 마차 밖으로 몸을 내밀어 새로운 기운과 향내로 가득한 공기를 게걸스레 들이마셨다. 우리 앞으로 빗물에 씻겨 반짝거리는 사륜마차의 동체가 큰 트렁크와 짐들을 싣고 흔들거리며 나아가고 있었다. 말 잔등, 말 엉덩이 띠, 고삐, 쇠 바퀴, 모든 것이 물어 젖어 햇빛을 받아 기름칠을 한 것처럼 반짝거렸다. 길 한편에서는 군데군데 작은 골로 구획된 파종한 들판이 그늘진 양탄자처럼 지평선 끝까지 끝없이 펼쳐져 물먹은 흙과 풀로 반짝이고 있었다. 다른 한편에는 호두나무와 어린 마하레브 벚나무들이 무성하게 자라는 사시나무 숲이 행복에 겨운 듯 서 있었다. 사시나무들은 가만가만 몸을 흔들었고 비에 씻긴 가지에서 지난해의 마른 잎사귀 위로 투명한 물방울을 천천히 떨어뜨렸다. 관모가 난 종달새들은 사방에서 흥겨운 노래를 부르며 휘감아 오

---

02 같은 책, 176-177쪽

르다가 빠른 속도로 아래로 돌진한다. 봄날의 뇌우 직후 숲의 놀라운 향기, 자작나무, 제비꽃, 썩은 낙엽, 삿갓버섯, 마하레브 벚꽃의 향기가 너무나 매혹적이어서 나는 마차 위에 진득하니 앉아 있을 수가 없었다. 그래서 나는 받침대에서 펄쩍 뛰어내려 관목 숲 사이로 달려 나갔다. 빗방울이 튀는 것도 아랑곳하지 않고 꽃봉오리가 피어나는 젖은 마하레브 나뭇가지를 꺾어서 얼굴에 두드리며 그 놀라운 향을 만끽했다. 진흙으로 신발이 엉망이 되고 양말은 벌써 오래전에 젖었음에도 조금도 개의치 않고 진흙탕을 걸으며 사륜마차의 창문 쪽으로 다가섰다.[03]

다소 긴 이 인용문은 똘스또이가 소년시절에 가족과 함께 마차를 타고 러시아 시골길을 가다 맞닥뜨린 변화무쌍한 봄날을 청년시절에 회고한 대목이다. 1854년, 그러니까 그의 나이 스물여섯에 발표한 자전적 작품에서 똘스또이는 이미 풍경의 작가로서 그 기질과 능력을 유감없이 보여주고 있다. 마치 장마철 방송 리포터가 현장에 나가 시시각각으로 변하는 날씨를 생중계하는 듯한 생생함이 느껴진다. 아니, 그의 문장을 따라가다 보면 우리의 머릿속에는 어느덧 파리 근교의 시골 언덕에 캔버스를 세우고 있는 인상파 화가의 역동적인 색조 그림이 펼쳐진다. 태양과 구름과 바람, 빛과 그림자의 모양과 색깔, 그들의 형상이 시시각각 어떻게 변해 가는지 예민하게 포착하는 작가의 시선은 거기에만 머물지 않는다. 그의 눈길이 미치는 주변의 사람, 사물, 동물, 식물의 움직임까지 그 모두를 섬세하게 관찰하여 묘사한다. 그리고 그들이 서로 어우러져 빚어내는 풍경의 조화(造化)가 소설 주인공들

---

03 같은 책, 178-179쪽

의 심리 상태와 어떻게 조응하는지, 또는 어긋나는지를 예민하게 보여준다.

마치 살아있는 생물처럼 움직이는 하늘의 구름과 천둥소리, 순간적으로 변신하는 바람과 빛이 만들어내는 놀라운 역동화(力動畵)의 세계가 우리 앞에 펼쳐진다. 이 순식간의 불협화음 속에서 어린 똘스또이는 그리움과 두려움이라는 불안한 감정을 어찌지 못하다가, 숨이 막혀 죽을 것만 같이 괴롭다가, 차가운 공포에 내던져졌다가, 마침내 향기로운 공기에 미소짓는 영혼을 회복한다. 그새 거센 뇌우도 그치고 불길한 먹구름 사이를 뚫고 따스한 햇살이 길가의 풀 위에 살포시 내려앉는다. 순진한 소년의 마음이 이렇게 요동칠 때 여정을 함께 한 마부 바실리는 신의 가호를 빌면서 성호를 긋다가 모자를 흔들며 물을 털고, 말들은 귀를 종긋 세우고 콧구멍을 벌름거리다가 햇빛을 받아 반짝거리는 잔등과 엉덩이를 자랑하고, 제비와 까마귀들은 바람을 타고 어지러이 날다가 마른 잎사귀 위로 투명한 물방울들이 떨어질 때 사방에서 흥겨운 노래를 부르면서 돌진하는 종달새들에게 자리를 비켜준다. '신의 분노'라고 여겼던 뇌우가 지나가자 봄날 숲의 놀라운 향기가 세상을 가득 채운 것이다.

사실 이것은 작가가 이십 대 청년의 감성을, 어렴풋한 기억을 남기고 멀어져 간 자신의 어린 시절에 투사한 내면의 풍경이다. 똘스또이는 자연의 공포를 영화의 한 장면처럼 세밀하게 묘사하지만, 그것은 순수한 주인공에게 깨달음을 선물하는 치밀한 장치로서 자신의 역할을 하는 것이다. 『안나 까레니나』에서도 갑자기 몰아닥친 뇌우 속 벌판에 남겨진 아내와 아이를 찾아서 내달리는 레빈의 두근거리는 심장 소리가 잡힐 듯이 묘사된다. 똘스또이의 자연은 인간을 위협하려는 '저—타자'로서 존재하는 것이 아니라 인간의 성숙을 도모하는 '우리—세계의 원형'인 것이다.

관계의 풍경, 내면의 풍경

그날 아침의 미사는 네흘류도프의 일생에서 가장 빛나는 강렬한 인상을 남긴 추억의 하나가 되었다.

깜깜한 어둠 속에서 여기저기 하얗게 빛나는 눈 쌓인 길을 헤치며 교회 주위에 켜져 있는 등불을 보고는 귀를 쫑긋거리는 말을 몰아 그가 교회 구내로 들어갔을 때 성사는 이미 시작되고 있었다.

농부들은 그가 마리야 이바노브나의 조카임을 알자 말을 쉽게 내릴 수 있는 마른 땅으로 그를 데리고 가서 내리게 한 다음 말을 끌고 가 매 놓은 뒤 그를 교회 기도실로 안내했다. 교회 안은 부활절을 축복하는 사람들로 가닥 차 있었다.

오른쪽은 마을 농민들(*성인 남자들)의 자리로, 집에서 짜 만든 긴 웃옷에 짚신을 신고 깨끗하고 흰 각반을 두른 노인들이며, 나사(螺絲, 모직물)로 된 새 윗도리에 밝은색 띠를 허리에 두르고 가죽 장화를 신은 젊은이들이 모여 있었다. 왼쪽은 여자들의 자리로, 그녀들은 빨간 비단 수건을 머리에 쓰고 소매 없는 비로드 옷 밑으로 새빨간 블라우스에 푸른빛, 초록빛, 빨간빛 등 갖가지 빛깔의 치마를 입고 있었고, 편자가 달린 구두를 신고 있었다. 흰 수건을 쓰고 회색 저고리와 낡은 치마를 입고 구두나 새

짚신을 신은 수더분한 할머니들은 그녀들 뒤로 서 있었다. 그리고 그 사이에는 머리에 반질반질하게 향유를 바른 아이들이 나들이옷을 입고 서 있었다. 농부들은 성호를 긋고 절을 한 뒤 늘어진 머리카락을 쓸어 올리고 있었다. 여자들, 특히 할머니들은 여러 개의 촛불이 켜져 있는 십자고상에 메마른 눈길을 박은 채 성호를 긋기 위해 모은 손가락을 이맛수건, 좌우 어깨, 가슴 쪽으로 차례차례 누르고는 무언가를 중얼거렸다. 그들은 선 채로 무릎을 꿇기도 하고 허리를 구부리기도 했다. 아이들은 사람들이 볼 때만 열심히 흉내를 내며 기도했다. 금빛 성장(聖障)은 사방에 있는 많은 초의 불빛에 반짝반짝 빛나고 있었다. 샹들리에에는 많은 초가 꽂혀 있었고 성가대석에서는 자원자들로 편성된 성가대원들의 짖는 듯한 베이스와 소년들의 가는 소프라노 소리가 한데 어울려 유쾌한 노랫소리가 되어 퍼져나갔다.

네흘류도프는 안쪽으로 나아갔다. 기도실 중앙의 귀빈석에는 부인과 세일러복 차림의 아들을 데리고 온 지주며, 경찰서장, 두꺼운 동피(胴皮) 장화를 신은 상인, 문장을 단 촌장들이 늘어서 있었다. 설교대의 오른쪽에 있는 여지주들 뒤에는 갖가지 빛깔로 반짝이는 보랏빛 옷에 테를 두른 흰 숄을 걸친 마뜨료나 빠블로브나와, 허리에 잔주름을 잡은 흰옷에 하늘색 띠를 두르고 검은 머리에 빨간 나비 모양의 리본을 단 까쮸샤가 나란히 서 있었다.

모든 것이 축제일답게 엄숙하고 즐겁고 아름다웠다. 금실로 십자가를 수놓은 은빛 법의를 입은 사제도, 축일에 입는 금빛과 은빛의 법의를 입은 보좌 신부와 교회 일꾼들도, 기름을 발라 머리가 번들거리는 나들이옷 차림의 성가대도, 축제의 즐거운 무용곡처럼 명랑한 노랫소리도, 꽃으로 장식한 세 자루의 촛불을 손에 들고 줄곧 '예수 부활하셨네...... 예수 부활하셨네......' 하며 뭇사람들에게 주는 사제들의 축복도 모두가 그지없이 아름다웠다. 무엇보다도 가장 아름다웠던 것은 흰옷에 하늘색 띠를 두르고 까만 머리에 빨간 나비 리본을 단, 환희에 차 눈을 빛내고 있는 까쮸샤였다.

네흘류도프는 그녀가 움직이지 않고 앞쪽만 보고 있지만 실은 자기를 보고 있다는 것을 알고 있었다...그는 아무런 할 말이 없었으나 잠시 생각한 끝에 곁을 지나치면서 이렇게 말했다.

"고모님은 저녁 미사가 끝나면 잔치를 열 모양인가 봐."

그를 볼 때면 언제나 그렇듯이 지금도 젊은 피가 그녀의 사랑스러운 얼굴에 붉게 피어올랐다. 까만 두 눈에 기쁜 듯 미소를 담고 수줍은 듯 네흘류도프를 쳐다보았다.

"네, 알고 있어요." 그녀는 생긋 웃으며 말했다.

이때 교회 머슴이 차 끓이는 사모바르를 들고 사람들 사이를 비집고 까쮸샤 옆을 지나갔는데 머슴은 그녀 쪽을 보지 않았기 때문에 법의 자락이 그녀에게 스치는 줄도 몰랐다. 교회 머슴은 네흘류도프에게 실례가 되지 않도록 그를 피해 지나가다 그만 까쮸샤를 건드린 것 같았다. 네흘류도프에게는 놀랄만한 일이었다. 어째서 이 교회에 있는 모든 것, 아니 이 세상의 모든 것이 오직 까쮸샤를 위해서 존재한다는 것을 교회 머슴은 알지 못한단 말인가? 이 세상의 모든 것을 무시해도 그녀만은 무시할 수가 없었다. 까쮸샤야말로 모든 것의 중심이니까. 성단 앞의 금빛 성장도 그녀를 위해 빛나고, 샹들리에나 촛대의 촛불들도 다 그녀만을 위해 타고 있으며 '주님 부활하셨네, 모두 기뻐하라 만백성이여.' 하는 환희에 가득 찬 찬송가도 그녀를 위해서 불리고 있었다. 이 세상에 존재하는 진귀한 모든 것들이 다 그녀를 위해 존재하는 것이었다. 네흘류도프에겐 까쥬샤 역시 세상 모든 것이 자기를 위해 존재한다는 것을 알고 있는 듯이 보였다. 맵시 있게 주름 잡힌 새하얀 옷에 감싸인 그녀의 모습이며 환희에 빛나는 얼굴을 바라보면서, 또 표정으로 미루어 보건대 자기가 부르는 것과 똑같은 노래를 그녀도 마음속으로 부른다는 것을 느꼈을 때 그런 생각이 들었던 것이다.[04]

  똘스또이 말년의 작품인 『부활』에서 남녀 주인공인 네흘류도프와 까쥬샤가 부활절 날 아침에 교회 안에서 만나는 장면이다. 그야말로 각계각층, 남녀노소가 다 성장(盛裝)을 하고 모인 엄숙한, 하지만 억제할 수 없는 축일의 들뜬 분위기에 젖어 있다. 그리고 다른 줄에 앉아 있지만 이미 사랑에 빠진 청춘남녀는 짐짓 서로를 바라보지 않는 척, 아무렇지도 않은 척 표정을 꾸미려 하지만, 환희에 가득 찬 눈빛과 떨리는 가슴에서 홍분된 감정을 억누를 수가 없다. 작가는, 마치 연극 무대의 조명이 저 가장자리에서 시작하여 서서히 한 점으로 모이면서 두 주인공을 비추어 가듯, 네흘류도프와 까쥬샤를 향해 점진적으로 초점을 맞추어 간다. 그 사이에 교회 안을 비추는 똘스또이의 온화한 전등 불빛은 객석 전체, 그러니까 교회 안에 들어선 모든 사람들의 옷차림, 얼굴 표정, 머리 수건과 허리띠, 손짓과 신발 모양에 이르기까지 하나하나에 일일이 눈길을 주고 지나간다. 이것은 마치 지나간 한 시절, 그 동네 사람들의 잔칫날 장면을 그린 커다란 벽화처럼 보인다. 또는 요즘 식으로 말하자면, 굳이 나레이션을 넣지 않은 5분짜리 잔잔한 동영상처럼 느껴진다. 그만큼 똘스또이의 묘사는 활

---

04 레프 똘스또이 지음, 박형규 옮김, 『부활 1』(민음사, 2015), 96-100쪽

동사진처럼 사실적이다. 이것은 어쩌면 16세기 플랑드르의 화가 피터르 브뤼헐의 <농가의 혼례> 풍경만큼이나 들떠 있고 신나고 흥미 있는 그림 같은데, 다만 거기에서 해학은 빠져있을 따름이다, 라고 말해야 할지 모르겠다.

그런데, 우리가 교회 밖에서 이 장면을 잠시 음미해보면, 한 가지 역설적이라고 할만한 사실이 떠오른다. 그것은 곧 『부활』에서 똘스또이가 부활절 교회의 풍경을 이렇게 아름답게 묘사한 때가 뻬쩨르부르그의 안쏘니 대주교가 '성모 마리아 성당'의 서구식 설교단에서 이 불온한 작가요, 사상가를 정교회에서 공식적으로 내쫓는다는 파문장을 낭독하기(1901년 2월 24일) 이태 전 일이라는 것이다.[05]

똘스또이의 작품에서 러시아 정교회와 그 사제가 이토록 긍정적으로 그려지기는 아마 처음일 것이다. 이 신실한 기독교 신자가 쓴 대부분의 작품에서 그려지는 정교회 사제는 무지하거나 커다란 죄악에 가담하거나 탐욕스러운 존재이다.

---

05   아래와 같은 내용으로 작성된 똘스또이의 파문 소식은 러시아 정교의 종교회의서 발행하는 공식 잡지에 발표되었고, 러시아 제국의 모든 교회의 문에 게시되었다.
   "러시아 태생에 정교 신앙에 의해 세례와 교육을 받았으며, 이 세상에는 작가로 알려진 레프 니꼴라예비치 똘스또이 백작은 지적 허영심에 현혹되어 하느님과 그의 아들 예수, 그리고 성스러운 그의 권위에 도전하는 작태를 보이더니, 공공연히 자기를 양육해준 '성모 마리아 성당'을 능멸했으며, 하느님에게 받은 자신의 문학적 역량과 영향력을 동원하여 대중에게 예수와 교회에 대적하는 내용을 전파하는 일과 대중의 마음속에 있는 민족 종교의 신앙을 파괴하는 일에 전념했다. 정교 신앙은 하나님으로부터 권위를 승인받은 것으로서, 우리의 선조들이 이 신앙으로 구원받으며 살아왔고, 우리의 성스러운 러시아가 오늘날까지 그 신앙을 지켜왔으며, 그 힘으로 점점 더 강대해지고……". N. Weisbein, L'Evolution Religieuse de Tolstoi(Paris, 1960); 앤드류 노먼 윌슨 지음, 이상룡 옮김, 『똘스또이』(책세상, 2010), 661쪽에서 재인용

19세기 후반에서 20세기 초반까지 서양과 동양을 비롯한 전 세계에서 러시아를 상징했던 대문호와 러시아 정교회 사이의 불행했던 관계에 대한 이야기는 잠시 뒤로 미루기로 하자. 이 책의 첫머리에서 나는 우선 작가로서 똘스또이의 탁월한 풍경 묘사가 관찰 대상으로 존재하는 벌판의 자연 현상 자체에만 국한된 것이 아니라 집안이나 실내 공간에서 이루어지는, 사람들의 세세한 일상 영역에서도 그 역량을 충분히 발휘했다는 사실을 미리 말해두고 싶은 것이다. 더불어 언급해야 할 것은 작가의 이런 섬세한 관찰 능력과 예민한 감성, 그리고 그것의 생생한 형상화 능력이 작가 초년생인 청년시절부터 그가 인생의 심대한 '전환'을 겪고 '예술'에 관한 새로운 관점을 주장한 노년에 이르기까지 변함없이 유지되었다는 것이다. 다시 말해 풍경의 작가로서 그의 기질과 솜씨는 점차적으로 성숙한 것도 아니요, 중년을 넘겨 쇠락해버린 것도 아니고, 놀랍고도 다행스럽게도 그의 전 생애를 걸쳐 꾸준하게 지속되었다는 사실이다.

풍경의 사상가

이처럼 똘스또이는 풍경의 작가이다. 똘스또이는 자연주의자이고, 풍경의 사상가다. 일찍이 오스트리아의 작가 슈테판 츠바이크는 똘스또이에 관한 짧은 평전에서 "그는 단순한 관찰자가 아니고 모든 예술가 중에서 가장 통찰력 있는 예술가"라고 칭송한 바 있다.[06] "문학은 관념의 패턴이 아니라 형상의 패턴"이라고 거듭 강조하는, 『롤리타』의 작가 블라지미르 나보꼬프 또한 『안나 까레니나』의 곳곳에서 빛을 발하는 구체적인 장면 묘사를 지적하면서 똘스또이야말로 '러시아 최고의 작가'라고 단언했다.[07]

하지만, 똘스또이가 풍경의 작가라는 의미심장한 사실이, 응당 그래야 할 만큼 후세의 작가나 독서가들로부터 충분한 주목을 받아 왔다고 보기는 어렵다. 똘스또이가 루소의 영향을 받았다는 한두 마디의 언급으로는 전혀 충분하지 않다. 여전히 세계 각국의 내로라하는 작가들이 문학사상 최고의 작품으로 꼽는 『안나 까레니나』[08]의 작자인, 하지만 말년의 사상과 행동에 관해서는 커다란 논쟁을 불러일으키는, 결코 간단치 않은 이 작가-사상가-사회개혁가의 독특하고, 모순되고, 역설적인 언행은 사후 110년이 넘은 지금도 여전히 문학과 예술의 존재 의의, 그 사회적 가치에 관심을 가진 사람들에게 비범한 관심을 불러일으키기에 부족함이 없다 할 것이다.

무엇보다 먼저 자연풍경에 관한 똘스또이의 감각적이고도 풍부하고 적확한 묘사야말로 독자들이 주의 깊게 다시 살펴보아 마땅하다. 나는 풍경이 없는 똘스또이 작품들의 가치는 절반 이하로 줄어들 것이라고까지 말하고 싶다. 소설 속 공간의 분위기나

---

06 슈테판 츠바이크 지음, 나누리 옮김, 『카사노바, 스탕달, 똘스또이』(필맥, 2014), 234쪽
07 블라지미르 나보꼬프 지음, 이혜승 옮김, 『나보꼬프의 러시아 문학 강의』(을유문화사, 2012), 304-314쪽
08 미국의 한 출판사가 미국, 영국, 호주 등 영어권의 유명 작가 125명에게 자신이 가장 좋아하는 최고의 작품 10권을 꼽으라고 한 조사 결과 똘스또이의 『안나 까레니나』가 1위를 차지했다고 한다. 그의 『전쟁과 평화』는 3위를 차지했다. 이런 조사 결과를 절대적으로 신뢰할 필요는 없지만, 영어권 작가들의 취향과 평가를 참고할 만한 가치는 있을 것이다.

등장인물들의 심리 변화와 행동거지를 꼼꼼하고 정확하게 묘사함으로써 디테일에 특별히 강한 면모를 보여주는 작가지만, 똘스또이는 인공적 환경과 그 속에서 움직이는 사람들 이전에 먼저, 그리고 늘, 자연 자체에 기본적인 관심을 두었다. 그는 자연에 궁극적 가치를 부여했다. 세상에서 가치 있는 것은 자연과 직접 관련된 것이었다. 자연과 거리를 둘수록 순수함은 빛이 바래고, 아름다움은 엷어지고, 선(善)은 멀어지는 것이었다. 자연이 아니라면, 젊은 날의 방종과 허영에 가득 찬 무도회의 타락과 신(神)을 팔아 교회를 섬기는 인간의 어리석음은 구원받을 길이 없을 것이었다.

20대 중후반에 쓴 <유년시절>과 <습격>, <네흘류도프 공작의 수기: 루체른>에서부터 70대의 산물인 『부활』과 <하지 무라뜨>에 이르기까지 똘스또이는 평생을 다양한 풍경의 예리한 관찰자, 한결같지 않은 풍경의 소상한 기록자로 살았다. 반세기가 넘도록 그가 묘사한 풍경은 장엄한 깝까즈의 설산(雪山)에서부터 허영에 찬 모스끄바와 뻬쩨르부르그 귀족들의 무도회, 작가의 생가가 자리한 야스나야 뽈랴나의 친밀한 숲속과 가난한 농가의 지붕, 그리고 젊은 여성의 고통스런 출산과 폭설이 몰아치는 날 마부의 표정에 이르기까지, 사람의 눈으로 볼 수 있는 거의 모든 장면을 포함하였다. 수십 개에 이르는, 장편과 중·단편 작품들에 산재하는 풍경의 묘사는 놀랍도록 풍부하고 섬세하다. 똘스또이에게 자연 풍경은 그 자체로 창작의 원천이었을 뿐 아니라 급기야 문학과 예술을 넘어 특별한 영감과 사상의 근원이 되었다. 그의 자연철학은 중년의 어느 날 갑자기 도래한 '인생 전환'의 결과로 얻어진 것이 아니었고, 청년시절부터 그의 영혼에 박혀있던 자연-형질(形質)의 산물이었다고 할 것이다. 그의 작품에서 풍경의 묘사를 단지 꾸며낸 이야기의 배경 정도로만 이해하는 것은 매우 단순한 생각이다. 실로 똘스또이에 관한 인상파적 해석의 넓은 지평이 우리 앞에 열려 있는 것이다.

자연 풍경 자체의 위대함과 아름다움, 또는 주인공의 내면이라는 거울에 비친 바깥 풍경의 빛나거나 음울한, 대조적인 인상에 관한 생생한 묘사는 작가가 자신의 느낌과 생각, 세계관을 전달하는 기본적인 방식이었다. 뿌쉬낀이나 고골, 도스또옙스끼, 뚜르게네프나 체홉과 같은 다른 러시아 작가들에게도 각자의 고향이나 어떤 인연으로든지 한때 머물렀던 장소는 특별하게 기억되고 그려진다. 그 숱한 이야기들 속에서도 우리에게는 스스로 농부의 옷을 입고, 농부의 신발을 신고 진창을 오가며, 시골 생활의 사철을 다 겪어 본 작가, 바로 그 똘스또이를 만나는 것은 결코 평범하지 않은 경험이다. 그는 『안나 까레니나』에서 레빈의 형 세르게이 이바노비치처럼 잠시 전원생활을 즐기기 위해 도시에서 내려온 사람과는 사뭇 다른 눈과 마음으로 자연을 보았다. 즉 그는 단순한 관상(觀賞)의 대상이 아니라 실제로 그와 같이 숨 쉬고 살아있는, 영혼을 지닌 풍경을 그의 온 감각과 정신으로, 감동하고 숭배하는 마음으로 접했던 것이다.

풍경과 인생의 비유로 보자면, 똘스또이는 매혹적인 자연과 아름다운 여인을 동일시한다. 그에게 구원의 여인상은 오로지 보드라운 아이의 몸에 닿았던 따스한 손길의 잔상 기억만으로 남아있는, 두 살 때 영원히 그의 곁을 떠난 어머니였다. 욕조의 물속에 누워있던 '유년시절'을 상상해낼 수밖에 없는 작가에게 자연은 늘 그대로, 자기 옆에 살아 자기와 더불어 숨 쉬는 존재였다. 아홉 살에 아버지마저 여의고 친척 집에 얹혀살다가 청년이 되어 돌아온 생가는 애틋한 고향을 훨씬 넘는 장소였다. 거기에는 '파란 막대기'에 관한 전설을 은밀하게 나누며 형과 숲속을 뛰어놀던 소년시절의 추억, 상상력을 자극한 가문의 역사, 그리고 정성스레 자신들을 돌보아 준 농부들과 하인들의 인생이 결코 사라지지 않을 인상적인 문자로 곳곳에 박혀 있었다. 그곳은 러시아 속의 진정한 러시아였고, 작가 살아생전에 벌써 러시아 자체를 상징하는 공간이자 유럽 세계 변방의 중심이 되었다.

똘스또이에게 진정한 사랑은, 따라서 자연 속에서 이루어진다. 인간의 내면은 본질적으로 자연을 닮았기 때문이다. 인위적인 기계와 상품이 넘치는 도시에서는 순수한 인간도 어느새 타락의 길로 접어든다. 도시는 유혹의 장소이기 때문이다. 화려한 궁전의 무도회장은 한갓 영혼 없는 미모의 전시장에 불과하고, 근대문명의 상징인 기차는 사랑이 없는 육체의 결합에 따른 파국을 초래한다. 가지가지 불편함을 감수해야 할 시골 생활이야말로 결국은 인간의 순수함을 되찾는 곳이다. 고된 육체노동의 땀방울이야말로 진실한 사람이 기꺼이 흘려야 할 것이다. 자연의 소리, 신의 음성을 듣는 바로 그곳에 자신과 가족, 그리고 이웃에 대한 진정한 헌신과 사랑이 존재한다는 것이다.

똘스또이는 또한 진정한 행복을 자연과 동일시한다. 그에게 전자는 자신의 욕망을 제어하고, 기꺼이 자신을 희생하고, 남들을 위해 선(善)을 행하는 것이었다. 자연 속에서 살아가는 사람들에게 그러한 삶의 태도는 태생적인 것으로서, 굳이 힘써 배우거나 익히지 않아도 스스로 우러나오는 것이었다. 하지만 도시의 안락에 젖은 귀족들은 그들 세상의 저 너머, 그들이 날마다 무위도식하며 즐기는 육체적 쾌락의 세계 밖에 진정한 행복이 있다는 것을 알지 못했다. 똘스또이에게 자연 풍경은 인생의 스승이었다. 그에게 자연은, 인간의 마음속에 내재한 사랑이라는 신의 생생한 구현으로 보였다. 그의 신은 성직자들이 높은 단을 차지한 교회 안에 거하지 않고 자연과 더불어, 자연의 모습으로 존재해야만 했다.

2장
자연의 풍경, 마음의 풍경

하루, 새벽에서 달밤까지

   평생 하인들의 시중을 받고 살다 한 달 전 세상을 떠난 귀족 부인의 무덤 위에는 석조로 된 작은 예배당이 들어섰다. 하지만 마부의 무덤 위에는 한 인간이 과거에 존재했다는 유일한 증표로 솟아 있는 봉분 위에 돋아난 연두색 풀 뿐이었다. 마부의 무덤에 비석 대신 나무 십자가라도 세워줘야 한다는 마음씨 착한 식모의 재촉을 받고 세료가는 뒤늦게라도 빚을 갚기 위해 미명이 밝아올 때 도끼를 챙겨들고 숲으로 갔다. 살아있는 나무가지들이 쓰러진 나무 위에서 장엄하게 흔들거리는 아침이었다.

   아직 햇볕을 받지 않은 이슬이 차갑고 흐릿한 막처럼 사방에 내려 있었다. 엷은 먹구름이 얕게 드리운 하늘 동쪽에서부터 희미한 빛이 번지면서 날이 밝아오기 시작했다. 바닥의 풀잎들도, 높은 가지에 달린 나뭇잎들도 꼼짝도 하지 않고 있었다. 다만 무성한 숲속에서 어쩌다 들려오는 새의 날갯짓 소리나 땅 위에서 뭔가 사각거리는 소리만이 숲의 정적을 깰 뿐이었다. 갑자기 낯선 소리가 울려 퍼지더니 숲의 가장자리에 이르러 잦아들었다. 그러나 또다시 그 소리가 들려오더니 움직일 줄 모르는 나무들 중 한그루의 밑동 근처에서 일정하게 반복되기 시작했다. 나무 꼭대기 하나가 심하게 흔들렸고 무성한 나뭇잎들이 뭔가를 속삭이기 시작했다. 그 나무의 가지 위에 앉아 있던 꾀꼬리 한 마리가 삑삑거리며 두 번을 옮겨 앉았다. 그리고 작은 꼬리를 까딱거리며 다른 나무 위에 앉았다.

도끼질 소리는 산자락을 넘어 점점 더 둔탁하게 울려 퍼졌다……

첫 햇살이 구름을 뚫고 반짝이더니 하늘과 땅 위를 내달렸다. 안개는 파도처럼 협곡 속으로 밀려들었고 이슬이 풀 위에서 반짝이며 뛰놀았다. 투명하고 하얀 조각구름들이 파란 하늘을 바삐 누볐다. 새들이 우거진 숲속에서 꼼지락거렸고 마치 어찌할 바를 모르는 듯 행복하게 지저귀었다. 무성한 잎사귀들이 꼭대기에서 기뻐하며 평화로이 속삭였고 살아있는 나무들의 가지들은 죽어 쓰러진 나무 위에서 천천히 장엄하게 흔들거렸다.[09]

똘스또이에게 새벽은 생명의 신비가 깨어나는 순간, 침묵하던 자연이 힘차게 살아나는 순간이다. 고요한 밤의 정적을 깨고 풀잎이 눈을 비비고 새들이 날갯짓을 시작한다. 엷은 구름을 뚫고 햇살이 반짝하면 아침이 찾아온다. 하지만, 아침은 겉으로 보이는 것처럼 그렇게 오로지 생명의 탄생, 새로운 출발만을 뜻하는 것

---

[09] 레프 똘스또이 지음, 김성일 옮김, <세 죽음>, 『똘스또이 문학 전집 6: 중단편선 Ⅰ』(작가정신, 2010), 127-128쪽

은 아니다. 그것은 또한 죽음을 넘어, 생명과 소멸이 공존하는 순간이기도 하다. 나무 한 그루가 쓰러지고 그 위에 뭇 이끼가 살고 새싹들이 돋아나 활기찬 가지로, 나뭇잎으로 커나가는 것이다. 숲속에서 수백 년을 버텨온 고목은 이제 쓰러져 자신의 후세대를 위한 '돌봄의 통나무'가 된다. 자연의 어떤 조화도 다른 생명의 희생을 대가로 하지 않는 것은 없다는 것을 기억해야 한다. 따라서 그 존재 자체로 식물과 동물의 약탈자인 인간은 자신이 거대하고 신비로운 자연의 일부라는 사실을 깨닫기 전에는 아직 성숙했다고 말할 수 없을 것이다.

『전쟁과 평화』의 주인공 삐예르는 파리 유학파로서 본래 나폴레옹 숭배자였다. 하지만 러시아 침략자로 나타나 무자비한 살육을 감행하는 프랑스 침략군을 보고 나폴레옹을 암살코자 결심했다가 붙잡혀 모스끄바 막사 감옥에 갇혔다. 다행히 이제 그는 풀려날 수 있게 되어 자유의 몸이 될 순간을 고대하고 있었다. 그러나 그는 이 한 달의 포로 생활 동안 경험한, 다시는 찾아오지 않을 강렬하고 행복했던 감각을, 무엇보다 이 시기에 처음으로 경험한 완전한 평안과 완벽한 내적 자유를 그후 평생 환희에 차서 생각하고 이야기하곤 했다. 그가 맞이하는 모스끄바의 아침 풍경을 보자.

> 삐예르는 첫날 아침 일찍 일어나 새벽노을이 타오를 때 바라크(막사 감옥-옮긴이)를 나와 먼저 노보데비치 수도원의 검고 둥근 지붕들과 십자가들을 보고, 먼지가 뿌옇게 앉은 풀잎에 내린 차가운 이슬을 보고, 참새언덕의 구릉을 보고, 강 위로 굽이치다 연보랏빛이 감도는 먼 저쪽으로 스러지는 숲이 우거진 강

변을 보고, 상쾌한 공기의 감촉과 모스끄바 쪽에서 들판으로 날아든 갈까마귀 소리를 들었을 때, 그리고 갑자기 동쪽 하늘에서 햇살이 비치고 구름 사이에서 태양이 장엄하게 떠오르며 둥근 지붕, 십자가, 이슬, 먼 경치, 강, 모든 것이 즐거운 햇살 속에서 약동하기 시작했을 때, 일찍이 경험하지 못했던 새로운 삶의 기쁨과 강건함을 느꼈다.[10]

똘스또이의 초기작 가운데 하나인 <가정의 행복>은 요즘 감각으로는 윤리 교과서에나 실릴 법한 진부한 제목을 달고 있다. 하지만, 초반 줄거리는 그지없이 아름다운 첫사랑의 이야기이다. 그윽한 달밤 풍경이 서정적으로 펼쳐지는 단막극이나 한 편의 짧은 영화로 만들어지기에 안성맞춤이다. 여주인공 마리야가 느끼는 사랑의 감정이 시간과 분위기의 흐름에 따라 미묘하게 교차하고, 후반으로 가면서 결혼 이후 행복의 가치에 관한 남녀의 대조적인 태도로 긴장이 고조된다. 이 작품을 쓸 때 똘스또이는 아직 결혼 전이었다. 결혼 생활 15년이 지나고 난 뒤 발표하게 되는 『안나 까레니나』에서 자신의 이상적 부부상을 투사한 레빈과 끼찌 이야기의 전조를 보여주고 있다는 점에서 흥미로운 작품이다.

평화로운 시골 마을의 저녁, 순진한 처녀의 마음에서처럼 집안 가득 첫사랑의 기운이 흐르고 있었다. 그때 마샤는 자기가 무슨 생각을 하고 무엇을 소망하고 기대했는지는 하나님만이 아시리라고 생각했다. 달이 뜬 밤에는 아침까지 밤새도록 제 방 창가에 앉아 있기도 했고, 때로는 짧은 웃옷 차림으로 가정교사 몰래 정

---

10 레프 똘스또이 지음, 박형규 옮김, 『전쟁과 평화4』, 155쪽

원으로 나가 이슬에 발을 적시며 연못까지 달리기도 했다. "보세요, 얼마나 멋진 밤인지!" 정원 쪽으로 열린 발코니 문 앞에서 멈춰 서면서 그녀가 흠모하는 세르게이 미하일리치가 거실에서 말했다. 마샤와 까쨔는 그가 있는 곳으로 갔다. 정말로 그 후에 그녀가 단 한 번도 보지 못했을 정도로 아름다운 밤이었다.

... 모든 것들은 환하게 은빛 달빛과 이슬로 가득 차 있었다. 한쪽에 다알리아와 받침목의 그림자가 비스듬하게 늘어져 있는 꽃이 만발한 넓은 길은 온통 환했고 산뜻해 보였다. 울퉁불퉁한 돌조각들로 반짝반짝 빛나며 그 길은 안개 속으로 저 멀리 사라지고 있었다. 나무들 뒤로 온실의 밝은 지붕이 보였고, 골짜기 아래에서는 이제 막 피어나는 안개가 스멀거리며 올라오고 있었다. 벌써 약간 잎이 진 라일락 덤불은 큰 가지들까지 허옇게 보였다. 이슬에 흠뻑 젖은 꽃들은 한 송이 한 송이 구별할 수 있을 정도였다. 나무 그림자와 달빛이 어우러지고 합쳐진 가로수 길은 더 이상 나무들이 서 있는 가로수 길로 보이지 않고 흔들거리며 진동하는 투명한 집처럼 보였다. 오른쪽에 있는 집 그늘은 온통 컴컴하고 아무것도 분간되지 않아 무서워 보였다. 하지만 그 대신 어둠 속에서 괴상한 모양으로 가지가 뻗어 나온 포플러의 꼭대기는 그만큼 더 밝게 보였는데, 멀어져가는 창공 저 멀리 어디론가 날아가 버리지 않고, 집에서 얼마 떨어지지 않은 곳에서 위로부터 쏟아지는 달빛을 받으며 그 자리에 그렇게 서 있는 것이 이상하게 여겨졌다.[11]

---

11 <가정의 행복>, 170-171쪽

풍성한 보름달처럼 벅차오르는 마음에 견딜 수 없었던 그녀가 산책하러 가자고 말했다. 그동안 그는 한 번도 마샤에게 손을 빌려준 적이 없었지만, 이제는 그녀가 그의 손을 먼저 잡았다. 마샤와 까쨔, 세르게이 세 사람은 테라스에서 내려왔다.

> 이 세상과 이 하늘, 이 정원, 이 공기 모두가 내가 알아왔던 것이 아니라 전혀 새로운 것이었다. 내가 눈을 들어 우리가 걷고 있던 가로수 길의 앞쪽을 바라보았을 때 그곳으로 더 이상 나아가서는 안 된다, 가능성의 세계가 그곳에서 끝이 났고, 이 모든 것들이 자신의 아름다움 속에서 영원히 응결되어야만 한다는 생각이 들었다. 그러나 우리는 계속 나아갔고 아름다움의 마의 벽은 양쪽으로 트이며 우리를 들여보내 주었다. 그리고 그곳은 여전히 우리가 잘 알고 있는 우리의 정원이었고, 나무들이었고, 산책로였으며 마른 이파리들이었다. 우리는 바로 그 산책로를 따라 걸었고, 빛과 그림자가 어우러져 드리운 곳에 발을 디뎠으며, 바로 그 마른 잎사귀들이 발밑에서 서걱거렸고, 신선한 나뭇가지가 나의 얼굴을 간질였다. 그리고 고른 걸음걸이로 조용히 내 곁에서 걸으면서 나의 손을 소중히 잡고있는 것은 바로 그였고, 비틀거리기도 하면서 우리 곁을 따라 걷고 있는 것은 바로 그 까쨔였다. 그리고 움직이지 않고 굳어버린 듯 조용한 나뭇가지들 사이로 우리를 비추고 있는 것은 달일 것이 분명했다......[12]

남녀가 사랑의 마음에 흠뻑 젖으면, 세상의 모든 것이 그/그녀를 위해 빛난다. 『부활』의 표현에 따르자면 "남녀 사이에는 사랑

12　같은 책, 171-172쪽

이 정점에 달하는 순간이 있다. 그런 때에는 의식도 분별도 감각도 모두 말살돼 버리게 마련이다." 부활절 대축일의 밤이야말로 네흘류도프에게는 그런 밤이었다.

> 윤기 있게 반짝이는 검은 머리, 균형 잡힌 몸매와 아직 완전히 영글지 않은 앞가슴을 처녀답게 감추고 있는 주름 잡힌 흰옷, 발그스레한 두 뺨, 온화하게 빛나는 검은 눈동자. 이 모든 것에는 두 가지 커다란 특징이 있었다. 순결한 처녀성과 순수한 애정이 그것이었다.[13]

지주 레빈은 똘스또이의 분신으로 여겨지는 『안나 까레니나』의 주인공으로서 농촌에서 정직하게 땀 흘리는 삶이야말로 진실한 것이라고 믿고 있다. 그는 모처럼 찾아온 동무들과 아침 사냥길에 나섰다.

> 그는 해가 떠오르기 전에 늪에 닿았다. 그러나 해는 기다려 주지 않았다. 그가 밖으로 나섰을 때는 빛나고 있던 달도 이제는 한 조각의 수은처럼 겨우 희미한 빛을 발하고 있을 뿐이었다. 조금 전에는 금세 눈에 띄었던 아침놀의 빛깔도 지금은 찾아보지 않으면 알 수 없을 정도였다. 조금 전까지만 해도 어렴풋해서 아무것도 보이지 않던 먼 들녘 끝의 얼룩점이 지금은 확실하게 눈에 들어왔다. 그것은 호밀 다발이었다. 이미 꽃가루를 떨어뜨린 후의, 향기가 강렬하고 키가 큰 대마에 맺힌 이슬은 햇빛을 받지 않아 아직은 보이지 않았지만, 레빈의 두 다리뿐만 아니라 잠바

---

13 레프 똘스또이 지음, 박형규 옮김, 『부활1』, 102쪽

위까지 흠뻑 적셨다. 아침의 맑디맑은 정적 속에서는 아무리 작은 소리라도 똑똑히 들려왔다. 한 마리의 꿀벌이 총알 소리 같은 왱왱 소리를 내면서 레빈의 귓가를 스치고 갔다. 그가 가만히 지켜보니 또다시 한 마리, 또 다른 한 마리가 발견되었다. 그것들은 모두 양봉장의 울바자를 넘어 날아와서 삼밭 위로 해서 늪 쪽으로 사라졌다. 늪은 피어오르는 수증기로 이내 알 수 있었다. 수증기는 짙은 곳과 옅은 곳이 있어서 작은 섬과도 같은 사초나 버들의 수풀이 그 수증기 속에서 흔들리고 있었다. 늪가나 길가에는 말을 지키기 위해서 야영을 한 사내아이와 농부들이 뒹굴고 있었는데, 그들은 모두 긴 외투를 뒤집어쓰고 먼동이 트기 전의 새벽잠을 자고 있었다.[14]

풍경, 내면의 거울

어머니와 작별 키스를 하고 리자는 외삼촌이 쓰던 방으로 갔다. 흰 블라우스를 입고 숱이 많은 긴 머리채를 숄로 감싼 후 촛불을 끄고 창문을 올린 다음, 의자에 앉아 두 다리를 포갰다. 그리고 깊은 생각에 잠긴 채 은빛으로 빛나는 연못을 우울한 눈길로 바라보았다.

그러자 그녀의 일상적인 모든 습관과 관심거리가 갑자기 완전히 새로운 형태를 띠고 그녀 앞에 나타났다. 그 사랑을 잘 이해하지는 못하겠지만 그녀 마음의 일부분이 되어버린 변덕스런 노

---

14 『안나 까레니나 (하)』, 210쪽

모, 노쇠하지만 친절한 외삼촌, 하인, 자기를 떠받들고 있는 농부, 젖소, 송아지, **몇 번이고 죽었다가 다시 살아나는 자연, 사랑을 하고 사랑을 받으며 성장했던 그녀의 안식처인 자연, 그리고 그녀에게 편안하고 상쾌하고 정신적인 휴식을 제공해주었던 자연.** 이 모든 것이 일순간에 새롭게 변한 것 같았다. 이런 일상적인 것들이 이제는 지루하고 아무 쓸모도 없는 것처럼 생각되었다...... 대체 무엇이 그녀로 하여금 이런 생각을 하게 만든 것일까? 누구나 예상했던 백작에 대한 사랑 때문일까? 그런데 그와는 반대로 그는 그녀의 마음에 전혀 들지 않았다...... 그녀의 이상은 상당히 매력적인 것이었다. 그것은 **한밤중의 자연 속에서 아름다움을 유지하면서 사랑받는 것**이었고, 비록 어떤 조잡한 현실과 타협하더라도 절대 일그러지지 않는 그런 이상이었다.[15]

그리고 보름달이 다시 만물을 환히 비추고 그들에게 생기를 불어넣었다가, 다시 먹구름이 보름달 위를 몇 차례 통과하면서 만물이 어둠 속에 잠겨버렸음에도 불구하고, 그녀는 누군가를 기다리며 오랫동안 말없이 앉아 있었다. 창가에 앉은 채 잠들어 있던 그녀는 연못의 수면 위로 나지막이 울려 퍼지는 꾀꼬리의 울음소리에 눈을 떴다. 시골 아가씨가 잠에서 깨어났다. 또다시 새로운 기쁨으로 충만한 그녀의 마음은 앞에서 **평안하고 밝게 펼쳐지는 자연과의 그 은밀한 결합으로 다시 생기를 찾았다.** 피로하면서도 달콤하고 서글픈 감정이 그녀의 가슴을 짓눌렀다. 그리고 만족스러워하며 청순하기 그지없는 사랑의 눈물이, 순수한 위로의 눈물이 그녀의 두 분에 가득 고였다. 그녀는 창턱에

---

15 레프 똘스또이 지음, 김문황 옮김, <두 경기병>, 『똘스또이 문학전집: 중단편선II』, 524-527쪽. 강조는 인용자가 한 것임.

두 손을 내려놓고 그 위에 머리를 얹었다. 그녀가 좋아하는 기도문이 자연스레 마음에 떠올랐다. 그녀의 눈물 젖은 두 눈이 스르르 감겼다.[16]

아름다움과 선이 본질적으로 자연 속에서 구현된다면, 그 풍경을 바라보는 주인공의 시선은 변전(變轉)하는 정신 상태와 영혼의 일렁임을 담고 있다. 풍경은 이제 자신의 온 존재를 투사하는 인물의 기쁨과 슬픔, 분노와 우울, 안도와 실망, 사랑스러움과 배신감, 오만과 편견 모두를 반영한다. 계절에 따라 미세하게 변하는 날씨, 인간의 세상과 상관없이 그들만의 언어로 노래하는 작은 새들과 온갖 풀들, 갖은 풍상을 꿋꿋이 견디며 우직하게 하늘을 우러르는 참나무 숲이 세상을 관찰하며 자연의 넓은 품에 인간의 진상을 기록한다. 그러는 사이, 푸른 하늘과 먹구름, 갑자기 쏟아지는 소나기와 눈보라, 축축한 아침 이슬과 저녁 안개, 작열하는 대낮의 태양과 석양의 노을빛은 아름답기도 하고, 환호작약하기도 하고, 음울하기도 하고, 슬프기도 하고, 무섭기도 하고, 돌이킬 수 없는 회한에 차 있기도 하다. 인간의 안식처인 자연은 그대로 그 자리에 변함없지만, 주인공의 마음속에서 그것은 살았다가 죽었다가를 반복한다.

> 대화도 아주 흥미로워서 나는 우리 주변에서 인기척이 조금씩 사라지는 것을 알아차리지도 못했다. 사방에서 꽃향기가 짙게 풍겨왔고, 커다란 이슬방울이 풀잎을 흠뻑 적셨다. 멀지 않은 라일락 덤불 속에서 꾀꼬리가 시끄럽게 재잘거리다가 우리의 목

---

16 <두 경기병>, 527쪽. 강조는 인용자가 한 것임.

소리를 듣고 잠잠해졌다. 별이 가득한 밤하늘이 마치 우리 위로 내려앉은 것만 같았다.[17]

... 그러자 추억들, 희망, 행복 그리고 슬픔까지도 모두 내 안에서 하나의 의연하고도 즐거운 감정으로 합쳐졌고, 정지한 것만 같은 상쾌한 이 대기도, 정적도, 황량한 들판도, 그리고 땅 위의 만물 위로 찬란하게 쏟아지며 나의 볼을 태우려 헛되이 애쓰던 무력한 햇빛을 가득 품은 창백한 하늘도 나의 그 감정을 북돋워 주는 것이었다.[18]

똘스또이 자신이 열망한 훌륭한 결혼 생활의 모델이 반영된 또 다른 작품 <가정의 행복>에서 묘사되는 바깥 풍경은 흠모하는 남자를 곁에 두고 있는, 가슴 떨리는 여주인공 마샤의 기분과 완벽하게 일치한다. 황홀한 사랑의 감정이 물안개처럼 피어오르는 지금, 온몸의 신경이 그에게로 뻗어있는 열여덟 처녀는 시간의 변화도, 주변 사람들의 움직임도 눈치채지 못한다. 귀여운 새들도 그들을 위해서 노래하고, 밤하늘의 별도 어느새 그들 곁에 내려와 있다.

하지만, 테라스에서 주인의 부드러운 손길을 기다리다 식어버린 찻잔처럼, 결혼하고 시간이 흘러 형식적이고 상투적인 관계만이 남아있는 가정생활의 우울에 젖은 그녀에게 그대로의 옛 풍경은 전혀 다른 감정을 불러일으킨다. 풀숲에서 정답게 재잘대던 꾀꼬리도, 다정한 별들도 이제는 희미한 그림자에 불과했다. 지난

---

17 <가정의 행복>, 145쪽
18 같은 책, 198쪽

날, 자신에 못지않게 열에 들떠 그녀의 사랑을 축복해 주던 빛나던 얼굴의 가정교사 까쨔마저도 이제는 쭈글쭈글 볼품없는 아줌마가 되어 버렸다.

> 옛날의 그 정원이 창밖으로 보였고 공터도, 작은 길도, 골짜기 위의 벤치도 그대로였고, 연못에서 들려오는 꾀꼬리들의 노랫소리도 여전했다. 활짝 핀 라일락도, 집 위에 떠 있는 달도 똑같았다. 그런데 모든 것이 그토록 무섭게, 그토록 가망 없이 변해버리다니! 진정으로 소중하고 친밀할 수 있는 것들이 모두 다 얼마나 차갑게 식어버렸는지! 옛날에 그랬던 것처럼 까쨔와 나는 둘이서 거실에 앉아 그에 대한 얘기를 나눴다. 까쨔의 얼굴에는 주름이 늘고 피부도 누래지고, 그녀의 눈은 더이상 기쁨과 희망으로 빛나지 않았고 나에게 공감하는 슬픔과 애석함을 드러낼 뿐이었다……
> 그의 그윽하고 주의 깊은 눈길은 나를 볼 때면 언제나 먹구름에 가려 있었다. 나 역시 그대로였지만 내 안에는 사랑이 없었고 사랑에 대한 열망도 없었다……
> 예전에 맛보았던 종교적인 희열과 남편에 대한 애정, 그리고 옛날의 충만한 삶이 이제는 너무도 멀고 불가능한 것으로 여겨졌다.[19]

우리는 여기에서 서른한 살의 청년 작가가 벌써 결혼 생활의 비애에 대한 서글픈 예감을 하고 있는 장면을 보고 있다. 똘스또이는 줄곧 완벽한 사랑으로 하나 되는 행복한 결혼과 가정생활

---

19 <가정의 행복>, 260-261쪽

을 열망하면서도, 다른 한편 끊임없이 그것을 의심하고 또 의심했다. 그리고 세상 사람들이 다 알도록 부인 소피야와 '일기 전쟁'[20]을 하면서 애욕과 갈등으로 점철된 48년의 결혼 생활을 이어갔다.

풍경, 봄·여름·가을·겨울

긴 겨울과 빛나는 여름이 도드라지는 러시아지만, 그래도 사계절이 없지는 않다. 5월의 짧은 봄과 9월의 아쉬운 가을 덕분에 이 북방의 사람들은 다가오는 계절을 예비하며 바뀌는 옷차림만큼이나 마음의 준비를 단단히 하게 된다. 계절은 인간의 세상과 상관없이 바뀌어 가지만, 그 계절을 살아가는 사람들의 처지와 마음은, 어디에 사느냐 못지않게 어떤 계급에 속하느냐에 따라 하늘과 땅만큼이나 달랐다. 혁명 전, 유럽 전체를 통틀어 "가장 부유한 황실과 가장 가난한 농민들이 공존한 나라", 러시아에서 어떤 사람들은 자연의 변화와 상관없이 살아가고 다른 사람들은 계절에 순응하며 계절을 닮아가고 있었다.

1861년, 뒤늦게 농노제를 해체하고 서구식 근대화의 길에 들어선 19세기 중반의 러시아에서 작가 경력을 쌓아 간 똘스또이는 이 나라에서 여전히 힘을 가진 낡은 계급-지주 귀족에 속했다. 젊은 날 한때 모스끄바와 뻬쩨르부르그에 머물기도 하고, 훗

---

20 똘스또이가 소피야 몰래 일기를 쓰고 감추고, 아내는 그것을 찾으려고 안달복달했다.

날 자식 교육을 걱정한 아내 소피야의 강권에 못 이겨 모스끄바의 하모브니끼라는 동네에 저택을 마련하기도 했다. 하지만, 그는 체질적으로 변방의 귀족, 변방의 지식인으로 살았다. 바로 그 점이 모스끄바대학에서 수학한 뚜르게네프나 체홉과 달랐으며, 시베리아 유형에서 돌아와 뻬쩨르부르그에 뿌리를 내린 도스또옙스끼와도 달랐다. 그리고 하층계급 출신으로 나중에 소련 문단의 총아가 되는, 똘스또이 생전에 그를 존경했던 『어머니』의 작가 고리끼와도 달랐다. 똘스또이의 예민한 촉수는 불가피하게 당대 지배체제의 중심이 아닌 주변에서만 감지할 수 있는 사회 모순과 반동적인 국가 정책에 대항하는 쪽으로 날카롭게 뻗어 있었다.

비록 모스끄바에서 200km 남짓밖에 떨어지지 않은 시골이라고 하더라도, 그의 영지 야스나야 뽈랴나(Ясная поляна) — 그 빛나는 벌판은 모든 정치적 권위와 통치의 중심인 제국의 수도와는 너무도 다른 세계였다. 밖으로는 전쟁을 일삼고 안으로는 민중의 궁핍을 방관하는 국가와 사회, 그리고 기존 체제의 변혁을 갈망한 진보적 지식인들과 지하활동을 벌이는 혁명가들이 끊임없이 감시당하고 뻬뜨로-빠블롭스끄 요새 감옥에 처박혀야 하는 세상에서, 높은 명성을 얻은 작가의 양심은 그저 안락한 소파에 머물러 있을 수만은 없었다. 그는 자신의 가문을 자랑스러워하고, 러시아의 대지를 사랑하고, 러시아 민중의 지혜를 믿었다. 그러나 러시아의 국가를 사랑할 수는 없었다. 그는 진심으로 예수의 삶을 숭고한 선(善)의 길로 믿고 원시 기독교의 지혜를 대중에게 설파했다. 하지만, 수백 년 동안 권력과 결탁, 복음서에서 금한 맹세를 거듭하고 전쟁과 형벌을 통해 수시로 인명을 살상하는 제도적 살인자들을 서슴없이 축복하는 러시아정교회와 그 성직자들을 믿을 수는 없었다.

　기본적으로 동양인들의 세계였던 까잔[21]에서 그의 눈에는 쓸데없는 것으로 보였던 대학을 중퇴하고 똘스또이는 열아홉 살 지주로 생가에 돌아온다. 그리고 젊은 시절 한 때 깝까즈와 크림 등지에서 장교로 군인 생활을 하고, 종종 모스끄바와 뻬쩨르부르그로 출타하고, 두 번에 걸쳐 잠시 유럽 여행을 다녀온 것을 제외하고는, '빛나는 벌판'이라 이름 붙여진 영지에서 평생을 살았다. 그곳은 전형적인 러시아 농촌의 세계였다. 그는 사계절의 변화를 온 몸으로 느끼며 살아갔다. 그가 날마다 오솔길을 따라 산책하거나 말을 타고 달렸던 아름드리 참나무 숲에는 언제나 그에게 영감과 부끄러움을 주는 자연의 기운이 충만해 있었다. <유년시절>에서부터 시작되는 그의 초기 중·단편들에서부터 거장의 면모를 보여준 『전쟁과 평화』, 『안나 까레니나』, 『부활』과 같은 장편소설에 이르기까지 주인공들의 세계와 심리적 변화를 반영하는 자연 풍경의 생생한 묘사는 그저 상상의 구성물이 아니라 구체적인 체험의 산물, 끈질기게 반복된 관찰, 놀라운 직관의 서술이었다.

봄, 생의 약동과 부활

　똘스또이의 청년시절에 쓴 초기 작품에서 봄은 그야말로 겨울

21　까잔은 슬라브족과 함께 주로 몽골인들의 후예가 살고 있는 곳이다.

을 뚫고 생동하는 기운, 그에 상응한 젊음의 기쁨으로 묘사되고 있다. 해빙기의 약동하는 기운은 마차를 타고 가는 창백한 얼굴의 병자, 죽음을 앞두고 치료차 서둘러 외국으로 나가려다가 끝내 숨을 거두고만 귀족 부인의 덧없는 인생을 보여주는 바로 다음 장면과 극명한 대조를 이룬다. 여기에서 봄은 쇠락과 죽음의 저편에 있는 활력의 찬가요, 환희의 송가이다.

> 봄이 왔다. 축축한 도시의 거리에서는 지저분한 살얼음들을 헤치고 물줄기가 졸졸거리며 흘렀다. 거리에 나온 사람들은 밝은색 옷차림에 목소리에도 생기가 넘쳤다. 울타리 너머로 보이는 정원들의 나무에는 새순들이 나 있고 나뭇가지는 불어오는 신선한 바람에 보일락 말락 흔들리고 있었다. 도처에서 맑은 물방울들이 흘러내리고 방울져 떨어졌다……. 참새들이 시끄럽게 짹짹거리고 작은 날개로 이리저리 날아다녔다. 해가 나는 곳에, 담장과 지붕 위 그리고 나무 위로 모든 것들이 분주하게 움직이면서 반짝거렸다. 하늘 위에도 땅 위에도, 그리고 사람들의 마음속에서도 기쁨과 젊은 기운이 넘쳤다.[22]

봄은 또한 새로운 시작을 의미했다. 연모하던 아가씨 끼찌에게 청혼하러 모스끄바에 나갔다가 무참하게 거절당한 노총각이자 시골 귀족인 레빈이 다시 마음을 추스르고 삶의 의지를 다져나가는 시기이기도 했다. 레빈에게 그것은 아름답고 정다운 계절이었다. 늑장 부리거나 기대를 어기는 일이 없는 봄, 식물이나 동물이나 사람이 다 같이 기뻐하는 봄이 찾아온 것이다. 이 아름다

---

22 <세 죽음>, 119-120쪽

운 봄이 한층 더 레빈을 흥분시켰고, 그는 일체의 과거를 버리고 자신의 고독한 생활을 누구의 간섭도 받지 않으며 독자적으로 구축해야겠다는 결의를 굳혔다. 하지만, 그토록 좋은 봄은 아무렇지도 않게 일찍 오지는 않고 기어이 부활절을 넘기고서야 찾아왔다. 모욕당한 레빈의 영혼이 다시 살아나기도 그처럼 힘겨운 일이었을 것이다.

봄은 오랫동안 봄다운 봄으로 변하지 않았다. 단식재(斷食齋)의 마지막 두어 주일은 맑고 추운 날씨가 계속되었다. 낮에는 햇볕에 눈이 녹기도 했지만, 밤에는 영하 7도까지 내려갔다. 한번 녹았다가 다시 얼어붙은 눈의 표면은 길이 없는 곳에서도 짐 썰매가 다닐 수 있을 정도였다. 부활절은 눈 속에서 맞이했다. 그러나 그 뒤 갑자기, 부활절 이틀 후엔 따스한 바람이 불기 시작하더니, 검은 비구름이 몰려와 사흘 밤낮 동안 따뜻한 호우가 쏟아졌다. 목요일엔 바람이 멎고 자연의 품속에서 완성되는 신비를 감추려는 듯 짙은 잿빛 안개가 자욱이 끼었다. 안개 속에서 강물이 넘치고 얼음이 쿵 하고 깨져 흐르기 시작했으며, 탁하게 거품을 일으키는 급류는 전보다 더욱 격하게 쏟아져 내려갔다. 그러나 부활절 다음 주의 월요일에는 저녁때부터 안개가 걷히기 시작했고 비구름은 작은 양 떼 모양 흩어졌으며, 이윽고 하늘이 완전히 맑아졌다.

이제 완연한 봄인 것이다. 다음 날 아침에는 눈부시게 떠오른 태양이 수면을 덮었던 엷은 얼음을 재빨리 녹였고, 따스한 공기는 소생된 대지에서 무럭무럭 피어오르는 수증기로 하여 아롱거리기 시작했다. 묵은 풀도, 바늘같이 머리를 내민 새풀도 모두가 파릇파릇해졌고 인동덩굴, 까치밥나무, 끈적끈적한 알콜 냄새를 풍기는 자작나무의 새 눈도 부풀었다. 금빛 꽃을 뿌린 듯한 버드나무에서는 벌집에서 나온 꿀벌들이 붕붕거리며 날아다녔다. 녹색의 비단 같은 밭에서나 얼음으로 뒤덮인 경작지에서는 눈에 보이지 않는 종달새들이 노래를 부르고 또 갈색의 물이 괴어 넘치는 웅덩이와 늪에서는 댕기새떼들이 울기 시작했으며, 높은 하늘에서는 학과 기러기가 구구거리며 봄다운 소리를 내고 있었다. 방목장에서는 아직 털갈이를 하지 못한 채 군데군데 털이 빠진 가축들이 울기 시작했고, 다리가 구부정한 어린 양들은 매매 울부짖고 있는 털 빠진 어미 양의 주위를 뛰어다니고 있었다. 걸음이 잰 어린아이들은 맨발 자국이 남아있는 건조한 오솔길을 달리고 못가에서는 빨래하는 아낙네들의 즐겁게 떠드는 애기소리가 들려왔으며, 여기저기 마당에서는 가래와 써래를 손보는 농사꾼들의 도끼 소리가 울려 퍼졌다. 완연한 봄이 된 것이다.[23]

똘스또이가 만년에 쓴 장편소설인 『부활』은 첫 문장부터 봄을 묘사하는 대목으로 시작된다. 그 인세를 받아 러시아 정교회로부터 핍박받고 캐나다로 이주한 두호보르 교도[24]들을 지원해 준 이 말년의 작품에서, 봄 풍경의 장엄함은 그저 계절의 변화를 상징하는 일상적인 무엇을 멀리 넘는 것으로 그려진다. 네흘류도프라는 젊은 귀족의 무책임한 행동이 첫 번째 계기가 되어 훗날 거리의 여자로 타락하게 된 까쮸샤가 누명을 쓰고 가게 된, 고난과 축복이 함께 내린 시베리아의 유형 길. 그 길에서 진정한 인간애를 가진 혁명가들을 만나 마침내 갱생을 이룬다는 결말이 인간과

---

23 레프 똘스또이 지음, 이철 옮김, 『안나 까레니나(상)』(범우사, 2000), 201-202쪽
24 '영혼의 전사들'이라는 뜻. 제국의 중심부에서 권력을 장악한 정교회 신파들에게 밀려난 이들은 러시아 북부와 시베리아, 그리고 캐나다 등지로 흩어져 자신들의 농업공동체를 일구고 살았다.

자연의 쟁투 속에서 꿋꿋이 도래하는 계절의 위대함을 통해 초장부터 암시되고 있다. 작가는 새로운 인생을 살게 될 주인공의 운명을 예감하는 감동적인 봄, 곧 여주인공 까쮸샤의 정신적 갱생, 참된 인생의 부활을 상징하는 생물의 활기와 신성한 아침을 이렇게 이야기하고 있다.

> 몇십만의 인간이 한 곳에 모여 자그마한 땅을 불모지로 만들려고 갖은 애를 썼어도, 그 땅에 아무것도 자라지 못하게 온통 돌을 깔아 버렸어도, 그곳에 싹트는 풀을 모두 뽑아 없앴어도, 검은 석탄과 석유로 그슬려놓았어도, 나무를 베어 쓰러뜨리고 동물과 새들을 모두 쫓아냈어도, 봄은 역시 이곳 도시에도 찾아들었다. 따스한 태양의 입김은 뿌리째 뽑힌 곳이 아니라면 어디에서고 만물을 소생시켜, 가로수 길의 잔디밭은 물론 도로의 포석 틈새에서도 푸른 봄빛의 싹이 돋고, 자작나무와 포플러와 구름나무도 봄 내음 풍기는 촉촉하고 윤기 나는 잎을 내밀고, 피나무도 이제 막 싹을 틔우고 있었다. 둥우리를 만들기에 바쁜 때까마귀와 참새와 비둘기는 새봄을 맞아 아주 즐거워 보였고, 양지바른 담장 가에서 파리들도 분주히 날고 있었다. 식물도 새도 곤충도 어린애들도 모두 명랑했다. 그러나 사람들은—어른이 된 사람들은— 여전히 자기 자신뿐 아니라 서로서로를 속이고 괴롭혔다. 사람들은 이 봄날 아침이 신성하다거나 의미 깊다고 생각하지 않았다.[25]

네흘류도프는 예전에 까쮸샤를 유린하고 떠났으나 무슨 운명

---

25 『부활1』(민음사, 2015), 9-10쪽. 나는 전에 『시베리아 예찬』(2007/2014)에서도 이 대목을 인용한 바 있다.

의 장난으로 자신이 배심원으로 참가한 재판정에서 우연히 그녀를 다시 보게 된다. 그리고 뒤늦게 속죄를 위해 그녀를 따라 발목에 족쇄를 차고 가는 기나긴 시베리아 길에 동참한다. 그녀가 원하든 원하지 않든, 귀족 신분으로 자신이 가진 온갖 인맥과 자원을 동원하여 누명을 쓴 죄수에게 필요한 모든 도움을 주려고 동분서주한다. 그런 그에게도 한 가닥 재생의 희망을 암시하는 봄기운이 비치고 있었다.

> 네흘류도프는 이른 아침에 집을 나섰다. 골목길에서 아직도 교외에 살고 있는 농부들이 달구지를 타고 지나가면서 큰소리로 외치고 있었다.
> "우유요, 우유! 우유!"
> 어젯밤 처음으로 포근한 봄비가 내렸다. 포장되지 않은 곳은 어디에서나 파릇파릇한 풀들이 움텄다. 뜰 안에 있는 자작나무에도 파란 솜털이 돋아나 덮이고 벚나무와 포플러는 향기로운 긴 잎들을 내밀고 있었다.[26]

작가는 이렇게 또 한 명의 분신인 네흘류도프를 무심하게 버리지는 않고 있는 것이다. 자연이 사람에게 그러하듯이...

여름, 꽃의 향연 또는 먹구름과 천둥 번개 아래서

---
26 같은 책, 245-246쪽

러시아의 여름은 세상이 빛나는 계절이다. 만물을 움츠리게 했던 기나긴 겨울과는 천양지차로 생명 가진 모든 존재는 세상에 골고루 쏟아지는 태양 아래 온전히 자신을 드러내려고 야단법석이다. 반년이 넘도록 지루하게 변함없던 갈잎의 황량함이 온전히 가시고 숲속의 초록이 완연한 청춘의 계절을 예고하면, 어느덧 6월이 다가온다. 드디어, 다시, 여름이 온 것이다. 추억을 되새기는 것은 가을과 겨울의 몫이지만, 그 추억이 만들어지는 것은 여름이다. 북쪽 나라에서 여름은 만물이 살아 있음을 실감하는 생명의 계절이다. 하지만, 생명의 본질은, 그것이 아무리 아름답다 하더라도, 머무름에 있지 않고 그 변화무쌍함에 있다. 꽃향기도 하루하루 달라지고, 맑은 하늘에 느닷없이 나타나는 먹구름은 인간의 운명을 좌우하는 것이 우주의 조화임을 일깨운다.

똘스또이는 평생 자신을 괴롭힌 그 육체적·인간적 번뇌와 고투, 전쟁과 군대 생활을 빈번하게 선택한 작품의 소재, 그리고 아나키즘[27] 성향이 다분한 사상의 지향과 강력하고 비판적인 사회적 발언 등으로 볼 때, 전통적 관점에서는 '남성적' 작가라고 할 것이다. 그럼에도 불구하고 벌판의, 숲 속의, 정원의 풀꽃들을 섬세하게 관찰하고 묘사할 때는 그것을 어느 여성 작가가 쓴 것이라고 하여도 전혀 무리가 없을 정도이다. 어느 날, 육체노동으로 흠뻑 땀에 젖은 그의 눈앞에서 황홀한 여름 꽃밭의 향연이 펼쳐지고 있었다.

---

27   19세기 중후반 유럽에서 정립된 아나키즘은 그들이 기본적으로 폭력의 조직체로 간주하는 억압적 국가권력과 전쟁, 그리고 그것들을 축복하는 신을 반대한다. 다른 아나키스트들과는 달리 똘스또이는 '진정한 기독교'의 신봉자였으므로 '종교적 아나키스트'였다고 할 것이다.

나는 들판을 가로질러 가고 있었다. 한여름이었다. 건초를 만들기 위해 꼴을 베고 난 뒤, 쌀보리의 추수를 막 시작하려는 참이었다.

해마다 이 계절이 되면 아름다운 꽃들이 자태를 뽐낸다. 빨강·하양·분홍의 향기롭고 보드라운 토끼풀, 우윳빛 꽃잎에 노란 꽃술을 가진 향기로운 금불초, 달콤한 꿀 향기를 풍기는 노란 유채꽃, 연보라색과 흰색의 종 모양 꽃들이 피어 있는 늘씬한 자태의 초롱꽃, 땅바닥에 엉켜 있는 야생 완두 넝쿨, 노랑·빨강·분홍·연보라의 산뜻한 체꽃, 은은한 향기를 풍기는 작은 분홍 꽃망울을 가지런히 단 질경이, 햇볕을 받으면 밝은 푸른색의 꽃망울을 터뜨리지만 저녁 무렵이나 시들 때가 되면 점점 연한 붉은 색을 띠는 수레국화, 민들레 향이 나지만 금방 시들어버리는 우아한 편도나무 꽃 등이 만발했다.[28]

하지만, 햇볕 창창한 밝은 기운이 뭇 생명에게 활기를 북돋아 준 것이 언제였느냐는 듯, 갑자기 저쪽 하늘이 어두워지고 세찬 비바람이 내리친다. 벌판에 마음을 놓고 있던 사람들은 혼비백산한다. 급작스럽게 바뀌는 러시아의 여름 날씨는 종잡을 수 없다. 들판에 나가 있던 사람들은 서둘러 집으로 향한다. 하지만 집에 돌아와 가정부에게 아내와 아이의 안부를 묻던 레빈의 안색이 급변하고, 그는 먹구름이 몰고 온 세찬 빗속을 달려간다. 끼찌와 갓난아이가 위험에 처한 것이다. 『안나 까레니나』의 명장면이라 할 이 대목에서 똘스또이의 실감 나는 묘사를 조금 길게 살펴보자. 러시아 출신 작가인 나보꼬프도 바로 이 대목을 들어 똘스또이

---

28 레프 똘스또이 지음, 강명수 옮김, <하지 무라뜨>, 『똘스또이 문학전집 9: 중단편선 IV』, 45쪽

의 대단한 묘사 능력이라고 칭송한 바 있다.

　하지만 폭풍을 머금은 구름은 원래의 흰색에서 검은색으로 어두워지며 사람들의 머리 위를 빠르게 지나갔고, 사람들은 비를 만나지 않기 위해 걸음을 재촉해야 했다. 가장 앞서 오는 구름은 낮게 드리우며 숯검정을 품은 연기처럼 재빠르게 하늘을 뒤덮었다. 이제 집까지 200보 정도 남았을 무렵, 거센 바람이 불어오기 시작하더니 금방이라도 빗방울이 떨어질 것 같았다.
　아이들은 겁에 질린 듯하면서도 잔뜩 들뜬 고함을 지르며 달려갔다. 돌리는 다리를 휘감는 치맛자락을 떼어내려 안간힘을 쓰면서 아이들에게서 시선을 떼지 못한 채 뛰다시피 했다. 남자들은 모자가 날아가지 않도록 손으로 잡으며 그녀 곁을 성큼성큼 지나서 갔다. 현관 계단에 다다르자마자 큰 빗방울이 뚝 떨어져 강철 배수통 가장자리에서 갈라져 내렸다. 아이들은 흥분해 조잘대며 아늑한 집 안으로 들어갔다.......
　(아내와 아이가 아직 돌아오지 않은 것을 알게 된-인용자) 레빈은 무릎 담요와 외투를 빼앗듯 받아들고 잡목림을 향해 달려갔다.
　그 짧은 사이에 먹구름은 해를 완전히 집어삼켜 마치 일식 현상이 나타난 것 같았다. 바람은 그를 붙잡아 세우려고 고집스럽게 버티더니 라임 나무의 잎과 꽃들을 날려 떨어뜨리고 흰 색 자작나무 가지의 나뭇잎을 뒤집어 나무의 알몸을 추하고 기괴하게 드러냈다. 아카시아, 꽃, 우엉, 키큰 풀들과 높은 나무 꼭대기까지, 바람은 모든 것을 뒤틀어 한쪽으로 던져 버렸다. 정원에서 일하던 농가의 젊은 여자들이 비명을 지르며 하인들의 거처로 뛰어 들어갔다. 폭우는 멀리 보이는 숲 전체에 어두운 장막을 드리우고 가까운 들판도 절반가량 뒤덮으며 잡목림을 향해 **빠른 속도로** 진행하고 있었다. 비는 땅을 치고 작은 물방울로 퍼져 솟구치면서 공기 중에 습한 냄새를 흩뿌렸다. 고개를 숙이고, 들고 있던 담요를 빼앗으려 안간힘을 쓰는 바람과 싸우며 레빈은 잡목림에 가까워지고 있었다. 참나무 뒤쪽에서 하얗게 아른거리는 뭔가를 발견한 그 순간 섬광이 번득이더니 온 천지에 불이 붙고, 하늘이 두 조각 난 것 같았다. 부신 눈을 뜨며 레빈은 쏟아지는 빗줄기 너머를 응시했고 겁에 질린 그의 눈에 처음 들어온 것은 잡목림 한가운데 서 있던 눈에 익은 참나무 꼭대기가 묘하게 위치가 달라져 있는 모습이었다.

'벼락을 맞은 걸까?' 이런 생각이 머리에 떠오른 순간, 참나무 잎들이 점점 더 빠른 속도로 움직이는가 싶더니 다른 나무들 뒤로 자취를 감추었고, 그는 거대한 나무가 다른 나무들 위로 쓰러지는 요란한 소리를 들었다.

번개의 섬광, 천둥 치는 소리, 갑자기 몸을 타고 흐르는 한기가 모두 하나가 되어 그를 무서운 공포로 옥죄어 왔다. '맙소사, 맙소사, 나무에 깔린 건 아니겠지.'

물론 쓰러진 참나무로 인해 가족들이 죽지 않기를 바라는 그의 기도가 이미 나무가 쓰러진 이 시점에 얼마나 쓸모없는 것인지 즉각 깨달았지만, 그는 기도를 반복했다. 이 쓸데없는 기도 말고 그가 할 수 있는 일이 아무도 없음을 알고 있었기 때문이다. (......)

그들은 잡목림의 반대편 끝자락에 있는 오래된 라임 나무 아래에 있었다. 그들이 그를 불렀다. 어두운색 드레스를 입은 두 사람이 몸을 굽혀 뭔가를 급히 감싸고 있는 모습이었다. 끼찌와 유모였다. 비는 거의 그쳐 있었다. 그가 그들 곁에 도착했을 때는 날이 개고 있었다. 유모의 치마는 젖지 않았지만, 끼찌의 치마는 흠뻑 젖어 몸에 달라붙어 있었다. 둘은 처음 폭풍이 불어 닥칠 무렵과 같은 자세로, 초록색 우산을 씌워 놓은 아기의 침대 위에 몸을 굽힌 채 서 있었다. "살아 있소? 무사한 거지? 다행이다." 레빈이 말했다. 그들에게 달려가는 그의 젖은 장화는 미끄러웠고, 물웅덩이를 지날 때는 첨벙첨벙 소리를 냈다. (......) 그들은 아기의 젖은 기저귀를 모아들었다.[29]

실로 주인공들이 처한 급박한 상황을 연출한 한 편의 드라마를 눈앞에서 보는 듯하다. 영사기로 롱샷과 클로즈업을 번갈아 가며 시시각각으로 변해가는 벌판의 선명한 음영과 음산한 분위기, 그 속에서 대본 없이 당혹스럽게 움직이는 인물들의 동작을 역동적으로 촬영한 영화의 한 장면처럼 느껴진다. 장마철, 폭풍우가 덮쳐 오는 해안가 방파제에서 잔뜩 우비를 뒤집어쓴 기자가 험상궂은 날씨를 생중계하는 장면도 이보다 더 생생하지는 않을 것이다. 여기에서 우리는 "문학은 표현이며, 형상이다."고 목청을 높이는 나보꼬프[30]의 주장에 전적으로 동의하게 된다. 어떤 설명이, 어떤 심리묘사가, 어떤 플롯이 이처럼 강렬한 인상을 주는 날씨 변화의 묘사보다 더 감동적이고 설득력이 있겠는가?

그렇게 여름의 집중호우는 농촌 생활의 모든 것을 일시에 중단시킨다. 러시아의 기나긴 겨울 생활이 9월과 10월의 분주한 준비에 힘입은 것이라면, 한여름 갑작스럽게 닥쳐온 휴식은 아무런 준

---

29 여기서는 나보꼬프 책에 인용된 이혜승의 번역을 가져온 것이다. 나보꼬프 지음, 『러시아 문학사 강의』, 310-314쪽. 단, 이 번역문에서 '료빈'이라 표기된 남자 주인공 이름은 한국에서 많이 표기되는 관례상 '레빈'으로 바꿔 쓴다.
30 같은 책, 310쪽

비 없이 속수무책으로 당하는 것이었다. 그리고 누군가에게 그것은 고통스런 기억을 되살리는 시간이었다.『안나 까레니나』의 레빈과 끼찌가, 똘스또이가 생각하는 바람직한 부부상을 투영하여 갑자기 몰려온 먹구름에도 불구하고 시련을 통해 안정된 결혼 생활로 나아간다면, <악마>의 주인공 예브게니는 아내가 아닌 촌부와 육체적 결합의 욕망으로 괴로워 하다가 파국에 처하는 경우이다. 이것은 유부녀인 안나와 함께 도시적·쾌락적 사랑의 절벽을 향해 질주했던 브론스끼의 농촌 판본이라고 할 만하다.

예브게니는 도시에서 정부 관리로 일하다가 시골로 내려온 20대의 혈기 넘치는 지주이다. 그는 쓰러져 가는 가문을 다시 일으키려고 내려 온 것이었으나, 부친 때부터 자기 집안일을 돌봐 준 산지기의 은밀한 주선으로 농민 동네에 사는 스쩨빠니다라는 아낙을 몰래 만나 숲 속에서 몸을 섞기 시작한다. 끓어오르는 젊은 남자의 욕정을 일시적으로나마 해결할 요량으로 소개받은 여자였다. 마부로 일하는 그 여자의 남편은 모스끄바로 일을 나갔다가 가끔씩만 집에 들르는 형편이어서 스쩨빠니다 또한, 시어머니의 감시에도 불구하고, 홀로 사는 젊은 여인의 욕망을 해결하고 금전 수입까지 들어오는 터라 외간 남자 상대를 마다 않고 즐기는 형편이었다.

　　6월의 천둥 번개를 동반한 소나기가 자주 내리고 나면 자주 그렇듯이 초여름 집중호우가 이틀을 내리퍼부을 즈음 예브게니는 넋이 반쯤 나가 있었다. 무섭게 내리는 비로 농장의 모든 일은 중단되었다. 하다못해 거름을 내다 버리는 일조차 습기와 진창 때문에 여의치 않았다. 농부들은 일손을 놓고 집 안에 들어

앉았다. 가축을 몰고 나갔던 목동들은 비에 흠뻑 젖은 채 허둥지둥 집으로 돌아왔다. 내몰린 암소 떼와 양 떼들은 목초지를 따라 뿔뿔이 흩어져 내달렸다. 농부의 아내들은 숄만 두른 채 맨발로 더러운 진흙탕을 철벅거리며 흩어져 달아난 염소들을 찾아 나섰다. 길을 따라 새로 생긴 개울이 줄줄 흐르고 나무의 이파리며 잡초들은 온통 물을 뒤집어썼으며 빗물받이 홈통에서 쉴 틈 없이 떨어지는 낙수로 웅덩이에는 물거품이 끓어올랐다.[31]

시골로 내려올 때의 예상과 달리 실제로는 빚투성이에다 엉망이 되어버린 아버지의 영지를 상속받아 재건하느라 분주한 생활을 보내고, 또 리자와 결혼한 이후 헌신적인 그녀의 사랑을 받으면서 예브게니는 한동안 스쩨빠니다를 잊고 지냈다. 모든 것이 정상으로 돌아간 것 같았다. 그러던 어느 날 외출했다 돌아와 우연히 집안일을 하러 온 그녀와 조우하면서부터 눌려있던 그의 욕정은 다시 끓어올라 어찌할 수 없는 상태가 되었다. 별수를 다해 자제해보려 했지만, 공염불이 되고 말았다.

    그의 머릿속에는 반짝이는 검은 눈동자와 가슴 깊은 곳에서 울려 나오는 듯한 나지막한 목소리, 어디선가 풍겨오던 신선하고 강한 향기와 걸어 올린 앞치마 위로 봉곳 솟아 있던 풍만한 젖가슴, 단풍나무와 호두나무가 우거진 밝고 환한 햇살이 가득했던 숲 속에서 벌어졌던 장면들이 아른거렸다.[32]

---

31 레프 똘스또이 지음, 고일·함영준 옮김, <악마>, 『똘스또이 문학전집 8: 중단편선III』, 468-469쪽
32 같은 책, 419쪽

정숙한 아내를 두고 외도를 할 수 없다고 몇 번이나 다짐한 예브게니는 자신의 영혼을 그토록 시험에 들게 하고 괴롭히는 스쩨빠니다네 식구들을 멀리 쫓아버릴 것을 생각했지만, 별문제 아니라고 외려 큰 소리를 내는 집사의 반대에 밀려 실행하지 못했다. 점점 편집증에 사로잡힌 그가 선택할 수 있는 방법은, 죄 없는 아내인 리자를 어찌할 수 없다면, '악마'인 스쩨빠니다를 죽여 버리거나, 자신이 죽어버리는 것 밖에 없었다. 흥미롭게도 작가는 여기서 두 가지의 결말을 쓰고 있다. 하나는 예브게니의 자살이요, 다른 하나는 '악마'의 살해였다. 예브게니 자신의 권총으로 행한 두 결말 모두, 리자도, 주인공의 어머니도, 동네 사람들도, 도무지 이해할 수 없는 일이었다. 리자는 전에 몇 번이나 고민하고 우울한 기색을 보이는 남편에게 요즘 불만스러운 이유가 무엇인가 물어보았지만 그는 노여운 기색으로 그런 것은 없다고 잘라 말했다. 그녀는 질문하는 것을 체념한 채 슬픔에 휩싸여 지나갔는데....... 결국, 남편의 자살도, 동네 아낙의 피살도 그녀에게는 너무나 갑작스러운 사태일 뿐이었다.

혹서 가시고 비에 젖은 대지

뜨거운 7월의 여름날이었다. 아직도 어젯밤의 무더운 기운이 가시지 않은 거리의 돌바닥이며 집들의 돌벽과 지붕 위 함석판은 열기를 뿜어대고 있었다. 바람 한 점 없었다. 간혹 생각나듯 불어오는 바람은 먼지와 페인트 냄새가 뒤섞인 후텁지근하고 역겨운 공기를 몰아왔다. 거리엔 오가는 사람도 별로 없었다. 사람들은 그늘진 지붕 밑으로 걸어가고 있었다. 따가운 모래밭에 깔린 자갈을 망치로 두들기는, 햇볕에 까맣게 탄 짚신 신은 노동자들만이 길 복판에 앉아 있었고, 땀에 절어 누런빛 나는 여름 제복에 오렌지색 권총 끈을 늘어뜨리고 몸을 권태롭게 움직이고 있는 우울한 표정의 순경만이 길 복판에 서 있었다. 그리고 하얀 복면 사이로 양쪽 귀만을 비어져 나오게 한 말이 끄는 철도마차가 햇빛 비치는 쪽에만 커튼을 내려치고 방울 소리를 울리면서 거리를 오가고 있었다.

······ 죄수들은 줄을 지어 그늘도 없이 햇볕이 내리쬐는 곳에 서서 벌써 세 시간 이상이나 자기의 점호를 기다리고 있었다.[33]

너무도 깊게 생각에 빠져있던 네흘류도프는 어느새 날씨가 변한 것도 알지 못했다. 이제 태양은 낮게 깔린 구름으로 가려지고 서쪽 지평선에서는 엷은 잿빛 구름이 피어올랐다. 어딘가 먼 곳에서는 반가운 빗줄기가 숲을 적시고 있었다. 구름은 비 기운을 품고 있었다. 공기가 습했다. 이따금 구름 사이로 번개가 쳤고 기적 소리와 아울러 뇌성이 거세게 울렸다. 비구름은 점점 내려앉고 비스듬히 내리치는 빗줄기가 네흘류도프의 코트와 수동 브레이크 대에 방울방울 떨어지기 시작했다. 그는 다른 쪽으로 자리를 옮겨 축축하고 상쾌한 빗줄기 속의 공기와 비를 갈구했던 대지의 비에 젖은 곡물 냄새를 맘껏 들이마셨다. 그리고 창밖으로 지나가는 전원과 숲, 누렇게 익어가는 호밀밭, 아직도 초록빛을 잃지 않은 귀리밭의 정렬된 줄무늬, 암록색 꽃이 핀 감자밭의 검은 두둑을 바라보았다. 만물이 니스를 칠한 듯 빛나기 시작했

---

33 레프 똘스또이 지음, 박형규 옮김, 『부활2』(민음사, 2014), 177-178쪽

다. 초록은 더욱 빛나는 초록으로 노랑은 더욱 선명한 노랑으로 검정은 더욱 검은 색으로 윤이 났다.

"더 오려무나, 더!" 네흘류도프는 이 자비로운 비를 맞아 생기에 넘쳐 있는 밭과 뜰, 채소밭을 보고 기쁨을 느끼면서 말했다.[34]

작가의 유년시절 가족 나들이 길에 '신의 분노'처럼 무섭게 만났던 봄철의 뇌우를 생각하면, 네흘류도프의 여름비는 만물에 내리는 '하늘의 자비'일 것이었다. 그늘 한 점 없는 뙤약볕 아래 세 시간씩 점호를 기다리는 고문에 시달리던 시베리아 유형길의 죄수들에게 대지를 적시는 빗줄기는 그 자체로 영혼을 구원하는 생명수였다. 숨이 막히도록 말라붙은 대지가 갈구하던 빗물은 그대로 네흘류도프의 속죄가 끝내는 이루어질 것이라는 진실한 예언이었다.

여름에서 가을로

우리에게 결실의 계절은 가을이지만, 러시아에서 그 시간은 이미 여름에 시작된다. 백야-'하얀밤'은 6월의 하지에 절정에 달했다가 7월에는 모르는 새 조금씩 잦아든다. 그리고 8월 중순이면 북국의 대지에 완연한 가을색이 깃들기 시작한다. 온대에서 아열대로 가고 있는 한반도에서도 보리걷이는 6월이 제철이다. 밀밭 천지인 러시아에서 추수(秋收)는 콩이고 주식인 빵을 만드는 밀

---

34 같은 책, 217쪽

은 하수(夏收)인 셈이다. 똘스또이에게 이 환절기는 사냥하기에 더없이 좋은 날씨가 이어지고 '시들어가는 숲 냄새'가 풍기는 날들이었다. 자연의 이치에 따라 털갈이하는 산토끼와 몸집을 불린 늑대들은 젊은 귀족들을 따라나선 사냥개의 추적에 여기저기서 깜짝놀라고 혼비백산할 것이었다.

8월 말에는 가을 파종 밭과 추수가 끝난 밭의 검은 들 사이에서 아직 푸른 섬을 이루고 있던 언덕과 숲이 선명하고 푸른 가을 파종 밭 속에서 황금색으로 찬란하게 빛나는 새빨간 섬이 되어 있었다. 산토끼는 벌써 반쯤 엷어지고(털갈이하고), 새끼 여우들은 흩어지기 시작하고, 어린 늑대들은 개보다 커졌다. 사냥하기에 최적기였다…

9월 15일 아침, 젊은 로스또프가 가운을 걸친 채 창밖을 내다보니 사냥하기에 더없이 좋은 날씨였고, 마치 하늘이 녹아서 바람도 없는데 땅 위로 내려오는 것 같았다. 공중에 보이는 유일한 움직임은 짙은 안개 또는 현미경으로나 보일 것 같은 물방울이 위에서 아래로 내려오는 것뿐이었다. 뜰의 앙상한 나뭇가지에 투명한 물방울이 맺혔다가 갓 떨어진 나뭇잎에 방울방울 떨어지고 있었다. 채마밭의 흙은 양귀비 씨앗처럼 반질반질하게 젖어 까맣게 보였으나, 좀더 가까이에서 보면 엷은 빛깔의 축축한 안개의 베일에 싸여 있었다. 니꼴라이가 진흙이 달라붙은 젖은 현관 층층대로 나가자, 시들어가는 숲 내음과 개냄새가 풍겼다. 커다랗고 검은 눈알이 불거지고 엉덩이가 크고 검은 얼룩이 있는 암캐 밀까가 주인을 보고 일어나 뒷다리를 뻗고 기지개를 켜더니 토끼처럼 앉았다가 갑자기 벌떡 일어나 앞에서 주인의 코와

콧수염을 핥았다.[35]

가을, 연인의 배신 또는 저무는 인생

똘스또이는 가을을 묘사하면서 수확의 기쁨보다는 상실의 아픔을 진하게 그리고 있다. 그에게 가을은 조락의 계절이다. 기나긴 겨울을 예고하는 음울한 시절이다. 첫사랑이 배신당하는 계절이고, 여인의 타락이 예고되는 갈색의 계절이고, 심지어 어두운 죽음의 계절이기도 하다. 하지만 선(善)을 향한 구도의 길이 인생의 의미라고 믿는 똘스또이에게 그 모든 것은 구원을 예비하는 시련의 시간이기도 했다.

> 까쮸샤는 꿈에서조차 (첫사랑을 배신하고 홀연 떠나버린-인용자) 네흘류도프를 본 적이 없었다. 오늘 법정에서 그를 알아보지 못한 것도 … 한 번도 그를 생각해 본 적이 없기 때문이었다. 그녀는 그가 전장에서 돌아오는 길에 고모네 집에 들르지 않고 그냥 지나쳐 간 날의 그 캄캄한 어둠 속에 네흘류도프와 함께한 지나간 날의 모든 추억을 완전히 매장해 버렸던 것이다.
> 그날 밤까지도 그녀는 그가 꼭 자기를 찾아와 주리라 기대하고 있었다. 그래서 뱃속에 있는 태아가 조금도 괴롭지 않게 느껴졌을 뿐 아니라 뱃속에서 부드럽게 때로는 갑자기 꿈틀거리며 뻗칠 때는 놀라움과 감동을 느꼈다. 하나 그날 밤 이후 모든 것

---

35 레프 똘스또이 지음, 박형규 옮김, 『전쟁과 평화2』(문학동네, 2020), 386-387쪽

은 변해 버렸다..... 고모들도 네흘류도프를 기다리다 편지까지 해서 꼭 집에 들러줄것을 당부했으나 그는 기일 안에 뻬쩨르부르그에 가야 하기 때문에 들를 수 없다고 전보를 쳤다. 이를 안 까쮸샤는 정거장으로 가 그의 얼굴만이라도 한번 보리라 마음먹었다.[36]

비바람이 몰아치는 깜깜한 밤이었다. 온기 있는 굵은 빗방울이 흩뿌리다가 멎곤 했다. 들길을 걷는 발밑도 안 보일 정도였다. 숲속은 지척을 분간할 수 없이 어두웠기 때문에 까쮸샤는 잘 알던 곳이었는데도 그만 숲속에서 길을 잃어버렸다. 그래서 기차가 3분밖에 정차하지 않는 조그만 역에 도착했을 때는 그녀가 미리가 기다려야겠다고 생각했던 것과는 달리 너무 늦어 벌써 두 번째 벨이 울리고 난 뒤였다. 일등 차의 창가에 앉은 그의 얼굴이 플랫폼으로 달려 올라간 까쮸샤의 눈에 금방 띄었다. 그 찻간은 다른 찻간보다 유난히 불빛이 밝았다.......

그의 모습을 알아본 까쮸샤는 곱은 손으로 창문을 급히 두드렸다. 그러나 바로 그때 세 번째 벨이 울리고 기차가 덜커덩하고 한번 뒤로 물러서더니 서서히 움직이기 시작했다...기차의 속도가 점점 더 빨라지자 그녀는 뒤떨어지지 않으려고 힘껏 달렸다. (뭔가 낌새를 챈) 네흘류도프가 동료를 제치고 창문을 열려고 했다. 기차는 더욱더 속력을 빨리 했다. 겨우 창문이 열렸다. 그러나 그 순간 차장이 그녀를 밀어내고 트랩에 올라섰다. 까쮸샤는 조금 처졌으나 그래도 계속 플랫폼의 젖은 판자 위를 달렸다. 마침내 플랫폼이 끝났다.[37]

---

36 『부활1』, 228-229쪽
37 같은 책, 229-230쪽

절망한 그녀는 다음 기차가 오면, 마치 브론스끼와 피워올린 불같은 사랑이 싸늘하게 식었다고 절망한 안나가 모스끄바 근교의 기차역에 뛰어든 것처럼, 그 속으로 뛰어들겠다고 마음먹었다. 하지만, 그 순간 뱃속의 아이가 꿈틀대면서 그 생각을 포기했다. 그녀는 완전히 피로에 지치고 비에 젖고 흙투성이가 되어 집으로 돌아왔다. 그리고 그 무서운 밤 이후 그녀는 신(神)도 선(善)도 믿지 않게 되었다. 자신을 사랑했던, 또 자신이 사랑했던 네흘류도프가 자기를 농락하고 떠나가 버렸다.

세상은 이제 온통 모랫 바람 부는 사막이었다. 오아시스는 없었다. 아무도, 무엇도 보이지 않았다. 엄마를 여읜 세 살 때부터 그녀에게 세례를 주고 반은 양녀, 반은 몸종으로 돌봐준 여주인 댁—그러니까 네흘류도프의 고모댁—에서도 배불러오는 몸으로 더 이상 머물 수 없었다. 이후 지방 경찰서장집 하녀로 들어갔다가 내쫓기고, 술집 주인 과부이자 산파 댁에서 몸을 풀었다. 하지만 까쮸샤의 산욕열로 양육원으로 보내진 아이는 가자마자 숨이 끊어졌다고 했다. 그리고 산림 감시인 집과 세탁소 이모집과 어느 부인네를 거쳐 직업소개소를 통해 만나게 된 돈많은 부자 작가에게 몸을 팔기 시작했다. 그 사이 결혼까지 약속한 젊은 점원이 생겼으나 그는 아무 말도 없이 다른 지방으로 떠나버렸다. 두 번째 당한 배신이었다. 이제 그녀에게 남은 것은 창가(娼家) 생활밖에 없었다. 그렇게 7년을 살다가 스물 여섯 살에 어이없는 살인 누명을 쓰고 법정에 서고 결국 유형길에 오른 것이었다.

남편 없이 남의 집에서 일하던 하녀의 딸로 태어난 까쮸샤는 소피야 이바노브나라는 마음씨 상냥한 여지주에게 구원받았으나 그녀의 조카로부터 버림받았다. 상처가 축복이 되고, 그 축복이 다시 더 깊은 상처가 되었다. 반반한 외모를 가진 그녀를 세상은 쾌락의 대상으로만 보았다. 그녀를 슬픔으로부터 일시적으로 구원한 것은 친척도 여자도 이웃도 아니었다. 술과 담배와 탄산수와 커피와 유행하는 새옷과 모자와 리본이었다. 거기에는 손님이 넘쳤다. 젊은이, 중년, 애송이 같은 소년, 늙어빠진 영감쟁이, 독신자, 기혼자, 상인, 점원, 아르메니아인, 유대인, 타타르인, 부자, 가난뱅이, 건강한 사람, 병자, 주정뱅이, 취하지 않은 사람, 거친 사람, 부드러운 사람, 군인, 문관, 대학생, 중학생 등의 고함소리와 농담과 음악과 술과 담배가 초저녁부터 새벽녘까지 되풀이되었다.[38] 그것은 가짜 구원이었다. 갱생의 길은 유곽에 있지 않았고, 시베리아 유형길에 있었다.

"가을이었다......
무릎 위에 두 손을 포개고 눈을 감은 여주인은 등 뒤에 베개를 받친 채로 조금씩 흔들거리면서, 살짝 찌푸린 얼굴로 밭은기침을 하고 있었다. 그녀는 머리에 하얀 나이트캡을 쓰고, 부드럽고 창백한 목에는 푸른 삼각수건을 두르고 있었다. 나이트캡에 가려진 곧은 가르마가 포마드를 바른 아마색의 생머리를 가르고 있었고 가르마 아래 드러난 하얀 피부는 건조하고 생기가 없었다. 시들고 누런빛의 피부는 가늘고 아름다운 얼굴 윤곽을 살려주지 못했고 뺨과 광대뼈 부분은 불그스름했다. 입술은 마르고 불안했으며 성긴 속눈썹은 축쳐져 있었다... 품이 넓은 여행용 윗도리는 움푹한 가슴 위에서 곧은 주름을 만들고 있었다. 눈을 감

---

38 『부활1』, 23쪽

고 있지만 여주인의 얼굴은 피로와 초조, 익숙해진 고통을 드러내고 있었다."[39]

겨울, 눈보라 속에서 길을 잃다

"안개 속 폭풍우가 하늘을 뒤덮고
눈보라가 휘몰아치네
야수처럼 울부짖다
아이처럼 흐느끼네."[40]

러시아의 겨울은 환락의 계절이요, 사색의 시간이자, 가혹한 인내의 세월이다. 무위도식하는 귀족들에게는 도시의 무도회장과 살롱에서 춤과 주색(酒色)으로 밤을 지새우는 계절이고, 농노제와 경찰국가라는 조국의 후진성에 분노하는 지식인에게는 고뇌의 날들이다. 반역자들에게는 황제를 노리고 전제군주제를 뒤집어엎으려는 음모의 계절이고, 농민은 추위와 배고픔에 떨어야 하는 궁핍의 계절이다. 상인들은 그저 더 많은 재산을 노리는 탐욕의 계절이고, 평생 주인을 섬겨야 하는 마부에게는 눈보라 휘몰아치는 밤길에 마차를 몰아야 하는, 죽음을 무릅쓴 모험의 계절이다.

---

39 <세 죽음>, 107-108쪽.
40 레프 똘스또이 지음, 고일·함영준 옮김, <주인과 하인>, 『똘스또이 문학전집: 중단편선III』, 622쪽

1854년 1월 한겨울, 똘스또이가 깝까즈에서 자신의 영지까지 스물두 시간 동안 썰매 마차를 타고 강행군한 경험을 담은 <눈보라>에서 화자인 '나'는 온 몸을 파고드는 추위에 떨며 역참지기의 조언을 외면하고 길을 떠났던 자신의 경솔함을 후회한다. 그 때문에 인정사정없이 몰아치는 강풍과 눈보라 속에서 말과 마부는 죽을 고비를 넘겨야 한다. 풍차의 커다란 날개가 강풍에 기우뚱거리며 돌고 있었고, 말꼬리와 갈기가 옆으로 휘날렸고, 말방울 소리가 희미하게 들렸고, 한 줄기 찬바람이 소맷귀를 통해 등 속으로 파고들었다. 그 와중에 깊은 잠 속에 빠져들었던 주인공은 열두 시간 동안 밤새 달려온 마부가 흔들어 깨우는 바람에 아침에 눈을 떠 벌판의 설경과 빛을 머금은 하얀 구름과 푸른 언덕 위로 날아가는 싸락눈 가루와 눈에 덮인 말갈기를 보게 된다.

나는 깊은 잠에 빠져있었다. 알료샤가 나를 흔들어 깨워 내가 눈을 떴을 때는 이미 아침이었다. 밤보다 추위가 더 극심한 것 같았다. 하늘에서 눈은 더이상 내리지 않았다. 그러나 건조하고 세찬 바람이 들판에서 계속 눈보라를 일으켰고, 말발굽과 썰매 밑을 말라붙게 만들었다. 그러나 그 위에 밝은 적황색을 띤 구름이 비스듬히 떠오르고 있었다. 머리 위로 지나가는, 빛을 머금은 하얀 구름 뒤편에는 창백한 푸른빛이 감돌고 있었다. 왼편 하늘에 떠 있는 밝은 구름은 가볍게 움직이고 있었다. 주위의 들판에는 날카로운 층을 이루고 있는 두꺼운 백설이 널려 있었다. 저쪽 어딘가 푸른 언덕 위로 자그마한 싸락눈 가루가 날아가고 있었다. 썰매마차와 사람, 그리고 짐승의 발자국이 눈에 띄지 않았다. 말과 마부의 잔등이 만들어내는 윤곽과 색깔이 하얀 설경 속에서 분명하고 강렬하게 보였다. 이그나슈까의 진청색 모자테, 외투깃, 머리털, 그리고 장화가 눈으로 덮여 하얗게 보였다. 가운데 있는 말의 머리와 갈기의 오른쪽 부분은 완전히 눈에 쌓여 있었다. 옆에 있는 말의 다리는 무릎까지 눈에 덮여 있었고, 말 엉덩이걸이의 오른쪽은 말이 흘린 땀과 눈이 얼어 엉겨 붙어 있었다.[41]

하지만, 한겨울 밤 마차를 타고 무모하게 길을 떠난 모든 주인과 하인이 폭설 속에서 다 목적지에 도착하는 것은 아니다. 여인숙 주인이자 교회 집사이자 상인인 바실리 안드레이치 브레후노프는 농부인 니끼따를 앞세워 오래전에 흥정해 놓은 숲을 사기 위해 출발을 서둘렀다. 다른 상인들이 그가 도착하기 전에 이익이 남는 이 거래를 가로채지 않을까 염려해서였다. 주인과 하인은 마차를 타고 거리로 나갔다.

길을 절반쯤 왔을 때 잠시 들러 따뜻한 차를 얻어 마신 농가의 노인은 이들이 계속 가는 것을 만류했다. 조바심에 몸이 단 상인은 그 말을 듣지 않았다. 날이 어두워지고 눈보라는 위아래를 가리지 않고 휘몰아쳐 말 등의 멍에도 보이지 않았다. 이따금 썰매는 제 자리에 있는데 들판이 뒷걸음질 치는 것 같은 착각이 일었다. 그러고도 말을 다그쳐 어둠 속에서 한참을 더 가다 갑자기 타고 있던 말이 뭔가에 부딪혀 넘어지더니 눈 더미 속에 빠져 버둥대다가 모로 쓰러져버렸다. 주인인 바실리 안드레이치가 말에서 뛰어내려 마구를 벗겨주자 말은 히힝 거리더니 시야에서 사라졌다. 어둠 속에서, 눈 덮인 벌판 한가운데 갑자기, 홀로 버려진 그

---

41 레프 똘스또이 지음, 김문황 옮김, <눈보라>, 『똘스또이 문학전집: 중단편선 II』, 424-425쪽

에게는 도움을 청할 아무도 곁에 없었다. 그동안 자신의 인생에 자부심을 심어준 평생 모은 재산도 그 순간에는 아무 소용이 없었다. 그는 살길이 없다는 것을 깨달았다.

> 그러면서 깨어나 보려 했지만 허사였다. 얼굴에 쏟아지며 자신을 차곡차곡 덮고 있는 것도 눈, 장갑을 잃어버려 맨손이 된 오른손을 얼게 하는 것도 진짜 눈이었다. 그리고 키가 큰 쑥처럼 홀로, 이제 곧 들이닥칠, 피할 수 없는 무의미한 죽음을 기다리고 있는 곳 또한 실제 허허벌판이었다.[42]

하지만 그의 죽음이 헛된 것은 아니었다. 탐욕으로 얼룩진 일생이었지만, 마지막 순간은 적선(積善)으로 장엄한 기쁨과 감동을 맛보았다. 그가 자신의 털외투와 아직 온기가 남아있는 몸으로 감싸서 바짝 엎드린 채 밤새 덮어준 덕분에, 그보다 먼저 쓰러져 자신의 몸 밑에 깔렸던 농부 니끼따가 목숨을 건졌기 때문이다.

그러나, 똘스또이 최고의 작품으로 꼽히는 『안나 까레니나』에서 눈보라와 강풍은 남녀 주인공들이 끝내 기쁨을 누리지도, 축복받지도, 구원받을 수도 없는 파국의 전조로 나타난다. 모스끄바의 기차역에서 잠깐 만나 불꽃이 튀어 오르기 시작한 이 욕망의 커플은 같은 기차를 타고 가다 우연인 듯 조우하게 된다. 안나가 모스끄바에 사는 오빠의 외도로 찬바람이 쌩쌩 부는 올케네 부부를 화해시키는데 제 몫을 하고 다시 뻬쩨르부르그로 돌아가

---

42 <주인과 하인>, 654쪽

는 열차에 그녀를 쫓던 브론스끼가 타고 있었기 때문이다. 안나는 후텁지근한 한밤의 열차 칸에서 벗어나 잠시 시원한 바람을 쐬러 플랫폼으로 내려선다. 그녀는 모스끄바에서 돌연 새로운 세상을 맛보게 해준 그 멋진 젊은 장교를 아직 잊지 못하지만, 집에서 그녀를 기다릴 아들과 남편 때문에 그를 잊어야만 한다고 다짐하고 있었다. 그러나 그 결심은 한겨울의 세찬 바람을 끝끝내 이겨내지 못했다.

    그녀는 문을 열고 밖으로 나갔다. 바람은 오직 그녀만을 기다리고 있었던 양 사뭇 즐겁게 휘파람을 불며 그녀를 휩쓸어 가려고 했다. 그녀는 한 손으로 차디찬 철기둥을 붙잡고 옷자락을 여민 채 플랫폼으로 내려가 차량 그늘로 몸을 피했다. 바람은 승강구에서는 강했지만 열차에 가린 플랫폼에서는 잠잠했다. 그녀는 사뭇 기쁜 눈으로 차디차진 공기를 가슴 가득히 들이마시고 열차 옆에 서서 플랫폼과 등불이 켜진 정거장을 둘러보고 있었다.
    지독스러운 눈보라가 정거장 구석구석에서 일어 열차의 바퀴 사이와 기둥 주위를 휩몰아치며 윙윙 울부짖었다. 열차 바퀴, 기둥, 사람 등 눈에 보이는 것에는 모조리 한쪽에 눈이 붙어 닥쳐 그 눈은 점점 더 두터워져 갔다. 바람은 이따금 잠시 동안은 잠잠해지곤 했으나 곧 다시 맹렬한 기세로 불어 닥쳤기 때문에 도저히 마주 보고설 수가 없었다...... 그녀는 마음껏 공기를 들이마시기 위하여 다시 한번 크게 숨을 쉬었다. 그리고 열차의 기둥을 붙잡고 찻간으로 들어가려고 머프 속에서 손을 내밀었다. 그 순간 군인 외투를 입은 사나이가 바로 그녀 옆에 나타나 흔들리는 초롱불을 가로막았다. 그녀는 그 쪽을 쳐다보았다. 동시에 그가

브론스끼임을 알아보았다.[43]

안나는 겉으로 당혹스러웠고, 내심 환호했다. 그리고 다음 날 아침 브론스끼와 함께 뻬쩨르부르그에 도착한 그녀는 역에 마중 나온 남편의 귀가 그렇게 이상하게 생긴 것을 처음 보았다.

> 기차가 멈춰 뻬쩨르부르그의 플랫폼에 내렸을 때, 곧 그녀의 주의를 끈 최초의 얼굴은 남편의 얼굴이었다. '어쩌면 좋아! 어째서 저이의 귀는 저렇게 생겼을까?' 남편의 냉랭하고 당당한 풍채를 보고, 특히 지금 새삼스럽게 그녀를 놀라게 한 귀 ─ 둥근 모자의 차양을 떠받치고 있는 귀의 연골 부분을 바라보면서 그녀는 이렇게 생각했다... 그의 집요하고 피로한 듯한 시선을 맞았을 때, 뭔가 불쾌한 감정이 그녀의 마음을 아프게 찔렀다. 마치 그녀가 좀더 달라진 그의 모습을 기대하기라도 했던 것처럼, 특히 그녀를 놀라게 한 것은 남편을 보는 순간 느낀 자신에 대한 불만의 감정이었다. 이것은 그녀가 남편에 대하여 항상 경험하고 있던 가정적 감정이었으며, 자기기만과 흡사한 것이었다. 그녀는 전에는 이 감정을 깨닫지 못했었다. 그러나 지금은 분명히, 뼈저리게 의식했다.[44]

그 도시를 떠날 때까지 살았던 낡은 세계는 이제 사멸한 혹성처럼 아득했다.[45] 그녀 앞에 펼쳐질 화려한 세계에서 더이상 남편

---

43 레프 똘스또이 지음, 이철 옮김, 『안나 까레니나 (상)』(범우사, 1999), 138쪽
44 같은 책, 140쪽
45 블라지미르 나보코프, "똘스또이의 생애와 그의 작품 세계", 이철 옮김, 『안나 까레니나 (하)』, 525쪽

의 자리는 없었다. 심지어 아들도, 평소 좋아하던 지인도, 안나가 기대하던 모습은 아니었다. 아니, 이제 안나는 그동안 자신이 살아온 세계에서 아무것도 기대할 것이 없었다. 그녀는 브론스끼로 인해 이제 완전히 새로운 세상을 살게 되었기 때문이다. 하여 집에서 첫 번째로 안나를 맞아준 어린 아들이 가정교사의 고함 소리도 아랑곳하지 않고 계단을 따라 뛰어오면서 억누를 수 없는 기쁨으로 "엄마, 엄마!"하고 외쳤음에도, 그녀에게는 그토록 보고 싶었던 그 "아들도 남편과 마찬가지로 뭔가 환멸에 가까운 감정을 마음속에 불러일으켰다." 그녀는 지금 남편과 자식이 있는 자신의 집에 돌아왔으나 정신은 구름 속에 떠 있었다. 그녀의 인생에서 돌연 눈뜨게 된 사랑이라는 이름의 환락에 대한 터질 듯한 기대가 현실을 밀어내고 환상의 집으로 그녀를 초대한 것이었다. 그녀는 기꺼이 그 초대에 응했다. 그녀가 결국 모스끄바의 기차역에 몸을 던질 때까지……

자연, 선과 행복과 사랑의 구현

안나는 화려하고 뜨거운 도시 여자로 변신했지만, 마샤는 어머니를 여읜 지 얼마 안되는 열일곱 살의 시골 처녀였다. 겨울 내내 슬픔 속에서 친구이자 가정교사인 까쨔, 그리고 여동생 소냐와 함께 보냈다. 겨울이 끝나갈 무렵 그 고독한 비애감과 단순한 지루함이 너무나 커져 마샤는 두문불출하고 피아노 뚜껑도 열어보지 않고 책도 손에 들지 않았다. 까쨔가 뭐라도 해보라고 권했으나 전혀 내키지 않았다. 그러자 까쨔는 무슨 수를 써서라도 마샤를 외국으로 데리고 나가려고 결심했다. 하지만 그럴만한 비용이 남아있지 않았다.

그러던 3월의 어느 날, 마샤네와 가까운 이웃이었던 세르게이 미할리치라는 남자가 6년 만에 나타났다. 그는 타계한 아버지보다 나이는 어렸지만 아버지와 친구처럼 지낸 사이였다. 돌아가시기 전 어머니는 마샤에게 그런 사람이 네 남편이 되면 좋겠다고 말씀하신 적이 있었다. 그때 그는 전혀 그녀의 이상형이 아니었다. 하지만 어머니의 그 한마디는 항상 그녀의 머릿 속에 새겨져 있었다. 마샤가 열 한 살이었을 적에 세르게이는 그녀를 '물망초 소녀'라고 부르곤 했다. 마샤는 약간 두려운 마음으로 그가 갑자기 청혼하면 어떻게 해야 할지 이따금 스스로 물어보곤 했다. 이제 그가 너무나 권태롭고 어두운 분위기의 시골을 떠나고 싶어하는 마샤에게 구원자로 나타난 것이다. 만찬에 초대받은 그가 들어오는 소리를 듣고 달려나간 마샤를 보고 그는 잠시 멈춰 선 채 바라만 보았다. 마샤는 민망해서 얼굴이 빨개지는 것을 느꼈다.

아니! 정말 당신인가요? 그는 두 팔을 벌리고 내게 다가오면서 시원시원하고 꾸밈없는 예의 그 매너로 말했다. "이렇게 변할 수 있다니! 정말 많이 컸군요! 바로 그 물망초라니! 당신은 정말 한 송이 장미꽃이 되었군요."[46]

그러는 사이에 봄이 왔다. 이전의 나의 비애는 사라졌고 알 수 없는 희망과 열망을 품은 봄의 공상어린 그리움이 자리 잡았다... 나는 종종 정원으로 나가 혼자서 오랫동안 가로수 길을 거

---

46 <가정의 행복>, 134-135쪽

널거나 벤치에 하염없이 앉아있곤 했다. 그때 내가 무슨 생각을 했는지는 하나님만이 아시리라. 달이 뜬 밤에는 아침까지 새도록 내 방 창가에 앉아 있기도 했고, 때로는 짧은 웃옷차림으로 까쨔 몰래 정원으로 나가 이슬에 발을 적시며 연못까지 달리기도 했다. 한번은 들판까지 걸어나가 혼자서 한밤중에 온 정원을 한 바퀴 돌고 온 적도 있었다.[47]

사랑에 빠져버린 시골 처녀는 이제 음산했던 지난 겨울과는 전혀 다른 세상에서 살고 있다. 그와 테라스에 앉아 이야기하는 저녁 시간에 그녀는 주변에서 인기척이 사라지는 것을 알아차리지도 못했다. 사방에서 꽃향기가 짙게 풍겨왔고, 커다란 이슬방울이 풀잎을 흠뻑 적셨다. 멀지 않은 라일락 덤불 속에서 꾀꼬리가 시끄럽게 재잘거리다가 두 사람의 목소리를 듣고 잠잠해졌다. 별이 가득한 밤하늘이 마치 그들 위로 내려앉은 것만 같았다.[48]

그리고 곡물 수확이 한창이던 어느 여름날, 먼지와 무더위 속에서 힘든 일을 마치고 마리아에게 다가간 세르게이 미하일리치가 작은 목소리로 말했다.

"당신이 어째서 물망초가 아니란 말이오? ...
아시겠소, 눈이 녹는 냄새와 봄의 풀 냄새가 나는 그런 물망초 말이오." 그의 말이 불러일으킨 기쁨에 찬 당혹감을 감추기 위해 그녀가 물었다. "저, 그런데 농장일은 잘되어 가나요?"[49]

---

47 같은 책, 141-142쪽
48 같은 책, 145쪽
49 같은 책, 161쪽

이 짧은 고백 속에 똘스또이의 자연 철학, 즉 고된 육체노동의 보람과 야생의 풀꽃과 남녀의 온전한 사랑이라는 세 가지 주제가 극적으로 결합되어 있다. 들판에서 정직하게 땀 흘리고 돌아온 그에게 물망초로 피어난 그녀는 아무 데서나 진한 향기를 뿜고 있는, 그렇게 흔한 꽃이 결코 아니었다. 그녀가 풍긴 것은, 긴 겨울 온통 대지를 덮고 있던 눈이 스스로 녹아내리기를 기다리던 한없는 순응과 인내와 순수만이 빚어낼 수 있는, 사랑의 향기였던 것이다. 겨울은 그녀에게 주어진 성숙의 시간이었기에 새봄의 해빙은 단지 단절로만 여겨질 수는 없었다. 그리고 그 그윽한 향기에 젖어 자신의 무한한 행복을 감지할 수 있었던 남자는 화려한 제국의 수도 뻬쩨르부르그의 무도회장에서 젊은 여성들의 가슴을 떨리게 만든, 멋지게 차려입은 늠름한 장교가 아니었다. 여름 한낮의 시골 농장에서 투박하게 긴 낫을 들고 온몸에 땀을 흘린 농부만이 그녀와 행복을 나눌 수 있는 자격을 지닌 남자였다. 자연의 축복은 도시의 궁전이 아니라 빛나는 벌판[50]에 내리는 것이기 때문이다.

바로 여기에 풍경의 작가, 풍경의 사상가 똘스또이의 시선과 생각, 향후 그가 걸어갈 길이 이미 담겨있다고 할 수 있다. 30대 초반에 쓰인 이 문장에서 우리는 이후 『전쟁과 평화』, 『안나 까레니나』를 거쳐 <하지 무라뜨>에 이르는 작품들뿐만 아니라, <사람은 무엇으로 사는가>, <바보 이반>, <정말 사람에게는 많은 땅이 필요한가>, <하느님은 진실을 보지만 바로 말하지는 않는다>, <사랑이 있는 곳에 하느님도 계신다> 등등에 이르는 종교적·철

---

50 똘스또이의 고향 마을 '야스나야 뽈랴나'가 바로 '빛나는 벌판'이란 뜻이다.

학적 우화와 격정에 찬 사회적 발언들의 전조를 보게 된다. 그는 흔히 『안나 까레니나』를 집필하던 40대 후반에서 50대 초반에 인생의 큰 혼란과 깊은 위기를 겪은 다음 작가에서 설교자로, 예술가에서 사상가로 '전환'한 것으로 여겨진다. 이것은 그의 작품이나 그가 남긴 일기와 언행을 통해 상당 부분 확인되고 정당화될 수 있는 평가이기는 하다. 하지만, 젊은 시절부터 그를 사로잡고 있던 생각의 줄기, 사유의 지향을 충분하고 정당하게 고려하지 않는다면 그것은 피상적이고 일방적인 해석이 될 가능성이 크다.

똘스또이의 작품에서 자연 풍경은 초기에 조용히 배경에 놓여 있다가 그의 중년 이후 갑자기 전면으로 튀어나온 것이 아니다. 앞에서 인용문을 가져온 <가정의 행복>(1859)보다 더 일찍, 그러니까 이미 20대 중반에 쓴 작품에서도 똘스또이는 풍경을 단지 인물들의 배경이 아니라 자신의 주제를 드러내는 중심적 장치로 삼고 있음을 알아챌 수 있다. 우리가 보기에 똘스또이는 자연의 영감, 풍경의 내면화를 통해 그의 문예에 독특한 서정을 부여하고 세계에 대한 확장된 해석의 지평을 열어놓은 것이다. 그리고 그렇게 보는 것이 50대의 문턱을 넘으면서 그가 겪은 '전환 이후'를 보다 온전하게 해석할 수 있는 토대가 될 수 있을 것이다.

깝까즈 풍경 또는 반전(反戰)의 풍경화

1851년, 그의 나이 스물세 살 되던 해 똘스또이는 형 니꼴라이를 따라 깝까즈 지역 부대에 지원병으로 입대했다. 그리고 이듬해 장교로 승진하면서 5년에 걸친 군대생활을 체험한다. 바로 이 시기에 그는 제정러시아 원정대의 일원으로 산악부족들과 벌이는 전투에도 참가하고 멀리 다뉴브 지역과 크림반도를 오가는 근무지에서도 틈틈이 창작활동에 종사했다. 그렇게 진행한 작업의 결과 그는 자전적 성장소설인 <유년시절>과 <소년시절>, 실제 전장(戰場) 주변을 인상적으로 묘사한 <세바스또뽈...> 3부작, 그리고 형에게 쓴 편지에서 자신이 가장 좋아하는 작품이라고 말했던 <눈보라> 등을 잇달아 「동시대인」 지에 발표하면서 19세기 중반 러시아 문단의 샛별로 떠올랐다.

그 전에 똘스또이는 까잔대학을 중퇴하고 영지로 돌아와 농민들의 처지를 개선하려던 젊은 지주였다. 아니, 야스나야 뽈랴나로 돌아오던 해 그의 나이 열아홉 살이었으므로 차라리 '어린 지주'라고 해야 할 터였다. 하지만 농민들의 불신과 뿌리 깊은 보수성을 확인하면서 큰 좌절감을 겪었다. 이후 모스끄바 생활에 권태를 느끼다가 다소 낭만적 감정을 품고 휴가 나온 형을 떠나 갑자기 깝까즈로 떠난 것이었다. 애초 예정표에 없던 그 깝까즈 행 출가(出家)가 작가로서, 특히 풍경의 작가로서, 똘스또이의 입신에 결정적인 계기가 되었다는 점에서 우리는 인생의 우연성, 예기치 못한 방식으로 반복되는 그 우연성들과 겹치는 개인의 필연적 경로에 관해 생각하게 된다.

그렇게 군대 생활을 시작한 바로 다음 해인 1852년 봄에 쓰기 시작해 그해 연말에 발표한 <습격-어느 지원병의 이야기>에는 깝까즈에 대한 작가 자신의 낭만적이고 우호적인 감정이 짙게 배어있다. 현지인 마을의 습격을 위한 러시아 대대의 이동 중에 목격한 협곡의 풍경을 청년 작가 지망생은 신비한 아름다움의 세상으로 묘사하고 있다. 말년의 작품들에까지 이어진, 자연에 관한 똘스또이의 섬세한 시선과 풍성한 소묘 능력이 작가의 경력에 비례하여 배양된 것이 아님을 보여주는 대목으로서 손색이 없다.

  도로는 당시 물이 불어난 작은 강가 근처의 깊고 넓은 발카(깝까즈어로 '협곡')로 나 있었다. 산비둘기 떼가 강 근처를 날고 있었는데, 바위 기슭에 내려앉기도 하고 공중에서 빠르게 선회하기도 하면서 시야에서 사라져버리곤 했다. 태양이 아직 떠오르지 않았지만 협곡 오른편 꼭대기가 서서히 빛나기 시작했다. 회색과 하얀색 바위, 황록색 이끼, 아침 이슬을 머금은 가시나무, 산사나무 그리고 느릅나무 덤불들이 떠오르는 태양의 투명한 황금빛 햇살 속에서 선명하게 두드러지고 있었다. 반면 협곡 왼편은 균일하지 않게 굽이치는 짙은 안개로 뒤덮여 눅눅하면서 어둠침침했고, 엷은 자주색, 검은색, 진녹색 그리고 하얀색이 함께 뒤범벅된 야릇한 색채를 드러내 보였다. 우리 바로 앞에 펼쳐진 진청색의 지평선에는 눈으로 뒤덮인 산이 그림자를 드리우며 신비스러운 형태로 미세한 부분까지 드러나 보일 정도로 아주 선명하게 펼쳐졌다. 키가 큰 풀숲에서 귀뚜라미, 잠자리 그리고 수천 종의 벌레가 잠에서 깨어나 명료하고 지속적인 울음소리로 대기를 가득 채웠다. 셀 수도 없을 정도로 많은 미세한 방울들이 내 귓전을 울리는 것 같았다. 물과 풀과 안개의 냄새, 아름다운 새벽녘 냄새가 대기 속에 스며들어 있었다.[51]

---

51 레프 똘스또이 지음, 김문황 옮김, <습격-어느 지원병의 이야기>,『똘스또이 문학전집: 중단편선Ⅱ』, 20-21쪽

산비둘기 떼와 투명한 황금빛 햇살, 아침이슬을 머금은 가시나무, 굽이치는 안개, 눈으로 뒤덮인 산 그림자, 풀숲의 귀뚜라미와 새벽의 안개 속에서 우리는 그곳이 전쟁터라고는 상상할 수도 없다. 하지만, 바로 그 때문에 정복 전쟁의 야만성은 더욱 도드라지는 효과를 발휘한다. 당시 똘스또이는 산악부족들을 제압하러 파견된 러시아 제국 군대의 일원이었지만, 적지 않은 러시아 귀족과 지식인들이 품고 있던, '미지의 땅', '야생의 처녀지'라는 낭만적 신화를 공유하고 있었다.

그럼에도 불구하고 그것이, 이 신진 작가에게는 '선진문명을 미개인들에게 주입시켜야 한다'는 제국주의적 우월감으로 드러나지 않았다는 점이 중요하다. 그는 오히려 타락한 제국의 도시에서가 아니라 깝까즈의 장엄한 산악과 그 주민들의 가식 없는 삶의 태도에서 구원을 보았던 것이다. 어쩌면 그것은 러시아식 오리엔탈리즘이라고 할만한 것이었다. 비록 그것이 외지의 이방인이 스스로 품게 된 짝사랑이라고 할지라도, 그래서 종국에는 이루지 못할 사랑의 슬픔을 간직하고 쓸쓸하게 떠날 수밖에 없는 것이라고 할지라도, 이 청년 작가가 우월감 어린 경멸이 아니라 진실한 영혼으로 자연과 인간들을 대하려고 했다는 점은 부정할 수 없을 것이다.

이국적 풍치에 대한 강한 호기심을 버리지 않고 주변 사람들의 심리며 그들을 둘러싼 사물의 독특한 배치에 주의를 집중하는 젊은 작가에게 비친 깝까즈의 풍경은 실로 매혹적이고, 활기차기까지 하다. 그의 초기 단편에 등장하는 깝까즈의 한낮은 작열하는 태양이 대기를 가르며 뜨거운 햇살을 건조한 대지 위에 퍼붓는 열기로 가득하다.

> 검푸른 하늘은 아주 맑게 개이고, 연자줏빛 구름은 눈 덮인 산기슭 위에만 걸려 있다. 고요한 대기에는 반투명의 먼지들로 가득하다. 늦은 오후가 되면 태양은 눈 덮인 산 뒤편으로 숨어 버리고, 마지막 장밋빛 노을이 선명한 지평선 너머에 머물러 있던 가늘고 긴 구름 위로 늘어진다. 벌써 오래전에 떠오른 투명한 달은 검푸른 창공에서 하얗게 빛을 발했다. 초록이 왕성하던 풀과 나무는 검게 변하고, 이슬이 덮이기 시작한다. 안개가 부드럽고 습한 농무로 바뀌면서 대지와 병사들의 외투를 축축하게 적신다. 밤이 오면 태양의 열기와 광채는 밤의 서늘한 기운과 별이 가득한 암청색 하늘에서 창백하게 반원 형태로 빛을 발하고 있는 초승달의 흐릿한 빛으로 바뀐다. 강가의 개구리들은 특이한 소리로 쉴 새 없이 울어댄다. 등에 메고 다니는 휴대용 오르간으로 연주하는 <바람이 불어오다>라는 노래와 <오로라 왈츠> 곡이 요새 주변에서 간간이 들려온다.[52]

똘스또이는 전쟁과 살육 자체는 반대한다. 그러면서도 한편으로는 질서와 명령에 따르는 커다란 무리에 속한 일개 군인의 시각으로, 다른 한편으로는 모든 상황을 스스로 해석하는 전지적 시점에서 전장이 된 산악과 강변, 협곡, 산지 주민들의 가옥과 밭, 그리고 그 주변의 움직임을 때로는 망원경으로, 때로는 현미경으로 세밀하게 관찰한다. 그의 영혼은 거대한 자연 속에서 살아가는 인간에 대한 연민과 공감을 표시한다. 날씨와 시간의 변화에

---

52 <습격-어느 지원병의 이야기>, 27, 33-34, 54쪽

따라 풍경을 이루는 각기의 요소들이 서로 어울려 예측할 수 없이 부리는 기묘한 조화를 묘사하면서 거듭되는 그의 풍경 예찬은 전쟁 속에 휘말린 군상의 일상에 흥미로운 이국적 정서를 부여하면서 동시에 전쟁 자체의 무의미함을 깨닫게 한다. 이제 깝까즈의 밤, 전투 직전의 고요와 적막을 묘사한 대목을 보자.

하늘은 대부분 진한 회색빛 구름들로 덮여 있었다. 흐릿한 별들이 그 사이에서 반짝이고 있었다. 달은 오른쪽에 있는 시커먼 산기슭 뒤편으로 사라졌다. 그리고 앞을 분간할 수 없을 정도의 칠흑 같은 산 아래의 어둠과 날카롭게 대조를 이루며 희미하고 흐릿한 달빛이 산꼭대기 위를 비추고 있었다. 대기는 따스했고, 주위는 마치 풀 한 포기와 구름 한 점도 움직이지 않는 것처럼 고요했다. 바로 눈앞에 형체도 분간하지 못할 정도로 어두웠다. 길 양편을 따라 바위들, 혹은 낯선 사람들이 내 눈 앞에 나타나는 것처럼 보였다. 잎사귀가 스치는 소리를 들었을 때와 잎을 덮고 있는 이슬방울의 신선함을 피부로 접촉하고 나서야 나는 비로소 그것들이 덤불이라는 것을 알 수 있었다.

내 앞에서 빽빽하게 흔들리는 검은 벽과 몇몇 점들이 움직이는 것이 보였다. 그것은 다름 아닌 기병대 선발대, 그리고 장군과 그의 수행원들이었다. 이와 유사한, 키 작은 검은 덩어리들이 우리 뒤편에서 행진하고 있었는데, 그들은 보병 무리였다.

적막이 부대 전체에 흘렀다. 하나로 융합된 신비스러운 매혹으로 가득 찬 한밤중의 소리들을 분명하게 들을 수 있었다. 어떤 때는 절망적인 애조를 띠기도 하고, 어떤 때는 기뻐 날뛰는 웃음소리와도 같은, 멀리서 들려오는 애처로운 들개의 울음소리, 그리고 귀뚜라미, 개구리, 메추라기의 단조로운 울음소리, 가까이

다가오며 웅성거리는 근원을 알 수 없는 소리들, 그리고 한밤중에 가까스로 들을 수 있는, 이해할 수도 없고 단정 지을 수도 없는 이 모든 자연의 소리들은 우리가 흔히 밤의 적막이라고 부르는 하나의 완벽한 아름다운 소리로 융합되었다. 이 적막은 무딘 말발굽 소리와 키 큰 풀의 스치는 소리로 이따금 깨지기도 하고, 다시 하나로 결합되기도 했다.[53]

똘스또이에게 자연은, 요컨대 아름다움과 선의 직접적 표현이다. 인간의 세계를 지배하는 사악함은 자연 속에서 사라진다. 인공으로 타락하지 않은 산과 하늘은 너무나 아름다워 사랑하지 않을 수 없는 대상이 된다. 야생의 솔직함과 강인함이야말로 도시문명이 상실한 가장 큰 대가이다. "이렇게 아름다운 곳에서 전쟁을 한다는 것은 진정한 기쁨입니다."라고 프랑스어로 말하는 러시아군 소령과는 달리, 순진한 낭만적 감정을 품고 깝까즈 정복 전쟁에 참가한 젊은 지원병인 '나'에게는 이런 생각이 들었다.

별들이 가득 찬 끝없는 하늘 아래, 이처럼 아름다운 세상에서…… 과연 이처럼 매혹적인 자연 속에서 인간들이 자신의 영혼 속에 악한 마음과 복수심을 품고, 자신과 똑같은 인간을 살해하려는 열정을 가질 수 있단 말인가? 인간의 가슴 속에 자리한 모든 사악한 마음은 미와 선을 직접적으로 표현하고 있는 자연과 접촉하면 틀림없이 사라지게 될 것이다.[54]

작가 나이 20대 중반에 참가한 세바스또뽈 전투 경험을 살린

---

53 같은 책, 35-36쪽
54 같은 책, 36쪽

작품에서도 아름다운 풍경과 전쟁의 만행이 선명하게 대비된다. 가히 반전(反戰)의 풍경화라고 할 만하다.

> 그렇다. 방어선과 참호 위에 흰 깃발이 나부끼고, 꽃이 만발한 골짜기에는 악취를 풍기는 시체들이 가득하다. 아름다운 태양이 푸른 바다 위로 내려앉는다. 출렁이는 푸른 바다는 황금빛 햇살을 반영한다. 수천의 사람이 무리 지어 바라보고, 이야기하고, 서로에게 미소를 보내고 있다. 그리고 이 사람들은 ― 바로 위대한 사랑의 율법과 자기희생을 설파하는 그리스도인들이 ―자신들이 저지른 만행을 바라보면서, 어떻게 그들에게 생명을 주고 각자의 영혼 속에 죽음의 두려움 대신에 선과 미를 향한 사랑을 불어 넣어준 그리스도 앞에서 회개하며 무릎을 꿇고 엎드려 형제로서 기쁨과 행복의 눈물을 흘리며 서로를 포용할 수 있단 말인가?[55]

올레닌이라는 이름의 스물네 살 청년은 여기 깝까즈, 자연 속에서 꾸밈없이 살아가는 마리아라는 까자끄 처녀에게 가슴속에서 타오르는 사랑의 감정을 느끼게 된다. 그는, 똘스또이 자신처럼, 어느 곳에서도 대학 과정을 마친 적이 없고 어디에서도 근무해 본 적이 없었으나 재산의 절반을 이미 탕진해버린, 모스끄바 사교계에서 '젊은이'라고 불리는 사람이었다. 어린 나이에 양친을 잃은 부유한 러시아 젊은이들 대부분이 그러했던 것처럼, 올레닌은 열여덟 살부터 이미 자유를 만끽했다. 그에게는 어떤 육체적, 도덕적 족쇄도 채워지지 않았다. 그는 쾌락이 아닌 사랑이란 존

---

[55] 레프 똘스또이 지음, 김문황 옮김, <1855년의 5월의 세바스또뽈>, 『똘스또이 문학전집: 중단편선II』, 259-260쪽

재하지 않는다는 결론을 내렸지만, 젊고 아름다운 여성의 존재는 매번 그의 심장을 멎게 만들었다.

우리의 주인공 올레닌은 하릴없이 방황하는, 심지어 신념을 가지고 쾌락을 즐기는 친구들과 함께 방종한 젊은 날을 흘려버린 모스끄바에 관한 모든 추억, 수치와 회한을 버리고 다시 태어나고 싶었다. 그리하여 깝까즈에 가까워질수록 그의 영혼은 더욱더 기쁨에 들뜨게 되었다. 어느 날 아침 일찍 그는 역마차 안에서 상쾌한 기운에 잠에서 깨어났다. 아주 청명한 아침이었다. 문득 그는 눈앞에서 부드러운 윤곽선을 그리는 순백의 거대한 산을 보았고, 그 꼭대기와 먼 창공이 만들어 낸 기묘하고도 선명한 스카이라인을 보았다. 그리고 그가 자신과 산, 자신과 하늘 사이의 거리와 깝까즈 산의 거대함을 감지했을 때, 그리고 그 아름다움의 무한성이 진실로 다가왔을 때 그는 이것이 꿈이요, 환영(幻影)인 줄 알고 깜짝 놀랐다. 그는 잠에서 깨려고 몸을 흔들었으나, 산은 그 자리에서 의연했다. 그렇게 산은 처음에 이 젊은이를 놀라게 했고, 그는 점차 도시에서는 전혀 맛볼 수 없었던 독특한 정신적 기쁨을 얻게 되었다.

그렇게 러시아군의 깝까즈 연대 사관후보생으로 편입된 지 석 달이 지난 어느 날, 올레닌은 마을에서 가장 좋다는 집 가운데 하나인 일리야 바실리예비치 소위 겸 학교 선생 집에 숙소를 배정받게 되었다. 바로 그 집 딸이 마리얀까였다.

올레닌은 농가 입구 계단으로 뛰어 올라가 현관문을 밀었다. 까자끄 여자들이 집에 있을 때 차림새인 긴 장밋빛 웃옷 하나만 입고 있던 마리얀까가 소스라쳐 문에서 뛰어 비켜섰고 몸을 벽에 딱 붙이고 타타르식 웃옷의 넓은 소매 깃으로 얼굴을 가렸다. 올레닌은 계속 문을 연 채로 미광 속에서 젊은 까자끄 여자의 크고 늘씬한 모습을 보았다. 그는 젊은이다운 재빠르고 탐욕에 찬 호기심으로 얇은 사라사 웃옷 밑에 드러난 강인한 처녀의 실루엣을 본의 아니게 알아보았고, 어린아이 같은 놀라움과 거친 호기심을 담아 자신에게 꽂힌 검고 멋진 두 눈을 보았다. '바로 이 여자야!' 올레닌은 생각했다.[56]

검은 눈동자를 가진, 이 아름답고 늘씬한 야생의 처녀는, 하지만 한동네에 사는 용감한 깝까즈 전사 루까쉬까와 연인 사이였다. 루까쉬까는 키가 크고 잘 생긴 스무 살 가량의 거칠 것 없는 젊은이로, 벌써부터 탁월한 무공으로 자신들의 공동체에서 인정받고 있었다. 올레닌은 처음에 이 청춘남녀의 애정 관계를 알고 나서 짐짓 축하를 해주고 지켜보는 수밖에 없었지만, 계속 무심한 듯 유심히 관찰했다. 사냥이나 원정을 나가지 않는 날, 그는 집에서 독서를 하는 척 했으나 사실은 끊임없이 책에서 눈을 떼어 싱싱한 아가씨를 바라보는데 몰입해 있었다.

그녀가 아침의 축축한 지붕 밑 그늘 속으로 들어가든, 햇살 가득한 마당 한 가운데로 나오든, 알록달록한 옷을 입은 늘씬한 몸매가 햇빛 아래서 투명하게 빛났다. 그녀의 몸이 거리낌 없이 우아하게 구부러지는 것, 그녀가 걸친 단 하나, 장밋빛 루바쉬까가 가슴과 쭉 뻗은 다리 위를 가볍게 덮고 있는 것, 몸을 쭉 펴면 허리띠를 묶지 않은 류바쉬까 밑으로 숨 쉬는 가슴의 선이 선명하

---

56 레프 똘스또이 지음, 김성일 옮김, <까자끄인들: 깝까즈 이야기 1852년>, 『똘스또이 문학전집: 중단편선 I』, 348-349쪽

게 드러나는 것, 소매를 걷어 올린 건강한 두 팔이 근육을 긴장시키면서 성난 듯 삽질을 하고, 그윽한 검은 눈이 이따금 그를 돌아보는 것을 지켜보는 것에 그는 흠뻑 빠져 있었다. 가느다란 눈썹을 찡그리기는 했지만, 그녀의 두 눈에는 만족감과 자신의 아름다움에 대한 자신감이 묻어났다. 이제 올레닌은, 창조주의 손길에서 최초의 여성이 나올 때 마땅히 지녔을 그 원시적 아름다움을 지닌 당당한 모습의 그녀에 대한, 자신의 속마음을 인정할 수밖에 없었다.

그것은 그의 인생에 처음으로 찾아온, 그가 부정해왔던, 바로 그 사랑이었다. 눈 덮인 산이 가져다 준 강렬한 깨달음, 굉장한 기쁨의 감정이 끓어올라 그를 사로잡았다. 루까쉬까와 마리얀까의 사랑에 대한 질투를 속인 채 그동안 '자기희생'이란 관념으로 ㅡ 그들의 사랑을 축하하고 기꺼이 받아들이자고ㅡ 도피한 것을 구원이라고 여긴 것은 교만함이었다. 다른 사랑을 위해 살고 선을 행하라! 무엇 때문에? 올레닌의 마음속에는 그 자신에 대한 사랑과 그녀를 사랑하고, 그녀의 삶을 그녀와 함께 살고 싶다는, 단 하나의 열망만이 가득했다. 그러던 어느 날 저녁, 그녀는 자신의 관념을 투사하여 관찰하는 대상이 아닌 뜨겁게 숨 쉬는 열망의 주체로 그에게 다가왔다.

　　내가 까자끄 처녀인 마리야나를 처음으로 본 지도 석 달이 지났다······
　내가 그 여자를 사랑할 수 있다는 것을 나는 그때 믿지 않았다. 나는 산과 하늘의 아름다움을 감상하듯이 그녀를 감상했다. 그리고 그녀를 감상하지 않을 수 없었다. 산과 하늘처럼 그녀도 너무나 아름다웠기 때문이다... 그러나 비록 자신의 감정을 아직 믿지 않고 있었지만 나는 벌써 그녀를 사랑하고 있었다.

처음으로 그녀와 이야기를 나눴던 그 야회 이후 우리의 관계는 변했다. 예전에 그녀는 내게 외부 자연의 낯설지만 장엄한 대상물이었다. 야회 이후 그녀는 내게 인간이 되었다.[57]

하지만, 올레닌의 사랑은 마침내 추억으로만 남았다. 실패한, 타락한, 가난한, 권태로운 러시아인들이 '완전히 새로운 생활'에 대한 기대와 환상을 품고 들어온 신비로운 땅, 깝까즈의 생활은 환멸로 끝을 맺었다. 깝까즈의 산악 지대에서 살아가는 사람들에게 그들은 이방인이었다. 정복자였다. 때로는 친밀한 관계를 맺었지만, 또 어떤 러시아 귀족은 진실로 깝까즈에 매혹되어 거기에 뿌리를 내렸지만, 총을 들고 칼을 차고 이 '야만의 땅'에 들어온 러시아인들은 결국 더 많은 적군을 죽여 계급장을 높이고, 자신들을 파견한 제국 정부로부터 블라지미르 훈장과 안나 훈장을 받고, 더 많은 월급을 받고 본국으로 돌아갈 것이었다. 한때 뻬쩨르부르그 사교계에서 올레닌의 친구였을 법한 구슈꼬프는 이름 있는 귀족의 아들로 본래 장교 신분이었으나 무슨 스캔들에 연루되어 3개월의 금고형을 받았고, 그 뒤 일개 병사로 강등되어 깝까즈에 파견되었다. 그의 환멸은 올레닌보다 훨씬 분명하게 예정된 것이었다.

깝까즈에서의 야영 생활, 여기서 만나게 될 소박하고 성실한 사람들, 전투와 이에 따르는 위험, 이런 것은 이제부터 새로운 삶

---

57 <까자끄인들: 깝까즈 이야기 1852년>, 494-495쪽

을 시작하려는 저의 정신세계와 완전히 부합될 것이고... 그런데 제가 여기 와서 맛본 환멸이 얼마나 큰 것이었는지 아마 당신은 상상도 하시지 못할 겁니다!58

이처럼 올레닌과 구슈꼬프가 깝까즈에서 맛본 환멸이 야생의 삶에 대한 정복자의 동경이 배반당한 것이었다고 하면, 알프스 산자락에서 네흘류도프 공작의 눈에 선명하게 들어온 것은 환상적인 자연에 반하는 인공의 천박함이었다.

"위층에 있는 방에 들어가 호수를 향해 난 창문을 열었을 때, 호수와 산과 하늘의 아름다움이 한순간에 내 눈을 멀게 하고 나를 흔들었다. 나는 심적인 동요를 느꼈고 갑자기 영혼이 충만해지고 넘쳐나는 듯한 내 느낌을 어떻게든 표현하고 싶었다. 그 순간 나는 아무라도 끌어안고 싶어졌다......

불타는 유황처럼 푸른 호수는 사라져가는 자취를 뒤에 끌고 가는 배들을 점점이 박고서 마치 창문 앞에 다채로운 초록빛 호반 사이로 볼록하게 펼쳐진 것처럼 고요하고 매끄럽게 앞으로 떠다니는 듯했다. 호수는 거대한 두 개의 곶 사이에서 움츠러들고 어두워지면서 고집을 부리다가 그것들 위에 무질서하게 쌓인 골짜기와 산, 구름과 얼음 덩어리들 속으로 사라져버렸다. 전면에는 갈대며 초지며 정원이며 별장들이 있는 연두색의 축축한 호반이 여러 방향으로 내달리고 있었다. 뒤로는 폐허가 된 성이 있는, 풀이 무성한 언덕이 있다. 이로는 꽉 뭉쳐진 연보랏빛 산의 원경이 기이한 암벽투성이의 윤기 없는 흰 눈에 덮인 산 정상

58　레프 똘스또이 지음, 김문황 옮김, <강등병 - 깝까즈의 추억으로부터>, 『똘스또이 문학전집: 중단편선II』, 558쪽

의 모습으로 담겨 있다. 부드럽고 투명한 감청색 대기가 가득 차 있고 갈기갈기 찢어놓은 듯한 하늘에서 저녁노을의 열기가 밝게 비쳐 나오고 있었다. 호수 위에도 산 위에도 하늘에도 완전한 선이라고는 하나도 없었고, 완전한 색깔 역시 없었으며, 동일한 순간 또한 없었다. 도처에 움직임, 불균형, 기이함, 끝없는 혼합 그리고 다양한 음영과 선들이 있었고 모든 것 속에는 평온함과 부드러움, 단일함이 있었으며 아름다움의 필수 요소가 있었다.

그리고 여기, 일정한 형태 없이 뒤얽힌 자유로운 아름다움 가운데에, 바로 내 창문 앞에 떡하니 멍청하게 허연 부두가 막대기처럼 불쑥 튀어나와 있고 버팀목으로 받쳐진 작은 보리수들과 녹색 벤치들이 늘어서 있는 것이다. 그것은 멀리 떨어져 있는 별장들과 폐허들이 전체적인 조화를 이루며 녹아들어 있는 것과는 정반대로 조잡하여 그 아름다움에 거슬리는 궁하고 천박한 인간들의 작품이었다. 나의 시선은 쉴 새 없이 본능적으로 이 부두의 끔찍한 직선과 충돌을 일으켰고 그것이 내 눈 밑 코 위에 있는 검은 점이라도 되는 듯 확 밀어내버리고 없애버리고 싶은 충동을 느꼈다. 그러나 부두는 그곳을 산책하는 영국인들과 함께 여전히 그 자리에 있었고 나는 어쩔 수 없이 부두가 보이지 않는 시각을 확보해내려 애쓸 뿐이었다. 나는 그렇게 바라보는 것을 익혔고 자연의 아름다움을 고독하게 감상할 때 맛보게 되는 그 불완전한, 그래서 더욱 감미롭게 괴로운 그 느낌을 만찬 때까지 혼자서 즐겼다."[59]

이것은 스물아홉 나이에 첫 유럽 여행을 떠나 스위스의 관광

---

[59] 레프 똘스또이 지음, 김성일 옮김, <네흘류도프 공작의 수기: 루체른>, 『똘스또이 문학전집: 중단편선 I』, 14-16쪽

지에서 겪은 일화를 기록한 <네흘류도프 공작의 수기: 루체른>의 한 대목이다. 중년 이후 사회개혁가이자 문명 비평가로서 등장하는 똘스또이의 목소리가 여기서부터 들리기 시작한다. 벌써부터 '자본주의 선진국'인 영국에 대한 곱지 않은 시선이 느껴진다.

똘스또이 중년에 씌어진 『전쟁과 평화』에서도 반전의 풍경화는 이어진다. 나폴레옹의 유럽 침략전쟁에 대항하여 참전한 로스또프 백작의 아들 니꼴라이는 도나우 강변에서 프랑스군과 맞서고 있었다. 대포가 난무하고 여기저기 병사들이 쓰러지는 전장의 청년답지 않게 그는 문득 자연을 찬미하는 서정시인이 된다.

니꼴라이 로스또프는 고개를 돌려 뭔가를 찾는 것처럼 먼 경치며 도나우 강물이며 하늘이며 태양을 바라보았다. 하늘은 얼마나 아름다운가, 얼마나 푸르고 고요하고 깊은가! 저물어가는 태양은 얼마나 밝고 장엄한가! 저멀리 도나우 강물은 얼마나 부드럽고 반짝이며 빛나는가! 멀리 도나우 강 뒤쪽에 푸르게 보이는 산들, 수녀원, 신비로운 골짜기, 우듬지까지 안개가 낀 소나무 숲은 더한층 훌륭했다…… 저곳은 고요하고 행복에 가득차 있다……' 내가 저기에 있을 수만 있다면 아무것도 바라지 않을 것이다, 정말 아무것도 바라지 않을 것이다. '로스또프는 생각했다.' 나 한 사람과 저 태양 속에는 그지 없는 행복이 있다. 그런데 여기에는 …… 신음과 고통과 공포, 그리고 이 모호함, 분주함 …… 저기, 또 뭐라고 소리치고, 모두 또다시 뒤쪽 어딘가로 달려간다. 나도 그들과 함께 달려간다. 아아, 바로 저것이, 저것이, 지금 내 머리 위와 내 주위에 있는 저것이, 그렇다. 죽음이

다…… 눈 깜짝하는 순간에 나는 저 태양도, 저 강물도, 저 골짜기도 볼 수 없게 될 것이다……'[60]

꾸뚜조프 사령관의 부관 안드레이도 전장에서 러시아 깃발을 들고 내달리다 누군가 그의 머리를 힘껏 후려치는 바람에 갑자기 뒤로 쓰러진다. 그는 눈을 떴지만 아무것도 보이지 않았다. 정신 없는 와중에 그는 저 높이 하늘을 올려다본다.

머리 위에는 드높은, 맑지는 않지만 측량할 수 없이 드높은 하늘과, 하늘을 따라 유유히 흐르고 있는 잿빛 구름밖에 없었다.' 어쩌면 이렇게도 조용하고 평온하고 엄숙할까. 내가 달리던 때와는 전혀 다르다. '안드레이 공작은 생각했다.' 우리가 달리고 외치고 싸우던 때와는 전혀 다르다. 저 프랑스 포수가 적의에 불타고 공포에 질린 얼굴로 세로 세간을 잡아당기던 때와는 전혀 다르다. 이 드높고 끝없는 하늘에 흘러가는 구름은 전혀 다르다. 왜 나는 전에 이 드높은 하늘을 보지 못했을까? 그러나 이제라도 깨달았으니 나는 얼마나 행복한가. 그렇다! 모두 허무하다, 모두 거짓이다, 이 끝없는 하늘 외에는. 그러나 이 하늘마저도 없다, 아무것도 없다, 정적과 평안 외에는. 그것으로 좋은 것이다!……'[61]

'모든 이론은 회색이다, 생명의 나무 외에는...'이라고 말했던 괴테가 떠오른다. 전장의 포연과 공포가 하늘 속으로 사라지고, 또는 흘러가는 구름과 정적 속에서 평안과 행복을 얻는 전쟁터의

---

60 레프 똘스또이 지음, 박형규 옮김, 『전쟁과 평화1』(문학동네, 2020), 290쪽
61 같은 책, 540쪽

청년장교가 주인공으로 등장하는 이야기가 서구의 작가들에서 가능할까? 니꼴라이와 안드레이는 똘스또이의 또다른 이름들이다. 그들은 전투를 하고, 마침내 쓰러지고, 두려움에 전율하지만, 거기에서 그치지 않는다. 견디기 힘든 육신의 고통에도 불구하고 그들은 눈은 새삼스레 반짝이는 강물에, 구름 속에 비치는 하늘에, 장엄한 태양에 접속하고서야 비로소 안식과 평안을 얻는다. '전장의 행복'이라니? 그것은 무공에 눈 먼 장교들이 아닐 때 가능한 것이었다.

똘스또이 나이 70대에 쓴 중편 <하지 무라뜨>에서 러시아제국 군대의 깝까즈 정복전쟁은 매우 비판적으로 그려진다. 이 소설의 시점은 주인공인 타타르인 용사 하지 무라뜨와 러시아 장교들을 오간다. 러시아인들도 그 용맹함을 칭송할 수밖에 없는 적군의 시점이 절반을 차지한다는 사실 자체가 작가의 의도를 반영하는 것이다. 똘스또이의 경험을 반영한 것이기도 하거니와, 전장에 나간 장병들은 개인적으로 잔인함과 다정함의 이중성을 담지하는 군상으로 묘사된다. 그들이 아군과 적군의 구분을 명확히 하는 전쟁터의 주인공으로 또는 총알받이로 명령받고 있다는 사실 자체가 야수같은 잔인성에 길들여지도록 요구하는 환경이다. 그들은 자신의 곁에서 수시로 일어나는 수많은 죽음을 외면하거나 무감각해진다. 동시에 그들은 피와 살이 있는 존재, 고향에 부모형제와 아내, 자식들을 두고 온 가족의 일원이다. 때로 그들은 길섶에 핀 이름모를 꽃한송이를 보고 감상에 젖기도 한다. 제국의 수도에서 도박빚을 크게 지고 깝까즈 근무 명령을 받고 파견된 장교 부뜨렐도 그런 사람이었다. 불가피한 사정으로 부하 몇명과 함께 러시아군에 일시 투항한 하지 무라뜨와 부뜨렐은 서로 금방 친해져서 각별한 친분을 맺게 되었다.

    부뜨렐은 하지 무라뜨와 피로 맺어진 형제였던 털복숭이 하네피와도 좋은 관계를 맺게 되었다. 하네피는 산사람들의 노래를 많이 알고 있었고, 노래도 매우 잘했다. 하지 무라뜨는 부뜨렐의 기분을 맞춰 주려고 하네피를 불러 노래를 부르도록 했으며, 그가 좋아하는 노래를 청하기도 했다. 하네피는 고음 처리가 뛰어났고, 무척이나 맑고 또렷한 목소리로 노래했다. 하지 무라뜨가 특히 좋아하는 노래가 하나 있었는데, 부뜨렐은 그 노래의 엄숙하고 비장함에 무척이나 감동받았다...
    그 노래의 주제는 복수였다. 하네피와 하지 무라뜨가 서로에게 맹세했던 복수였다. 그 노래의 가사는 다음과 같았다.

    내 무덤 위의 흙이 마르면, 어머니! 당신은 저를 잊을 거예요. 무덤 위 잡초들이 묘지를 덮을 정도로 자라면, 늙으신 아버지, 당신의 슬픔은 가라앉을 거예요. 내 누이들의 눈에서 눈물이 마를 것이고, 그들의 가슴에 맺혔던 슬픔마저 날아갈 거예요.
    하지만 형님, 당신은 내 죽음을 복수할 때까지 나를 잊지 않을 거죠. 그리고 아우, 너도 내 옆에 누울 때까지 나를 잊지 못할 거야.
    탄환이여, 너는 뜨거운 죽음의 동반자. 그러나 너는 내 충실한 종이 아니냐? 검은 땅이여, 너는 나를 덮겠지만, 내가 말발굽으로 달렸던 곳이 아니냐? 죽음이여, 너는 차갑지만, 내가 너를 지배했던 주인이었지. 이 땅이 나를 삼킬 것이고, 저 하늘이 내 영

혼을 삼킬 것이다.[62]

그것은 죽음을 예감하는 전쟁터의 사나이들이 부르는 비감어린 유언의 노래요, 복수의 노래다. 당대 깝까즈 산악 부족들은 상호 복수의 군사문화에 익숙했다. 이제 그들은 북쪽에서 내려온 거대한 제국주의 군대—그들이 보기에는 어떤 정의도 실현하고 있지 않은 부당한 외세인 러시아 정복군—에 대한 복수의 맹세까지 더해야 할 운명에 목숨을 맡기고 있었다. 어머니와 아버지, 누이, 형과 아우를 차례로 부르고 허리에 찬 탄환과 검은 땅에게까지 용사의 죽음을 호소한다.

따라서 이것은 단순히 복수의 노래만은 아니다. 무슨 단어로도 표현할 수 없을 만큼 아름다운 풍경 속에서 살아가는 부족들이 끊임없이 죽임과 죽음의 행렬을 따라가야 하는 기존 질서로부터 도피를 상상하는 처절한 무가(巫歌)이기도 하다. 시베리아로 유형간 도스또옙스끼가 자신의 감옥 생활 경험을 형상화한 <죽음의 집의 기록>에서 주인공으로 하여금 부르게 한 노래처럼, 그것은 창살과 담벼락으로 둘러쳐진 가혹한 현실의 구속에서 벗어나고자 하는 꿈속의 비가(悲歌)같은 것이었다. 그것은 죽음의 테마였지만 동시에 피안의 평안을 갈구하는 열망의 속삭임이기도 했다.

---

62   <하지 무라뜨>, 203-204쪽

3장
사랑의 풍경, 결혼의 풍경

똘스또이에게 인생은 사랑의 기억들로 그려진 커다란 풍경화다. 마치 자연 풍경이 무수한 풀꽃과 거대한 나무들, 가녀린 풀잎에 반짝이는 새벽이슬과 잠에서 갓 깨어난 작은 새들의 지저귐, 수만 년의 세월 속에 다듬어진 의연한 바위와 안개 자욱한 계곡 위로 낮게 퍼지는 농무(濃霧)로 채색되듯, 한 사람의 생애 또한 그/그녀가 가지각색으로 겪어 온, 예기치 못했던 사랑의 조각들이 그에게 남긴 흔적들로 이루어진다. 사랑은 다채로운 표정으로 다가와 누구에게는 안온한 둥지에 수십 년을 자리 잡고 누구에게는 벼랑 끝 나뭇가지에 아슬아슬하게 얹혔다가 선연한 상처를 남기고 떠나간다. 또는 섬광처럼 다가와 찻잔의 온기처럼 사라진다. 열세 살 소년이라고 사랑을 모르는 것이 아니며, 열아홉 순정한 처녀라고 모두 사랑의 열병을 앓는 것도 아니다. 마흔아홉의 중년 부인이나 쉰일곱의 지긋한 신사라고 하여 사랑에 관해 누구를 가르칠 수 있는 것도 아니다. 누구의 것이건, 사랑의 흔적이 없는 인생은 지독하게 단조롭거나 슬픔을 알지 못할 정도로 고독하거나 세상을 살지 않는 것이나 다름없는 '그저-존재'일 뿐이다.

똘스또이가 사랑을 말할 때 그것은 무엇보다 남녀 사이에 불현듯 피어나는 애틋한 불꽃이거나 흐르는 세월 속에 농익은, 절실한 확신의 감정이다. 불후의 명작이라 일컫는 『전쟁과 평화』나 『안나 까레니나』는 물론 말년에 쓴 장편 소설 『부활』은 모두 젊은 남녀 주인공들의 안타깝도록 엇갈리는 사랑의 풍경을 그린 것이다. 그것은 마치 소실점(消失點)으로 모이는 것 같지만 실제로는 평행선을 달렸거나, 또는 애초 성정(性情)과 상황이 달랐던 두세 명의 남녀가 서로 다른 기대를 품고 자신의 길을 갔던, 환상과 욕망과 배신과 회한과 또 다른 성숙의 기록이기도 하다.

똘스또이와 도스또옙스끼는 거의 동시대 작가로서, 당대 사회 문제를 외면할 수 없었던 지식인이자 스스로 소명을 부여한 러시아적 사상가였다. 그 둘은 온갖 모순과 고통이 만연한 세상에서 결국 인간의 구원 가능성과 신의 존재에 관해 궁극적인 질문을 던졌다는 공통점을 갖는다. 하지만 우리의 똘스또이는 사랑이라는, 별안간 얼굴이 화끈 달아오르고 살아 펄떡이는 심장이 몸 밖으로 튀어 나올 것처럼 두근거리는, 생생한 감정을 통과하였다는 점에서 달랐다. 『죄와 벌』에도 예컨대, 라스꼴니꼬프와 소냐의 사랑이 등장하지 않는 것은 아니지만, 그 둘의 관계가 자연스럽다고 말하기는 어려울 것이다. 센나야 광장 주변, 희망을 말할 수 없는 비루한 인생들이 무표정하게 오가는 음울한 도시의 뒷골목을 배회하던 도스또옙스끼는 남녀의 사랑 자체에 관심이 있었던 것은 아니다. 분열된 자아―라스꼴니꼬프라는 주인공의 성(性)은 바로 이런 뜻을 가진 러시아어이다―를 가진, 평범한 윤리를 뛰어넘어 살인을 저지를 수도 있는 자격을 가졌다고 생각하는 특별한 종류의 인간이, 하지만 치밀한 계획범죄 이후 죄의식을 느끼면서 그것을 토로할 누군가가 필요해서 만들어진 인물 장치가 소냐라고 할 수 있다. 그녀는 가장 밑바닥 계층으로 여겨지는 창녀라는 점에서 『부활』의 여주인공 까쮸샤와 신분은 같아도, 남자에 대한 사랑의 계기가 전혀 다른 경우이다. 까쮸샤는 비록 중간에 네흘류도프에게 버림받았지만, 애초 무엇을 위하여, 누구를 위하여 사랑에 빠졌던 것은 아니다. 시베리아 유형 길에서 민중의 세상을 위해 신분과 특권을 버리고 헌신한 혁명가들과 함께 하면서 비로소 세상에 무심했던 그녀가 감화를 받아 갱생을 이룬다는 『부활』의 결말이, 목적론적 혐의가 다분하다 하더라도, 네흘류도프를 향한 까쮸샤의 숨길 수 없었던 순정이 인위적인 것이었다는 느낌은 들지 않는다.

　이처럼 똘스또이는 매우 자연스러운 사랑의 감정이 불꽃처럼 점화되고, 태초만큼 어두웠던 세상을 태양처럼 환히 밝히고, 밝기를 잴 수 없는 그 무한한 빛으로 남녀를 눈멀게 하고, 급기야는 가을날 마른 낙엽처럼 볼품없이 뒹굴다 사라지는 풍경을 영상의 시인처럼 투명한 눈으로, 인상파 화가처럼 생생한 호흡으로 그려낸다. 똘스또이에게 사랑이 없는 세계는, 안나가 모스끄바에서 운명처럼 브론스끼를 만나고 뻬쩨르부르그 역에 마중 나온 남편 알렉세이 까레닌의 둥실한 귀를 보고 새삼스레 깨닫게 된 것처럼, 너무나 익숙해서 그동안 보이지 않았으나 이제는 온갖 이상한 기억들이 뒤엉킨 꿈처럼 낯설고, 오래전 사멸한 혹성처럼 아득한 곳이다. 거기에서는 무슨 행복의 감정을 기대할 수 없다. 진실한 인간의 행복이야말로 똘스또이의 사랑이 이르는 종착점이다. 그래서 그는, 자신이 젊은 날 그토록 집착했던, 오십이 넘으면서도 여전히 강건한 육체를 지녔지만 관념적으로는 부정(否定)에 이르는, 쾌락적 사랑을 어느 소설보다 신빙성 있게 그려내면서도 거기에 만족할 수 없었던 것이다.

첫사랑, 울고 싶었던

누구에게나 첫사랑의 아득한 기억은 고요한 달밤, 창가에 어깨를 기대고 짐짓 한숨을 삼키며 반추하고 싶어진다. 그럴듯한 첫사랑의 추억이 없는 사람들조차, 어느 정도는 꾸며냈을 법한 다른 이들의 첫사랑 이야기를 듣고는 마치 자신도 그런 일이 있었다는 듯 착각에 빠진다. 심지어 무언가 자신만의 이야기를 하나 지어내고 싶어진다. 그만큼 첫사랑은 아득해서 아름답다. 실제로는 이루어지지 못한 그 첫사랑의 기억이 자주 꺼내어보기에는 고통스런 기억일지라도, 진짜 이야기는 감추고 남들에게는 아름답게 꾸며서 이야기하고 싶어진다.

어쩌면 똘스또이가 자신의 유년시절로 기억하는 첫사랑도 그런 것인지 모른다. 사랑의 감정이 무엇인지도 모른 채 또래 여자아이의 너무나 깜찍하고 예쁜 얼굴을 가까이서 보고는 그만 그녀에게 빠져버린 사내아이. "심장이 비둘기처럼 콩콩 뛰고 울고만 싶었다"는 대목을, 누군들 아름답다 아니하고, 어찌 부러워하지 않을 수 있겠는가?

소네치까[63]는 내게 손을 내밀었고 우린 응접실로 뛰어 갔다...

그러다 내 파트너의 작고 아름다운 얼굴을 다시 보았는데 나 스스로 만족했던 쾌활하고 건강하며 태평한 표정 말고도 너무나 세련되고 섬세한 아름다움이 깃들어 있어 나 자신에게 화가 날 지경이었다. 저렇게 기적 같은 신의 창조물이 나에게 관심을 기울여주리라 기대하는 것이 얼마나 바보 같은 짓인지를 깨달은 것이다.

서로 좋아하는 것은 기대할 수도 없었고 그런 일은 생각하지도 않았다. 그래도 내 마음속엔 행복이 흘러넘쳤다. 내 영혼을 기쁨으로 가득 채우는 사랑의 감정이 무엇인지, 이보다 더 큰 행복을 바랄 수 있는지. 이 감정이 절대로 사라지지 않는 것 외에 더 바랄 게 있는지 알 수 없었다. 심장은 비둘기처럼 콩콩 뛰었고 그 심장으로 쉬지 않고 피가 흘러들었다. 나는 울고 싶었다.[64]

그런가 하면, 평소 흠모하던 남자가 어느 날 갑자기 격렬한 파문을 던지며 다가와 첫사랑을 시작한 순진한 처녀는, 그 후 완전히 새로운 세상을 경험한다. 찬찬히 주변을 돌아보면 모든 것은 그대로인데, 그녀의 마음은 어두운 밤과 환한 대낮만큼이나, 열사(熱砂)의 모래바람과 차가운 강물만큼이나 달라져 버렸다. 그가 내 곁에 있지 않았던 어제까지의 세계가 과연 존재하기나 했던 걸까, 의심스러울 지경이 된 것이다. 사람을 포함한 자연은 장구한 세월 진화하지만, 연인의 마음은 순식간에 하늘로 도약한다.

---

63 소피야(София)의 애칭. 또 다른 애칭인 소냐(Соня)보다 더 귀엽게 부르는 이름이다.
64 <유년 시절>, 125-126쪽

> 그는 기쁨으로 가득 찬 완전한 인생의 문을 이제 내게 열어
> 보인 것이었다. 모든 것들이 어렸을 때부터 말없이 나의 주변에
> 있어 왔다. 그런데 그가 찾아온 것만으로 똑같은 그 모든 것들이
> 입을 열어 말하기 시작했고 앞을 다투어 나의 영혼에 호소하기
> 시작하는 것이었다. 나의 영혼을 행복으로 가득 채우면서 말이
> 다.[65]

이처럼 첫사랑은 누구에게나, 어린아이에게나 아가씨에게나, 농노의 딸에게도 시골 귀족 청년에게도 "기쁨으로 가득 찬 완전한 인생의 문"이 열리는 것처럼 꿈같은 순간이다. 그것은 야생적 희열이다. 아무 이유도 없이 마냥 들떠있는, 특이한 흥분 상태인 것이다. 그런데 여기에서만 그쳤다면 사랑에 관한 똘스또이의 이야기가 다른 작가들의 그것과 특별히 다를 바가 없을 것이다. 흠모하던 그 남자는 우리의 여주인공 마리야에게 "나의 영혼을 행복으로 가득 채우면서" 다가왔다. 그렇다. 영혼을 채우지 않는 외모의 아름다움, 육체적 관능미만으로는 행복으로 가는 사랑에 충분하지 않은 것이다. 그가 나를 사랑하고 내 영혼이 그와 함께 자랄 때에야 진정한 사랑은 완성되는 것이기 때문이다.

> 그는 내 영혼을 사랑하고 있었고, 바로 그때 내 영혼이 자라
> 나고 있었기 때문이다...
> 나 자신이 전혀 의식하지 못하는 사이에 나는 모든 것을 다른
> 눈으로 바라보기 시작했다. 까쨔도, 우리 집 사람들도, 소냐도,
> 나 자신도, 그리고 나의 수업에 대해서도 그랬다. 예전에 그저 지

---

65 <가정의 행복>, 154-155쪽

루함을 잊기 위해서 읽었던 책들이 이제는 불현듯 삶에서 가장 큰 기쁨이 되었다. 이는 순전히 그와 함께 책에 대해서 이야기를 나누고 그와 함께 읽고 그가 내게 책을 가져다주었기 때문이다....... 66

사랑의 위대함은 영혼의 성숙을 가져온다는 작가의 생각이 실감나게 표현되고 있다. 마리야는 이제 자기만의 기쁨과 황홀감을 넘어 주변 세계를 새로운 시선으로 보게 된다. 어제까지는 보이지 않던 것들이 비로소 보이기 시작한다. 단지 눈에 보이는 정도가 아니라 전혀 다른 의미로 그녀의 마음에 다가온다. 그동안 어떻게 그렇게 무심하게 살아올 수 있었을까, 새삼스레 자신의 둔감함이 어리둥절할 지경이다. 부모를 여읜 슬픔을 겪었다 해도 세상 물정 모르고 자란 귀족 아가씨가 성큼 성숙한 인간이 되는, 표면적 시간이 아니라 깊은 심리적 파동의 시간이 흐르고 있었다.

그 남자는 마리야의 가족을 위해 땀 흘려 일해 온 농노들, 집안일을 하는 하인들을 전혀 다른 시각에서 바라보도록 가르쳤다. 마리야는 이들 역시 자신과 마찬가지로 사랑하고, 소망하며, 애석해하는 감정을 지녔다는 것에 대해 열일곱 살이 되도록 그들과 어울리면서 단 한 번도 생각해본 적이 없었다. 그리고 마리야가 누구보다 가깝게 알고 사랑했던 까쨔까지도 이제 전혀 다르게 보였다. 까쨔가 그녀 집에서 그동안 맡아왔던 어머니-친구-농노의 역할을, 구태여 의무처럼 할 이유가 전혀 없었다는 것을 뒤늦게 깨달은 것이었다. 그녀는 이 사랑하는 존재의 모든 자기희생을 이

---

66 〈가정의 행복〉, 153-154쪽

해하게 되었고 그녀에게 얼마나 깊은 신세를 지고 있는지도 알게 되었다. 그러자 그녀를 더욱더 사랑하게 되었다. 농노와 하인들이 인간으로 보이게 된 것이다.

똘스또이는 여기에서 진실한 사랑을 따라 영혼이 성숙한다면, 그런 영혼의 소유자들에게는 세상의 질서가 전복되는 관념의 혁명도 가능하다는 것을 보여준다. 이제 마리야는 수백 년 동안 러시아에서 지속된 농노제를 더 이상 당연한 것으로 받아들이지는 않을 것이다. 살아 숨쉬며 똑같이 희로애락을 느끼는 사람, 즉 동류의 존재이기에 자신의 행복과 농노들의 행복이 둘이 아님을 깨달아버렸기 때문이다.

> 이제 나는 내가 그와 대등하다고 느꼈고, 내가 처해 있던 드높은 영적인 상태에서 그를 완전히 이해했다… 다른 사람을 위해 사는 것 속에만 행복이 존재하는 법이라는 말을 그가 왜 했는지 지금에야 알 수 있었고, 이제 그의 말에 완전히 동의했다. 우리 둘은 이렇게 영원히 평온한 행복을 누릴 것만 같았다. 그러자 내게 떠오르는 것은 해외여행이나 사교계나 화려함이 아니라 그와는 전혀 다른, 시골에서 보내는 조용한 가정의 행복이었다. 거기에는 무한한 자기희생과 서로에 대한 영원한 사랑, 모든 것 속에서 온유하게 우리를 돕는 신의 섭리를 끝없이 인식하는 것이 포함되어 있었다.[67]

아마 이런 상태를 우리는 깨달음으로 얻게 된 축복이라고 불

---

67 <가정의 행복>, 181쪽

러야 할 것이다. "다른 사람을 위해 사는 것 속에만 행복이 존재하는 법"이라는 진술은 해탈한 자의 법어가 아니다. 2020년 초에 홀연히 나타나 2년 넘게 세상을 얼어붙게 한 코로나 바이러스 시대에 우리가 새삼 자각한, 마음의 평화를 얻는 가장 단순한 진실이다. 구름과 나무가 서로 의지하듯, 말과 토끼풀이 서로 주고받듯, 시베리아 원주민의 유목과 대도시의 삶이 단절되어 있지 않은 것이다. 순간적 고립은 가능하나 영구적 단절 속에서 인간은 존재조차 불가능하다. 순전히 이기적인 자는 아주 영리한 방법으로 자기 파멸을 스스로 재촉하는 자인 것이다.

똘스또이의 걸작 『전쟁과 평화』[68]의 등장인물 가운데 마리야는 남자 주인공 안드레이의 여동생이다. 그녀는 깐깐하기 짝이 없는 전직 대장이자 대귀족인 아버지 니꼴라이 볼꼰스키 공작과 프랑스인 처녀 부리엔과 한 집에 살고 있다. 아버지가 황제의 노여움을 사 시골로 추방된 이후 어머니 없는 집에서 묵묵하게, 하지만 너무나 답답하게 안주인 역할을 하고 있다. 게다가 전장에 나간 오빠의 아내인 올케 언니 리자가 출산 중 사망하면서 남겨진 조카를 키우고 있었다. 시골에 박혀있는 데다 별로 예쁘지 않은 얼굴 때문에 그녀는 당시 풍속으로는 분명한 노처녀가 되어

---

[68] 러시아의 평론가인 N.N. 스뜨라호프(1828-96)는 『전쟁과 평화』의 마지막 권이 발행되자 이렇게 감탄했다고 한다. "어떤 문학도 우리에게 그와 비슷한 어떤 것도 제시하지 못한다. 수천의 인물, 수천의 장면, 국가 및 개인 생활의 모든 영역, 역사, 전쟁, 땅 위에 있는 온갖 공포, 모든 열정, 신생아의 고고성에서부터 죽어가는 노인의 마지막 감정 폭발에 이르기까지 인간 생활의 모든 순간, 동료에게서 지폐를 훔친 도둑의 감정에서부터 영웅주의의 고상한 움직임, 그리고 내적 깨달음에 대한 생각들에 이르는, 인간이 이해할 수 있는 모든 기쁨과 슬픔, 이 모든 것이 이 그림 속에 구현되어 있다. 그럼에도 불구하고 실제로 어느 한 인물도 다른 인물을 가리지 않고, 어느 장면, 한 인상이 다른 장면과 인상을 방해하지도 않을 뿐만 아니라, 모든 것이 독립되어 있으며, 모든 것이 서로서로 그리고 전체와 조화를 이룬다." 박형규 옮김, 『전쟁과 평화4』, 옮긴이 해설, "서사시적 일대 장편소설" 전쟁과 평화, 564쪽

가고 있었다. 그런데 로스또프 백작 가문의 아들인 멋진 장교 니꼴라이가 나타났다. 그가 자기 집에서 식객으로 같이 살던 가난한 고아 사촌 소냐와 약속했던 둘의 미래가 니꼴라이의 변심으로 사라진 덕분이었다. 신분은 백작이었으나 경제적으로 궁핍해진 로스또프 백작부인이 소냐에게 니꼴라이를 단념하라고 설득—사실은 강압—하고, 니꼴라이가 그 말에 솔깃해서 부잣집 딸을 찾기로 결심했기 때문이다. 하지만 마리야에게 니꼴라이는 자신의 구세주, 백마탄 왕자로 보였다.

　　… 니꼴라이가 그녀 쪽으로 돌아섰을 때 마침 고개를 들고 반짝이는 눈으로 그의 시선을 맞았다. 그녀는 품위와 우아함이 넘치는 동작으로 기쁜 미소를 지으며 반쯤 몸을 일으켜 화사한 손을 내밀고는 비로소 처음으로 가슴 깊은 곳에서 나오는 듯한 여성스러운 목소리로 이야기하기 시작했다. 객실에 있던 부리엔 양은 놀라 의한 눈길로 공작 영애 마리야를 바라보았다. 교태에 능란한 이 여자도 자신을 꼭 좋아해 주길 바라는 남자를 만났을 때 이보다 더 훌륭한 태도를 취하기 어려울 것 같았다……
　　그의 부드럽고 사랑스러운 얼굴을 본 순간부터 그녀는 일종의 새로운 생명력에 사로잡히고, 의지와 관계없이 말하고 행동하게 되었다. 로스또프가 들어오자 그녀의 얼굴은 갑자기 변했다. 색칠되고 조작된 초롱 안에 불을 켜면 그전까지 조잡하고 거무스름하고 무의미해 보이던 표면에 복잡하고 정교한 예술적인 도안이 홀연 놀라운 아름다움을 띠며 떠오르듯 공작 영애 마리야의 얼굴도 갑자기 변했다. 지금까지 살아온 순결하고 영적인 그녀의 정신활동이 비로소 표면에 드러난 것이었다. 스스로는 불만스러웠던 자신의 정신 활동, 즉 고뇌, 선에 대한 갈망, 순종, 사랑, 자기희생 같은 모든 것이 지금 반짝이는 눈에, 섬세한 미소에, 부드러운 이목구비 하나하나에서 빛나고 있었다.[69]

그동안 무뚝뚝하고 고지식하기 짝이없는 아버지 밑에서 늦가을의 갈잎처럼 힘을 잃고 침잠했던 노처녀 마리야가 이제 비로소 봄나무의 새싹처럼 생명력을 얻는 순간이다. 로스또프 가문에게는 명백히 정략결혼이었으나 마리야는 그것을 진실한 사랑의 결합이라고 믿고 싶었다. 니꼴라이의 잘생긴 외모뿐만 아니라 그가 자신과 정신적으로 상통하는 사람일 것이라는 기대 속에서…

사랑의 종류

사랑의 종류도 몇 가지로 구분할 수 있을까? 『안나 까레니나』의 집필 시기, 그러니까 작가로서 자신의 재능이 절정에 달했다고 친구에게 고백했다는 바로 그때, 똘스또이의 내면에서는 탐욕적이고 자기 파괴적인 사랑의 풍경을 탁월하게 그려낸 작가적 재능과 서로 다른 사랑의 가치를 판단하려는 윤리적 인간의 이성이 다투고 있었다는 사실을 당대 러시아의 비평가 미하일롭스끼[70] 이래 많은 논자들이 지적해 왔다. 하지만 내가 보기에 그런 경향 —서로 다른 두 자아가 한 몸 속에서 다투는— 은 그 시기에 갑자기 나타난 것은 아니다. 『안나 까레니나』가 워낙 당대는 물론 지금까지도 세계 문학사상 '최고의 연애소설이자 사회소설'이라는

---

69 박형규 옮김, 『전쟁과 평화4』, 41-42쪽
70 앤드류 노먼 윌슨, 『똘스또이』, 381-382쪽

높은 명성을 얻고 있는 데다 그 줄거리 또한 사랑의 행적과 인생관이 극히 대조적인 남녀 두 쌍에 얽힌 이야기라는 점에서 유독 두드러지는 점이 있기는 하다. 하지만 똘스또이는 이미 데뷔 시절부터 감수성이 풍부한 청년 작가일 뿐만 아니라, 꼼꼼한 눈으로 대상을 관찰하고 그 결과를 몇 가지로 분류하기 좋아하는 성향을 가진, '이성적 인간'의 면모를 분명하게 드러냈다. 이십 대에 쓴 자전적 작품 <청년시절>에서 이미 그는 "사랑에는 세 가지 종류가 있다."고 말하면서 아름다운 사랑, 희생적인 사랑, 실제적인 사랑을 구별하고 있다.

내 삶이 몹시 불행했던 까닭에 젊은 여성에 대한 젊은 남성의 사랑에서는 단 한 번도 진실을 본 적이 없고 오직 거짓만을 경험했다. 육체적 욕망, 부부 관계, 금전, 자기 자신을 속박하거나 자유롭게 하고자 하는 욕망 등이 본연의 감정을 혼란스럽게 만들어서 아무것도 분별할 수 없게 된다. 내가 말하는 것은 인간에 대한 사랑이다.

아름다운 사랑이란, 그 감정과 표현에 아름다움이 깃든 사랑을 의미한다. 그들에게 어떤 대상이 기분 좋은 감정을 불러일으키기 때문이다. 아름다운 사랑을 좋아하는 사람은 서로의 감정에는 거의 관심이 없다. 그들에게 중요한 것은 기분 좋은 사랑의 감정이 계속 이어지는 것이기에 그들은 사랑의 대상을 자주 바꾼다.

희생적인 사랑이란, 사랑하는 대상을 위한 자기희생 과정에 대한 사랑을 말한다. 그 사랑은 사랑을 받는 대상에게 그 희생이 좋은 일인지 아니면 나쁜 일인지는 전혀 관심을 두지 않는다. 이런 사랑을 하는 사람들은 상대방이 자신을 사랑하리라는 것을 절대 믿지 않는다(나를 이해하지 못하는 사람을 위해 스스로를 희생하는 것이 훨씬 고귀한 일이기 때문이다.)? 이런 사람들은 사랑의 대상을 위험에서 구하기 위해 사랑하는 사람이 위험에 빠지기를 바라며, 위로해주기 위해 그들이 불행해지기를 원하고, 심지어 죄악에서 구해주기 위해 그들이 죄를 짓기를 바란다.

실제적인 사랑은 사랑하는 존재에게 필요한 모든 것, 희망과 변덕, 심지어 단점까지도 만족시키려는 열망을 의미한다. 그렇게 사랑하는 사람들은 일생동안 언제나 사랑을 한다. 왜냐하면 그들의 사랑이 클수록 사랑하는 대상을 더욱 잘 알게 되며 그들을 사랑하기가 더욱 쉬워지고, 자신들의 희망을 만족시키기 쉬워지기 때문이다. 그들은 앞다투어 자신을 기만하면서까지 사랑받기를 원하고 그것을 믿으며 만일 그런 사랑이 있다면 행복해 한다. 하지만 그 반대 경우에도 사랑을 한다. 사랑하는 대상이 행복하기를 기원할 뿐 아니라 정신적이든 물질적이든 그들의 능력 안에 있는 크고 작은 모든 수단을 사용해 사랑하는 사람에게 행복을 가져다주려고 노력한다.[71]

이런 분류법에 따르자면, 『안나 까레니나』에서 안나와 브론스끼의 만남은 '젊은 여성에 대한 젊은 남성의 사랑'이고 그것은 진실이 아니라 거짓으로만 이루어지는 것이다. 왜냐하면 그처럼 젊은 남녀의 사랑은 아름다운 것도, 희생적인 것도, 실제적인 것도 아니고 단지 육체적 욕망에 이끌려 제대로 된 분별력을 잃게 되는 잘못된 '사태'일 뿐이다.[72]

---

71 <청년 시절>, 398-403쪽.
72 가톨릭에서는 사랑을 하나이자 동시에 여럿으로 본다. 에로스는 육체적 사랑, 필리아는 동무들 사이에서 나타나는 사랑, 아가페는 이타적 사랑이다. 에로스는 욕망하는 사랑이고, 고조되는 사랑이다. 필리아는 서로 이익을 기대하지 않을 때도 가능하지만 어떤 보답이 있을 때

작가는 바로 이 대목의 첫머리에서 흥미롭게도 '내 삶이 몹시 불행했던 까닭에'라는 단서를 달고 있다. 똘스또이는 두 살에 엄마를 잃고 아홉 살에 아버지마저 잃은 고아로서 모스끄바 근교의 고향 야스나야를 멀리 떠나 까잔의 친척 집에 얹혀살았다. 하지만 귀족 신분 덕에 대학 시절과 대학 중퇴 이후 모스끄바로 돌아와서도 방종한 청년시절을 보냈다는 사실은 세상에 널리 알려져 있다. 전기 작가들은 그가 결혼 전 악시냐라는 하녀와 관계를 맺었고, 그녀가 낳은 아들 찌모페이가 그 집안의 마부로 일하고 있었다는 사실을 적어 놓고 있다. 말하자면, 그 시절 귀족 청년들이 집안의 하녀나 농노 신분의 여자를 탐하는 것은 흔히 있는 일이었다. 그럼에도 불구하고, 작가는 작중 화자의 입을 빌려 그것을 자신의 '불행했던 시절'로 회상하고 있다. 사실, 그는 서른넷의 늦은 나이에 열여덟의 소피야 안드레예브나 베르스와 결혼할 때까지 진실한 사랑의 감정을 느껴보지 못한 채 많은 여자들을 전전했던 것이다. 청춘남녀 간의 순수하고 뜨거운 사랑에 대한 그의 회의에 찬 시선은 충분히 이해할 법한 일이다.

그런데, 똘스또이는 사랑의 종류 그 자체만 구별하고 있는 것이 아니다. 결혼도 그에게는 이모저모 따져 볼 일이었다. 물론 누구라도 자기 인생 최대의 사건이라 할 결혼을 무턱대고 하지는 않을 것이기 때문에 그것을 앞두고 신중해지는 것은 당연한 일이

활발해지는 사랑이다. 그것에 비해 아가페는 오히려 '무보상성'이 전제되는 사랑, 행동보다는 존재와 침묵이 주가 되는, '일곱 번씩 일흔 번씩이라도 용서하는' 사랑이다. 하지만 에로스와 필리아, 에로스와 아가페를 서로 대립하는 것으로 간주하면 곤란하다. 에로스와 필리아는 아가페에 영감을 받아 열리지 않으면 자기 안에 안주하고 싶은 유혹에 굴복할 수도 있다. 동시에 아가페라는 선물은 에로스의 열정과 욕망, 그리고 필리아의 자유를 가져야 지속적이고 완전한 인간애가 된다는 것이다. 루이지노 브루니 지음, 강영선 외 옮김, 『콤무니타스 이코노미』(서울: 북돋움, 2020), 134-135쪽

다. 하지만 똘스또이의 또 다른 분신이라고 할 주인공은 좀 다른 시각으로 결혼을 바라본다. 『전쟁과 평화』의 냉철한 주인공 안드레이는 전쟁터에 나가려고 작정하고서는 아직 어수룩하게 보이는 친구 삐예르에게 이렇게 충고한다.

> 절대, 절대 결혼 같은 건 하지 말게. 여보게, 이게 내가 자네에게 주는 충고야. 자네가 할 수 있는 일을 다했다고 스스로에게 말할 수 있을 때까지는, 그리고 자네가 선택한 여자에 대한 사랑이 식어서 그 여자의 참모습을 명백하게 볼 수 있을 때까지는 절대로 하지 말게. 안 그러면 돌이킬 수 없는 엄청난 과오를 저지르는 꼴이 되고 말 테니까. 결혼은 늙어서, 아무 짝에도 쓸모없는 늙은이가 됐을 때 하는 거야…… 안 그러면 자네에게 있는 훌륭하고 숭고한 것들을 망쳐버리게 되고, 모두 보잘것 없는 일에 소모되고 말거야……
> 여자와 관계를 맺게 되면 마치 차꼬를 찬 죄수처럼 모든 자유를 잃어버리게 되지. 그러면 자기 내부에 있던 희망이자 힘이었던 모든 것이 그저 무거운 짐처럼 느껴지고, 후회 때문에 자책하게 되는 거야. 객실, 가십, 무도회, 허영, 보잘것 없는 일 – 이런 것들이 바로 내가 빠져나올 수 없는 마의 굴레야.[73]

말년의 장편소설 『부활』에서 까쮸샤와 사달을 일으키는 귀족 청년 네흘류도프는 자신에게 끈질기게 구혼하는 여성이 있음에도 불구하고 결혼을 망설이고 있다. 그리고 그 이유를 설명하는 대목에서 주인공은 결혼 생활의 이점과 단점을 이렇게 차분하게

---

[73] 레프 똘스또이 지음, 박형규 옮김, 『전쟁과 평화1』, 60-62쪽

구별해서 논하고 있다.

> 일반적으로 볼 때 결혼 생활의 이점은, 우선 가정생활에서 얻는 즐거움 외에 불륜의 성생활을 배제하고 도덕적인 생활을 가능케 한다는 데 있다. 그리고 둘째로는, 이 점이 중요한데 가족, 즉 아이들이 자신의 무의미한 생활에 어느 정도 의의를 준다는 데 있었다. 한편 결혼에 찬성할 마음이 내키지 않는 이유는, 첫째로 독신으로 지내는 노총각들이 저마다 가지고 있는 자유를 잃게 되지나 않을까 하는 염려, 둘째로 여자라는 불가사의한 존재에 대한 막연한 공포였다.[74]

적령기 청년이 결혼이라는 제도 속으로 들어가면서 얻게 될 것과 잃게 될 것을 냉정하게 하나둘 계산하고 있는 것이다. 무엇 때문에? 구혼을 선뜻 받아들이기에는 그 여성이 아주 맘에 들지는 않았다는 것이 주저하는 가장 큰 이유라면 충분히 이해가 갈 법하다. 상대편 여자의 신분이나 부 등 이른바 '조건'이 별로여서인가? 그것도 아니다. 그녀도 내로라하는 귀족 집안의 딸이었다. 주인공이 망설이는 것은, 결혼 덕분에 안정적인 인생의 기반이 될 가족이나 '도덕적 생활'을 얻는 대신 가정과 아내에게 구속당할 가능성이 크기 때문이라는 것이다. '자유부인'과는 대척점에 있는 '자유청년'의 에고이즘이 짙게 느껴진다. 계속 가족이 없이 떠돌고 다소 부도덕한 생활을 하더라도 누구에게 매이지 않고 제 맘대로 살고 싶다는 마음을 포기하기 싫다는 것이다. 굳이 카사노바까지는 아니라 하더라도, 기독교식으로 말하자면, 에로스에

---

74 레프 똘스또이 지음, 박형규 옮김, 『부활 1』, 35-36쪽.

탐닉하고 필리야는 굳이 내 몫이 아니라도 상관없다는 것이다.

 이어서 아주 흥미로운 대목, 즉 '여자라는 불가사의한 존재'에 대한 알 수 없는 두려움을 느끼고 있기 때문이라는, 여자에 대한 호기심으로 가득해야 할 청년의 고백이라고 하기에는 언뜻 믿기지 않는 구절이 나온다. 이것은 한편으로, 주인공이 여성에 대한 환상을 품고 있을 만큼 더이상 순진한 소년이 아니라는 뜻으로 읽힌다. 그만큼 다양한 여자들을 섭렵하면서 남자인 자신의 생각으로는 '도무지 알 수 없는 존재'라는, 유보적이라기보다는 차라리 부정적 판단이 그의 마음속에 자리 잡고 있다는 것이다. 다른 한편으로, 주인공은 여성들에 대한 거부감을 넘어 두려움(!)까지 느끼고 있다. 도대체 무슨 연유로? 어떤 두려움을? 여성들이 남자들에게 어쨌다고...? 똘스또이의 남자들이 지닌 여성관은 매우 흥미롭다. 아마도 많은 현대 여성들은 그런 관점이나 태도에 동의하기 어려울 것이다. 아무튼 여기서는 그들의 생각이 당시 귀족 남자들의 일반적인 여성관을 반영하고 있으며, 거기에 더하여 똘스또이 자신의 독특한 여성관이 개입되어 있다는 정도로만 언급하기로 하자.

 하지만, 그것이 똘스또이의 사랑과 결혼에 관한 태도의 전부란 말인가? 만약 그렇다면 우리에게는 적잖이 실망스러울 터이다. 그는 풍경의 작가인 것만큼이나 '사랑'이라는 말을 붙잡고 평생 씨름했던 사람이었다. 그에게 남녀의 진실한 사랑은 행복에 이르는 길이어야 했다. 그 행복이란, 그 또래 다른 청년들이 기대하는 물질적 안락이나 근대적인 도시 생활의 화려함을 만끽하는 상류층의 호사가 아니었다. 그런 생활의 공허함은 이미 충분히 경험으로 익힌 바였기 때문이다.

　초기작에 해당하는 <까자끄인들: 깝까즈 이야기 1852년>에서 작가는 올레닌이라는 또 하나의 분신을 통해 자신이 행복해지기 위해서는 오직 하나가 필요하다고 말한다. 그것은 "사랑하는 것, 자기희생적으로 사랑하는 것, 모든 사람과 모든 것을 사랑하는 것, 사방팔방으로 사랑의 거미줄을 쳐놓는 것"[75]이었다. '모든 것에 대한, 자기희생적 사랑'이라는, 비실제적이면도 보편적 사랑의 종류가 다시 한번 등장한다. 여기에서 우리는 올레닌에게, 아니 똘스또이에게 묻고 싶어진다. 그것은 뜨겁고 요동치는 감정으로부터 차분하고 일정한 개념으로 전화(轉化)한 사랑인가? 특정한 상대를 향해 미칠 듯이 빨려 들어가는 감정으로부터 모두를 향한 차별 없는 대승적 사랑으로 진화한 것인가? 그런데, 그것은 젊은 남녀의 사랑과는 다른 것이 아닌가? 그렇다면 그것은 사랑에 실패한 자의 자기기만을 합리화하는 말장난일 뿐인가? 다시 말해, 전자—즉 '모든 것에 대한, 자기희생적 사랑'—는 후자—즉, '젊은 남녀의 사랑'—로부터의 도피 또는 그 실패에 대한 심리적 자기 보상의 차원에서 머릿속에서 의도적으로 설정된 것인가?

　반드시 그런 것 같지는 않다. 아마 똘스또이가 이런 질문을 받는다면 마음속으로는 어느 정도 수긍하더라도 겉으로는 상당히 못마땅한 표정을 지을 것이다. 사실 모스끄바 생활의 무료함을 뒤로 한 채 어느 정도는 낭만적 환상을 품고 깝까즈로 떠난 우리의 주인공 올레닌에게는 자신이 머물고 있는 집의 딸인 마리야라

75　<까자끄인들: 깝까즈 이야기 1852년>, 465-466쪽

는 원주민 처녀가 구체적 연모의 대상으로 떠오르고 있었다. 그녀와 함께, 그녀가 닮은 야생 속에서라면, 그는 누구보다 행복해질 것만 같았다. 하지만, 올레닌은 여기서 네흘류도프와는 또 다른 이유로 주저한다.

> "행복이란 자연과 함께 하는 것, 자연을 보고 자연과 이야기 나누는 것이다......
> 평범한 까자끄 처녀와 결혼하고 싶지만 감히 그렇게 하지 못하는 이유는 행복의 정점이 될 그것을 내가 가질 자격이 없기 때문이다......"[76]

이번에는 정말로 바라보고만 있어도 가슴 뛰는 사랑의 대상을 찾았지만, 자신이 그녀에게 어울리는 신랑감이 될 수 있는지, 그녀와 행복을 함께 할 자격이 있는지 회의하는 것이다. 그는 행동하지 못한다. 마을 청년인 연적(戀敵)과 맞서려고 하지도 않는다. 젊은이답지 않게 너무 생각이 많아 번민을 거듭하는 것이 똘스또이의 인생 궤적을 따라가는 남자 주인공들이다. 그들은 다른 소설의 주인공들과는 달리, 여자에 관해서, 인생에 대해서 아무 것도 몰라서 당혹해하고 허둥대는 것이 아니라 스스로 그런 것들을 충분히 잘 알고 있다고 여기기 때문에 오히려 번번이 기회를 놓치고있는 것이다. 안다고 생각하는 것이 그들의 병이다.

그런데 이런 조숙증은 결혼을 하고 나서도 발병한다. 똘스또이가 생각하는 이상적인 부부상이 『안나 까레니나』의 레빈과 끼찌

---

76 <까자끄인들: 깝까즈 이야기 1852년>, 494-495쪽

부부임은 널리 인정되고 있지만, 그보다 훨씬 전에 쓰인 소설 <가정의 행복>에 나오는 세르게이와 마리야는 바로 레빈과 끼찌의 선행 모델로 보인다. 여기에서 남자 주인공 세르게이 미하일리치는 서른 여섯, 그와 결혼한 마리야는 새봄에 방년 18세가 되었다. 똘스또이 자신의 실제 결혼이 상기되는 나이이다. 신혼의 단꿈에 빠져 있는 어린 신부(!)에게 중년(?)의 남편은 이렇게 말한다.

"당신은 아름답고 젊어! 요즘 나는 행복감 때문에 밤잠을 이루지 못하는 때가 많소."[77]

얼마나 행복하겠는가? 오래전부터 드나들던 집안의 딸이었는데, 이렇게 의젓하게 성숙하여 내 아내가 되다니... 여기까지는 특별히 이상할 것이 없다. 그 톤이 아니라 말의 내용만 보면 말이다. 하지만 그는 여운을 남기는 이 두 마디로 그치지 못한다. 다시, 너무나 많은 생각이 그의 머릿속에 들어와 있고, 그래서 지극한 행복감과 그놈의 몹쓸 불안감이 마음속에 복잡하게 얽혀있기 때문이다. 그래서 이렇게 덧붙이고 만다.

"청춘이 지나가버린 나의 입장에서는 그렇다는 거요... 당신은 아직 많은 세월을 살아보지 않았으니 어쩌면 또 다른 것에서 행복을 찾고 싶어질 수 있을 것이고, 그래서 다른 것에서 찾을 지도 모르오. 지금 당신은 나를 사랑하는 것이 바로 행복이라고 생각하겠지만."

......

---

77 <가정의 행복>, 194쪽

"아니에요, 나는 언제나 이런 조용하고 가정적인 생활만을 원했고 좋아했어요." 그녀가 말했다.[78]

남자에게 청춘의 한계 연령은 20대까지였을까? 설령 그렇다 해도, 여기에서 그쳤으면 좋으련만... 새 신부는 부드러운 목소리로 응답했지만, 자신의 행복감에 대한 남편의 일방적인 지레짐작에 벌써 섭섭한 감정이 들고 있다. 그런데도 '사랑과 인생을 다 아는' 남편은 아내의 그런 감정을 보듬어주려고 하지 않는다. 지금 그는 자신의 머릿속을 어지럽히는 생각에만 너무 충실한 상태이기 때문이다. 그가 아무리 조숙했다 하더라도 영락없는 남자이다. 여자와 대화할 때는 자주 그 줄거리 못지 않게 조성되는 분위기나 남자의 태도가 매우 중요하다는 것을 깨닫지 못하고 있는 것이다. 결국 '주제 파악이 안 되는' 남편은 상쾌하지만은 않은 자신의 생각과 감정을 마지막까지 드러내어 보임으로써 아내에게 섭섭한 감정을 넘어 급기야 화가 나게 만들고야 만다.

"지금은 그렇겠지. 하지만 당신에게는 그걸로 부족하오. 당신에게는 아름다움과 젊음이 있으니까."
그가 생각에 잠긴 듯이 반복해서 말했다. 그러나 나는 그가 나를 믿지 않은 것에 대해서, 그리고 나의 아름다움과 젊음을 비난한 것만 같아서 화가 솟구쳤다.[79]

이처럼 젊은 여성에 대한 선망과 경계는 똘스또이에게 일찍부터 나타난 인생조숙증이자, 불길한 미래를 앞당겨 걱정하고 말해

---

78 〈가정의 행복〉, 195쪽
79 〈가정의 행복〉, 195쪽

버림으로써 나중에 실제로 그런 비슷한 일이 일어나게 되는, 자기 충족적 예언의 역할을 했다. 이 소설 <가정의 행복>에서도 실제로 남편의 예측이 실현(?)된다. 결혼 이후 활기차게 움직여야 할 젊은 신부가 시골 생활을 무료해하는 것 같아 그녀를 달래 주려고 부부는 한동안 도시로 나갔다 오기로 한다. 황실과 지체 높은 귀족들의 저택과 온갖 진기한 문물이 넘쳐나는 제국의 수도 뻬쩨르부르그에 당도하자 새 신부는 놀랍도록 빠르게 생기를 되찾는다. 세르게이 미할리치의 생각이 맞았던 것이다. 그녀는 단지 사랑하는 남편을 따라 '조용하고 가정적인 시골생활'에만 만족할 수는 없고 '또 다른 것에서' 행복을 찾고 싶어질 텐데, 그것이 바로 도시였던 것이다.

이제 갓 시골에서 올라온 마리야는 들장미처럼 꾸밈없는 아름다운 외모로 하루밤새 화려한 무도회의 주인공으로 다시 태어난다. 그녀가 나타나기 전 사교계의 별이었던 여자들은 갑자기 빛을 잃었다. 뭇 귀공자들이 불나방처럼 그녀에게 달려들었다. 그때부터 새 신부는 자신의 꿈같은 역할에 극적으로 빠져들고, 남편은 무도회장의 구석에서 쓸쓸하게 그 모습을 바라보거나 아예 밖으로 나와 버린다. 아내를 달래주려고 간 도시에서 남편은 길을 잃었다. 부부는 파경 직전에 이른다. 하지만 새로운 삶의 쾌락에 흠뻑 젖어있는 아내는 자기가 먼저 도시로 나오자고 한 남편이 왜 저렇게 울상을 하고 있는지, 왜 모두에게 박수갈채를 받는 주인공이 된 아내를 못마땅해 하는지 이해할 수가 없다. 결국, 시간이 지나 무도회에서 마리야의 참신함도 사라지고 그녀를 대체할 또 다른 샛별이 떠오름으로써만 그녀는 고통스럽게 환상의 무대에서 내려오게 된다. 똘스또이의 주인공들답게 다시 시골로 돌아가는 것만이 부부에게는 진실한 행복을 찾아가는 길이 되는 것이다.

사랑과 여성

사랑은 대상을 가진 일이다. 똘스또이의 여러 작품 속에서 여성 주인공들은 그 상대가 되는 남성들과 다양한 관계를 맺고 있고, 자신들의 연인 또는 남편에 대해 이런저런 평을 늘어놓는다. 하지만 그들은 대체로 자신들의 일, 자신들의 감정에 몰두하는 편이고, 남자들에 대한 생각을 드러내는 것도 자기와 직접 상관 있는 구체적인 상대—예컨대, 아들, 사교계에서 자기가 좋아하는 남성, 연인, 남편, 아버지 등과 같이—에 대한 경우가 대부분이다. 하지만 똘스또이의 남자들은 특정한 상대방 여성에 대해서도 물론 칭찬이든 비난이든 늘어놓지만, 종종 여성 일반에 대한 자신들의 태도를 표명하고 있다. 곧, 자신들이 상대한 여성들은 한정되어 있음에도 불구하고, '여자들은 이렇다'라는 일반화를 시도하곤 한다는 것이다. 여자들도 남자들의 성격을 일반화하는 경우가 없지 않지만, 그 정도는 남자들의 경우가 훨씬 더했다. 똘스또이의 남자들이 여자들을 어떻게 생각하는지를 단적으로 보여주는 두 대목을 보자.

> 나는 여자아이들(누이나 집안 하녀-인용자)을 대할 때 나도 모르게 형 흉내를 내었다... 매번 그들이 논리적으로 사고하는 능력이 없으며 가장 평범하고 간단한 사항들, 예를 들면 돈이란

무엇인지, 대학에서는 무엇을 배우는지, 전쟁이란 무엇인지 등에 도 무지하다는 것을 깨달았다. 그들은 이런 문제에 대한 설명에 전혀 관심이 없었고 그런 시도를 할 때마다 나의 부정적인 견해는 굳어졌다.[80]

　　(네흘류도프는-인용자) 3년 전에는 솔직하고 이타적이며 좋은 일에는 기꺼이 몸까지 희생하는 젊은이였으나 이제는 타락하여 쾌락만을 찾는 철저한 이기주의자가 되어 있었다.
　　그 무렵 여자란 신비롭고 매혹적인 것, 즉 신비롭기 때문에 매혹적으로 보이는 것이었는데 지금은 가족이나 친구의 아내를 제외한 모든 여자들의 의미란 지극히 간단하고 명료한 것이었다. 다시 말해서 여자란 그동안 경험한 향락 중에서 가장 으뜸이라고 생각하고 있었다.[81]

첫 번째 인용문은 똘스또이가 자신의 소년시절을 회상하면서 자기 집 여자 아이들에 대해 평하고 있는 부분이다. 처음에 그것은 주인공의 생각이었다기보다는 대학생인 형을 따라 흉내 낸 것이었지만, 시간이 지나면서 경험해보니 사실임을 확인했다는 것이다. 그 내용인즉슨, 여자아이들은 대체로 논리적인 사고 능력이 없고, 사회 현상에 대해 관심을 갖지 않는다는 것이다. 어릴 적부터 부정적인 여성관이 형성되었음을 알 수 있다. 왜 그랬을까? 사실 성장기의 소녀들이 돈이나, 대학교육이나, 전쟁 등 결코 '평범하다'고 할 수 없는 문제들에 대하여 관심을 갖는다는 것 자체가 특별한 일이지 자연스런 현상은 아닐 것이다. 당시 그 '여자 아이

80　<청년 시절>, 430쪽
81　『부활 1』, 85쪽

들'은 학교에 다니지도 않고 주로 집에 있었다. 자기 집이 세계의 거의 전부였던 것이다. 따라서 똘스또이의 주인공 소년이 조숙하여 어떤 사물이나 현상에 대한 논리적인 설명을 선호했고, 또 대학생 형을 둔 덕분에 어른들의 문제에 좀 별난 관심을 가졌던 것이지 여자 아이들이 특히 '비논리적'이거나 '무지했다'고 할 수는 없을 것이다. 전체적으로 보면 어린 시절부터 남자와 여자의 관심사에 다소 차이가 있다는 점을 무시하지 않는다면 말이다.

두 번째 인용문은 『부활』의 남자 주인공 네흘류도프가 대학 3학년 때 여름, 당시 유난히 관심을 가진 주제였던 토지 사유에 관한 논문을 작성하려고 자기 고모네 집에서 머물다 까쮸샤를 처음 만나 키스를 하고 사랑에 빠졌던 일, 그리고 이후 3년 만에 장교로 임관되어 소속 부대로 가는 도중 고모네 집에 들렀을 때 다시 그녀를 만난 상황이다. 똘스또이의 청년기 여성관이 투영되어 있는 이 구절에서는 아주 대조적인 두 관점이 드러나 있다. 즉 '여자란 신비롭고 매혹적인 존재'라는 관념으로부터 '여자란 그동안 경험한 향락 중에서 가장 으뜸'이라는 인상으로 변화한 것이 그것이다. '여자는 천사 아니면 창녀'라는 상투적 이분법이 그대로 드러나 있다. 남자가 사랑에 빠졌을 때 그 대상이 되는 모든 여자는 '신비롭고 매혹적인 존재'가 된다. 여기에서 전제가 되는 것은 그 남자가 그때까지 순수함을 완전히 잃지 않고 있는 경우라는 것이다. 네흘류도프가 예정에 없던 까쮸샤를 만나 첫사랑에 빠져들 때 그는 아직 타락을 몰랐다. 하지만 지난 3년 동안 그는 '쾌락만을 찾는 철저한 이기주의자가 되어' 버렸기 때문에 이제 까쮸샤는 행복으로 가는 길에서 지극한 사랑을 함께 나눌 상대가 아니라 하룻밤 정욕을 발산할 대상으로 전락해버린 것이다. 까쮸샤는 그 자리에 있었으나 스스로 자리를 옮긴 네흘류도프가 '천사에서 창녀로' 끌어내린 것이었다. 이기적 쾌락주의자와 천사는 어울릴 수 없는 짝이었기 때문에 상대의 정체성이 변형되어야만 했다. 불행하게도 까쮸샤는 그의 이런 변신을 알아채지 못한 채 농락당하고 임신을 하고 여러 집을 전전하면서 하녀 노릇을 하다 끝내 화류계로 흘러들었던 것이다.

나중에 네흘류도프는 자신의 잘못을 뼈저리게 뉘우치고, 누명을 쓴 채 시베리아 유형길에 오른 까쮸샤를 따라 가며 청혼까지 하면서 속죄하고자 한다. 하지만 까쮸샤는 감옥에서 만난 다른 정치범을 따라가겠다며 네흘류도프의 청혼을 받아들이지 않는다. 밑바닥 생활을 전전하면서 감정까지 무뎌져버린 그녀였지만, 결국 착한 심성이 어쩔 수 없이 되살아나 이제는 네흘류도프를 자유롭게 놓아주고 싶어진 것이다. 그런 의미에서 '부활'한 것은 까쮸샤의 인생이기도 했지만, 동시에 까쮸샤로부터 네흘류도프에게 주어진 축복이기도 했던 것이다. 똘스또이 말년의 작품에서 나타나고 있는 세 번째 여성관, 즉 속죄하는 남성에 대한 구원의 여성상이라고 할 수 있을 것이다. 그것은 화려한 도시에서 향락을 구가하는 귀족 여성들에 대한 부정적 관점과는 사뭇 다른 것이었다.

사실, 이처럼 긍정적인 여성상은 똘스또이 초기 작품에서부터 없었던 것은 아니다. 처음에는 <유년시절>을 회상하는 대목에서 엄마에 관한 기억으로, 중년기에 쓴 『안나 까레니나』에서는 레빈이 원하는 아내의 모습으로 나타나고, 60대 초반에 쓴 <악마>에서는 리자라는 이름을 가진 이상적인 부인의 모습으로 그려진다.

그 시절 엄마의 모습을 기억하려 애쓸 때면, 언제나 한결같은 선량함과 사랑을 담은 갈색 눈동자, 자그마한 머리 타래가 물결치던 목의 곡선, 수놓은 흰색 칼라, 그토록 나를 쓰다듬어주고 내가 자주 뽀뽀했던 부드럽고 마른 손이 부분적으로 기억날 뿐 전체 모습은 떠오르지 않는다……

엄마의 얼굴은 몹시 아름다웠으며 특히 미소 지을 때면 그 무엇과도 비교할 수 없을 만큼 아름다웠기에 주위의 모든 것들이 더욱더 빛을 내뿜는 듯했다. **살아가면서 힘든 시기가 닥쳤을 때 한순간만이라도 그 미소를 다시 볼 수 있었다면 나는 슬픔이라는 것을 몰랐을 것이다**(강조는 인용자).[82]

레빈은 어머니에 대한 기억이 거의 없었다. 어머니에 대한 생각은 그로서는 신성한 추억이었고, 따라서 그의 공상속에 그리고 있는 미래의 아내는 아름답고 신성한 여성의 이상적 재현(再現)이어야 했다. 그것은 그의 어머니이기도 했다.[83]

이처럼 엄마는, 잘 기억이 나지않는데도 불구하고, 아니 그렇기 때문에 더욱더, '아름답고 선량하고 신성한' 여성의 상징이 되었다. 엄마는 영원히 남자라는 존재의 자궁, 비할 수 없이 아늑한 집으로 상상된다. 엄마가 옆에 없기 때문에 남자의 삶은 그렇게 메마른 것이다. 인생의 힘든 시기에 그토록 부드럽고 아름다웠던 "엄마의 그 미소를 다시 볼 수 있었다면 슬픔을 몰랐을 것"이라는 문장은, 그것이 비록 과장된 허구라고 할지라도, 얼마나 슬프도록 아름다운가?

---

82 『유년 시절·소년 시절·청년 시절』, 17, 19쪽
83 『안나 까레니나(상)』, 129쪽

그녀에게는 사랑하는 사람과의 관계에서 독특한 마력이 있었으며 남편에 대한 숭고한 사랑으로 그의 영혼을 꿰뚫어 보는 통찰력까지 있었다. 아내는 남편의 기분을 속속들이 잘 감지했기 때문에 그는 자신보다 아내가 더 자신을 잘 파악하고 있다고 생각했다. 그녀는 그의 머릿속의 모든 상태와 그늘진 감정까지도 알아차리고 남편의 감정이 모욕당했다는 느낌이 들지 않도록 적절하게 처신했다. 그리고 항상 힘든 감정을 억누르고 기쁨을 배가시키도록 노력했다. **그녀는 남편의 기분뿐만 아니라 생각까지도 이해했다**(강조는 인용자). 리자는 정말 자신에게 낯설기만 했던 농장경영이나 사탕수수 공장일, 사람들에 대한 평가 등을 재빨리 이해하고 알아차려 예브게니의 말상대가 되어줄 뿐만 아니라, 예브게니의 표현에 의하면, 시시때때로 매우 유익하고 한결같은 조언자가 되었다.[84]

이처럼 남자에게 이상적 아내는 "남편의 기분뿐만 아니라 생각까지도 이해"하는 여자였다. 그녀는 남편의 시각을 통해 세상의 이치를 이해하고 받아들였다. 심지어는 자기 친정엄마의 의견에 반대하면서까지 장모와 다른 생각을 가진 남편을 편들어 주었다. 그 유명한 『전쟁과 평화』의 여주인공 나따샤 또한 결혼 이후 변신하여 똘스또이가 애정어린 시선으로 묘사는 또 다른 한 명의 이상적 아내가 된다.

나따샤는 1813년 초봄에 (삐예르와-인용자) 결혼해 1820년에는 벌써 딸 셋에 아들 하나를 두었는데, 간절히 바랐던 아들

---

84 <악마>, 435쪽

에게 직접 모유를 먹이기로 했다. 살이 찌고 몸집도 커진 이 튼튼한 어머니에게서 예전의 가녀리고 민첩한 나따샤의 모습은 찾기 어려웠다. 그녀의 얼굴은 윤곽이 잘 잡히고, 부드럽고 밝고 침착한 표정을 지었다. 그 얼굴에는 전에 그녀의 매력이었던 끊임없이 타오르는 활기찬 불꽃이 보이지 않았다. 이제는 얼굴과 몸이 보일 뿐이었고, 마음은 전혀 보이지 않았다. 강하고 아름다운 다산의 암컷이 보였다. 아주 드물게 예전같은 불꽃이 타오를 때도 있었다. 이번처럼 남편이 돌아왔을 때나, 아프던 아이가 나았을 때나, 마리야 백작부인과 함께 안드레이 공작에 대한 추억에 잠길 때나(그녀는 남편이 그녀와 안드레이 공작의 추억을 질투한다고 생각했기 때문에 남편과는 그 이야기를 하지 않았다), 또 몹시 드물기는 하지만 결혼 후 완전히 그만뒀던 성악에 어쩌다가 열중할 때 그랬다. 성숙한 아름다운 몸에 예전의 불꽃이 타오르는 그런 드문 순간에는 전보다 한결 더 매력적이었다.[85]

사랑과 외모, 매혹적인 여자와 못생긴 남자

하지만 똘스또이 주인공들의 여성관은 남녀관계나 결혼생활을 표현할 때만 드러나는 것은 아니다. 그것은 무엇보다 먼저 여성의 외모와 그것이 풍기는 미묘한 느낌에 대한 지대한 관심과 섬세한 묘사로 표현된다. 『전쟁과 평화』의 주인공 명랑소녀 말괄량이 나따샤가 처음 등장하는 장면을 보자.

---

85 레프 똘스또이 지음, 박형규 옮김, 『전쟁과 평화4』(문학동네, 2020), 414-415쪽

하지만 바로 그 때 이 방의 문 쪽으로 몇 명의 남자와 여자가 달려오는 발자국 소리가 들리고, 의자를 걷어차고 넘어뜨리는 떠들썩한 소리가 들리면서 열세 살짜리 계집아이가 짧은 모슬린 스커트 밑에 무언가를 감춘 채 방안으로 뛰어들어와 방 한가운데서 우뚝 멈춰 섰다. 분명히 소녀는 정신없이 뛰다가 그만 자기도 모르게 이렇게 멀리까지 와버린 것이었다...

...검은 눈에 입이 큰, 예쁘지는 않지만 발랄한 계집아이는 너무 급히 뛰어들어온 나머지 어린애같은 작은 어깨의 속살이 옷 밖으로 드러나 있었다. 돌돌 말려 뒤로 늘어뜨린 검은 머리, 화사하게 드러난 두 팔, 레이스 달린 속바지에 발등이 드러난 단화를 신은 조그만 발을 보고 있으면 그녀가 이제 어린 아이는 아니지만 그렇다고 아직 처녀로 자라지도 않은, 그런 사랑스런 나이에 이르렀다는 사실을 쉽게 알 수 있었다.[86]

『부활』의 주인공 까쮸샤 마슬로바는 나따샤보다 훨씬 성숙한 여인이다. 그녀는 네흘류도프에게 버림받은 뒤 어찌어찌하다가 사창가에 흘러 들어가 7년을 보냈는데, 나이 스물여섯 살 때 일어난 어떤 살인 사건에 휘말려 감옥에 오게 된 처지다. 살인범, 절도범들과 같은 방에서 6개월을 지낸 뒤 비로소 재판을 받기 위해 법정에 나오게 되는 장면이다.

약 2분이 지나자 흰 윗도리와 흰 치마에 회색 코트를 입은, 가슴이 풍만하고 키가 그다지 크지 않은 젊은 여자가 빠른 걸음걸이로 문에서 나오더니 재빨리 교관 곁으로 가 섰다. 그녀는 린넨

---

86 레프 똘스또이 지음, 류필하 옮김, 『전쟁과 평화1』(이룸, 2001), 108-109쪽

양말에 죄수용 신발을 신고 있었으며 흰 스카프로 감싼 머리 밑으로는 일부러 멋을 부린 듯 곱슬거리며 말려 올라간 검은 머리털이 보였다. 유난히 창백한 그녀의 얼굴은 오랫동안 실내에만 갇혀 있어 햇빛을 못 본 사람들이 그렇듯이 움 속의 감자 싹을 연상시켰다. 조그맣고 통통한 손도, 걸친 코트의 커다란 깃 속으로 보이는 토실토실한 목덜미도 역시 같은 느낌을 주었다. 그녀의 눈은 한쪽이 약간 사팔눈이었으나, 그 창백하고 표정 없는 얼굴과는 대조적으로 새까맣게 빛이 났고 약간 부은 듯했으나 놀랄 만큼 생기가 있어 인상 깊어 보였다. 그녀는 몸을 꼿꼿이 펴 풍만한 가슴을 앞으로 내민 것처럼 하고 서 있었다.[87]

그녀가 들어온 순간 법정 안에 있던 모든 남자들의 눈이 그쪽으로 쏠렸다.

요염하게 빛나는 검은 눈에 흰 얼굴, 죄수복 밑으로 풍만하게 솟아오른 앞가슴에서 그들은 한동안 눈길을 떼지 못했다.[88]

똘스또이가 매혹적인 여성의 외모를 묘사할 때, 지금 까쮸샤를 그리고 있는 것처럼, 검은 눈과 풍만한 가슴은 빠지지 않는다. (나따샤도 검은 눈을 가지고 있었다.) 여자들을 볼 때 남자들의 시선이 가장 먼저 가닿는 부분이다. 거기에 검은 머리털, 토실토실한 목덜미에 작고 통통한 손을 가진, 창백하고 표정 없는 얼굴을 한 까쮸샤는 지금 유난히 '검은 눈만 요염하게 빛나고 놀랄 만큼 생기가 있어' 인상 깊게 보인다. 그런데, 왜 그녀의 빛나는 검은 눈은 한쪽이 사시(斜視)일까? 그 날 우연히 배심원으로 법정에 나오게 된 네흘류도프는 바로 그 눈이 자기를 보고 있는 것이

---

87 레프 똘스또이 지음, 박형규 옮김, 『부활 1』(민음사, 2015), 11-12쪽
88 같은 책, 52쪽

아닐까, 안절부절 못한다. 하지만 까쮸샤는 그를 전혀 알아보지 못했다. 까쮸샤 자신은 그 눈으로 어디를, 무엇을, 누구를 보고 있는지 의식하고 있었을까?

단지 얼굴이나 몸매의 각 부위가 어떻게 생겼는지 하는 외모 그 자체만이 아니라, 얼른 눈에 띠지는 않지만, 그 여성에게서 풍기는 미묘한 분위기나 남자의 뇌리에 인상 깊게 박히는 그 무엇 또한 똘스또이가 예민하게 포착하는 부분이다. 작품 속 남자 주인공들은 마치 먹잇감을 낚아채려 공중에서 빙빙 돌고 있는 매의 눈으로 시야에 들어오는 여자들을 주시한다. 젊은 장교 브론스끼가 모스끄바 기차역에서 어머니를 마중하러 객실 안으로 들어가려다 밖으로 나오는 안나를 처음 본 순간 또한 바로 그런 장면의 하나였다.

브론스끼는 사교인으로서 몸에 밴 감각으로 그 부인의 외모를 보고, 그녀가 상류사회에 속하는 사람이라는 것을 한눈에 판정했다. 그는 가볍게 인사를 하고 안으로 들어갔지만, 그 귀부인을 다시 한 번 보고 싶은 강한 욕구를 느꼈다. 그것은 그녀가 아주 미인이었기 때문도 아니고 그 모습 전체에서 풍기던 섬세한 느낌과 정숙한 아름다움 때문도 아니었으며, 다만 그녀가 그의 곁을 지나칠 때 그 사랑스러운 표정 속에 뭔가 특별히 부드럽고 상냥한 데가 있었기 때문이었다. 그가 뒤돌아보았을 때 그녀 역시 고개를 돌렸다. 짙은 속눈썹 때문에 강하게 빛나는 잿빛 눈은 사뭇 친근하게 주의하여 그의 얼굴을 쳐다보았다. 마치 그를 알고 있기라도 한 것처럼. 그러나 곧 누군가를 찾기라도 하는 듯 가까이 다가오는 군중 속으로 시선을 옮겼다. 이 순간의 응시에서 브론스끼는 재빨리 그녀의 얼굴에서 약동하는, 정숙하고 생생한 표정을 읽었다. 빛나는 두 눈과 보일락말락하는 미소로 일그러진 빨간 입술 사이에서 과잉된 그 무엇이 그녀의 온 몸으로 넘쳐흘러 그것이 그녀의 의사와 상관없이 눈의 반짝임과 미소를 나타나는 것 같았다.[89]

매혹적인 여성에게서 독특한 향기를 맡아내는 건, 하지만 사교계를 뻔질나게 드나든 남자만의 몫은 아니다. 본능적으로 연적(戀敵)에 대한 육감이 두드러지게 발달한 여자들도 그에 못지않다. 다만 주시하는 표적과 낚아채는 그물이 조금 다를 뿐이다. 남자들은 자신을 흥분하게 하는 여자의 매력을 순식간에 발견하는 데 그치지만, 여자들은 바로 그 남자들을 홀리는 그녀의 색기(色氣)와 생기(生氣)의 출처를 파고든다. 그것이 설령 자신의 패배를 인정하는 근거가 될지라도…

함께 가게 된 무도회에서 브론스끼의 옆에 있는 안나의 일거수일투족을 주시하는 끼찌의 마음속에는 지금 시샘과 두려움이 교차하고 있다. 이제 갓 사교계에 나온 열여덟 처녀가 이미 여덟 살짜리 아들을 둔 엄마를 두고 열패감 가득한 질투를 보내고 있는 것이다. 지금 그녀는 검정 옷을 입은 안나를 보고, 자신이 그동안 그녀의 아름다움을 완전히 이해하지 못했음을 깨달았다. 안나의 매력의 진수는 화장이나 옷치장을 초월하여 오직 단순하고 자연스럽고 화려하며, 동시에 쾌활하고 생동하고 있는 그녀 자신뿐이었던 것이다.

---

89 『안나 까레니나(상)』, 86쪽

안나는 끼찌가 꼭 입기를 소망했던 연보라색의 옷(끼찌는 언니 집에서 매일 안나를 만나 그녀에게 매혹되어 있었기 때문에 꼭 그녀에게 연보라색의 옷을 입혀 보고 싶다고 상상했다.)을 입지 않고 가슴이 깊게 팬 검정 벨벳 옷을 입고 오래된 상아처럼 잘 닦아 다듬어진 풍만한 어깨와 가슴, 섬세하고 조그마한 손을 가진 둥글둥글한 팔을 드러내고 있었다...[90]

소박한 검정 옷을 입은 안나의 그 매력, 팔찌를 낀 그 풍만한 두 팔의 아름다움, 약간 흐트러진 머리칼의 그 물결치는 듯한 아름다움, 조그마한 수족의 그 우아하고 경쾌한 동작의 매력, 생기가 넘치는 그 아름다운 얼굴의 매혹...... 그렇지만 그녀의 아름다움 속에는 뭔가 잔혹하고 무서운 것이 있었다.
......
'이분에게는 뭔가 우리들하고는 동떨어진 악마적이면서도 아름다운 것이 있어' 하고 끼찌는 마음속으로 생각했다.[91]

안나의 풍만한 어깨와 가슴, 섬세하고 조그마한 손에 팔찌를 낀 둥실한 팔, 흐트러진 머리칼의 물결은 물론, 소박한 검정 옷을 입고 생기가 넘치는 아름다운 얼굴을 한 그녀는 이미 끼찌에 비할 상대가 아니었다. 안나는 무도회장의 모든 빛을 홀로 흡수하는 '악마적 아름다움'의 화신이었다. 브론스끼를 연모하던 끼찌는 패배를 예감했고, 브론스끼는 정신없이 안나에게 빠져들었다.
똘스또이의 여주인공 안나는 왜 '천사같은 미모'가 아니라 '악마적 아름다움'을 뽐낸 것일까? 그것은 남자를 유혹하는 매력이

---

90 같은 책, 109쪽
91 같은 책, 114-115쪽

기 때문이다. 남자와 더불어 행복에 이르는 진실한 사랑을 나눌 여자가 아니라, 둘이 파멸로 가는 열차를 함께 타리라는 암시가 드러나 있는 표현이다. 똘스또이에게 도시의 향락에 기꺼이 몸을 맡기는 귀족 여성들, 자신의 관능미를 알아채 버린 농부 여인들은 유혹의 화신이다. 그녀들은 '붉은 장미꽃이 아니라 머나먼 이국땅 처녀지의 눈 더미 속에서 홀로 피어 피어난, 향기가 없는 야생 백장미'[92] 일수도 있고, '남자의 의지와는 반대로 온통 그를 사로잡고 뒤흔들고 있는 악마'[93]일 수도 있었다. 그래서 스물여섯 살 젊은 귀족으로, 정부 관리 생활을 그만두고 고향의 영지 관리를 위해 농촌으로 내려온 남자는 결혼 전 혈기왕성한 정욕을 발산할 상대로 찾았던 시골 아낙을, 정숙한 아내를 맞은 다음에도 잊지 못해 괴로워한다.

> 그의 머릿속에는 반짝이는 검은 눈동자와 가슴 깊은 곳에서 울려 나오는 듯한 나지막한 목소리, 어디선가 풍겨오던 신선하고 강한 향기와 걷어 올린 앞치마 위로 봉곳 솟아 있던 풍만한 가슴, 단풍나무와 호두나무가 우거진 밝고 환한 햇살이 가득했던 숲속에서 벌어졌던 장면들이 아른거렸다.[94]

젊은 남자를 사로잡는 반짝이는 검은 눈동자와 풍만한 가슴은 다시 한번 까쮸샤를 떠올리게 한다. 평소에는 잊고 지내지만 불쑥불쑥 집안과 마을 여기저기서 조우하게 되는 그녀는 진짜 악마이다. 착실하게 농장 경영에 몰두하여 집안을 일으키고 착한

---

92 <두 경기병>, 459쪽
93 <악마>, 484쪽
94 <악마>, 419쪽

아내와 함께 행복하게 살리라고 매번 다짐하는 그에게 도처에서 다가오는 그녀의 유혹은 파멸적이다. 이제는 도저히 피할 수 없는 존재로 다가온다. 급기야 남자는 결심하고 외친다. "죽여 버릴까? 그래, 오직 두 가지 선택밖에 없어. 아내를 죽이든가 그 여자를 죽이는 방법, 이렇게 살 순 없다. 더 이상 못살겠어." 여기서 작가는 확신하지 못한 듯, 이례적으로 두 가지의 결말을 내놓는다. 남자의 권총 자살, 그리고 남자가 권총으로 '악마'를 쏘아 죽이기. 하지만 둘 가운데 어느 시나리오에 대해서도 남자의 아내와 동네 사람들이 황당해 하기는 마찬가지다. 아내는 둘의 오랜 정사(情事)를 알지 못했고, 동네 농부들은 얼마든지 있을 수 있는 귀족 남자와 농부(農婦)의 정사가 왜 그리 갑작스런 자살과 피살로 막을 내리게 된 건지 이해할 수 없었던 것이다.

육욕을 이기고 영혼을 정화하고자 하는 남자에게 다가와 하룻밤 새 그를 허물어뜨리는 여인의 유혹은 똘스또이 사후(1911년)에 출판된 <세르기 신부>라는 작품에서 절정에 달한다. 장교 출신의 잘생긴 세르기 신부는 암자에서 6년째 기거하고 있었다. 나이는 이미 마흔아홉, 그의 삶은 버거웠다. 그는 기도와 단식으로 힘들어 하는 것이 아니었다. 그가 예상치 못하게 부딪힌 갈등의 근원은 의심과 함께 성욕에서 비롯된 것이었다. 그는 이렇게 기도했다. '오, 하느님! 왜 저에게 믿음을 주시지 않는 것입니까?...... 세상이 죄악으로 가득하고, 우리가 세상을 거부해야 한다면, 왜 세상은 이토록 아름다운 것입니까?'[95] 어느 날 밤, 은거하는 수도자이자 한 남자인 그로서는 치명적인 유혹의 순간이 찾아왔다.

---

95   레프 똘스또이 지음, 고일·함영준 옮김, <세르기 신부>, 『똘스또이 문학전집: 중단편선 III』, 694-695쪽

잠결에 딸랑거리는 종소리를 들은 듯했으나 꿈인지 생시인지 알 수 없었다...... 가까이 있는 그의 문을 두드리는 소리였다. 그리고 여자의 목소리도 들려왔다.

'하느님 맙소사! 성자들의 전기에 보면 악마는 여자의 모습으로 나타난다고 하던데...... 그것이 사실인 모양이군. 저건 여자의 목소리가 틀림없다. 부드럽고 사랑스러운 여자의 목소리구나! 퉤!' 그는 침을 뱉었다...

"들여보내 주세요. 그리스도를 위해서... 난 악마가 아니예요. 그저 길을 잃은 죄 많은 여자일 뿐이에요. 비유가 아니라 진짜 길을 잃었다고요(그녀는 웃고 있었다). 몸이 얼어서 그래요. 제발 안식처를......"[96]

악마처럼 유혹하는 여성은 사실 잠깐 발목을 접질린 것에 불과한데도, 방에 들어와서는 아프다고 옆방의 신부를 계속 부르며 그녀는 고통스럽다는 듯이 말했다.

"아아..." 침대 위로 쓰러지면서 신음을 내기 시작했다... "제발 도와주세요. 어찌해야 할지 모르겠어요. 아! 아!" 그녀는 옷의 앞단추를 풀어 헤쳐 가슴을 드러내고 팔목까지 내놓았다...

그러나 그는 모든 것을 듣고 있었다. 실크원피스가 그녀의 몸을 타고 부드럽게 흘러내리는 소리, 맨발로 마룻바닥을 걸어 다니는 그녀의 발소리, 그리고 다리를 문지르는 손의 움직임까지도 다 듣고 있었다. 그는 자신이 허약해지고 있고, 어느 한 순간 무너질지도 모른다는 느낌을 받았다. 그래서 쉬지 않고 기도했던

---

[96] 같은 책, 697-698쪽

것이다...

"곧 가겠소!" 이렇게 말하곤 오른손에 도끼를 들고, 왼손 검지를 통나무 위에 올려놓은 다음 도끼를 들어 손가락 두 번째 마디 밑을 내리쳤다. 손가락은 통나무보다 가볍게 옆으로 튀어 오르더니 통나무 모서리에서 빙그르르 돌고는 마룻바닥에 툭 하고 떨어졌다.

일 년 뒤, 그녀는 삭발례를 올리고 엄격한 수도 생활을 해나가고 있었다.[97]

세르기 신부는 이토록 가혹한 방법으로 여인의 유혹을 물리쳤지만, 모든 남자가 그럴 수는 없었다. 다른 남자들은 한때 뜨거운 심장으로 만났건, 단지 집안끼리 정략결혼의 산물에 불과했건, 안나와 까레닌처럼, 또는 돌리와 오블론스끼처럼 그저 그렇게 살아간다. 따라서 똘스또이의 작품에서 이상적 부부들로 나오는 세르게이와 마리야(가정의 행복), 니꼴라이와 마리야, 삐예르와 나따샤(전쟁과 평화), 레빈과 끼찌(안나 까레니나)는 오히려 예외적인 경우에 속한다. 작가가 실제로 아내 소피야와 그녀의 개인 음악 교사의 밀착 관계를 빗대어 쓴 것으로 여겨지는 <크로이체르 소나타>의 남자 주인공은 극히 시니컬한 어조로 남녀관계와 결혼 생활을 비방한다. 그는 세상에는 차갑고 적대적인 부부 관계가 대다수이며, 99퍼센트가 자기처럼 지옥 같은 삶을 살고 있을 것이라고 단언한다. 그리고 그런 불행한 사람들이 살기에는 차라리 익명의 도시가 낫다는 것이다.

---

97 같은 책, 705-709쪽

> "아내는 세상에서 관심을 가질 가치가 있는 것은 오로지 사랑밖에 없다고 교육받았습니다. 아내는 결혼하여 이 사랑으로부터 무엇인가를 받았지만, 그것은 실망과 고통뿐이었습니다. 그리고 전혀 예기치 못했던 아이라는 고통이 얹혀졌습니다."[98]

여기에서 우리는 『안나 까레니나』의 그 유명한 제사(題詞)를 떠올린다.

> "모든 행복한 가정은 엇비슷하지만, 불행한 가정은 제각기 나름대로 불행을 안고 있다."

다른 한편, 똘스또이의 작품에서 매혹적인 여성의 사랑을 갈구하는 남자는 대개 자신의 못생긴 얼굴 때문에 독자들에게 안타까움을 안겨줄 정도로 주눅이 들어있다. 이는 작가 자신의 어린 시절 트라우마에서 연원한 것일 터이다.

> 내가 여섯 살이었을 무렵 식사 시간에 사람들이 내 외모에 대해 이야기 하던 장면을 지금도 똑똑히 기억하고 있다. 내 얼굴에서 예쁜 구석을 찾으려고 애쓰던 엄마는 내 눈이 영리해 보이고 미소가 기분 좋게 만든다고 말했지만, 결국 분명한 사실을 바탕으로 한 아버지의 논증에 굴복하여 내가 못생겼다는 것을 인정해야 했다. 식사가 끝난 후 엄마가 내 뺨을 두드리며 말했다.
> "알아둬, 니꼴렌까, 네 외모 때문에 널 사랑하는 사람은 없을 거야. 그러니 너는 영리하고 선량한 소년이 되도록 애써야 해요."

---

[98] 레프 똘스또이 지음, 고일·함영준 옮김, <크로이체르 소나타>, 『똘스또이 문학전집: 중단편선III』, 317쪽

이 말에 나는 미남이 아니라는 사실을 확신했을 뿐 아니라 반드시 착하고 영리한 소년이 되어야 한다고 다짐했다.[99]

똘스또이는 어려서부터 사람의 외모에 유달리 관심을 가졌다. 그것은 자신이나 다른 남자들뿐 아니라 여성에 대해서도 마찬가지였다. 젊어서는 자신의 못생긴 얼굴을 부끄러워했다. 다른 형제들에 비해 못생겼다는 아버지의 지적과 어머니의 인정은 트라우마가 되었다. 그 부끄러움은 백작(伯爵 count)이라는 높은 사회적 신분으로도, 젊은 날의 방종으로도 해소될 수 없는 것이었다. 그러나 나이가 들면서는 풍성한 수염을 기른 '할아버지-현자'의 이미지로 그 시골 농부같은 외모를 대체함으로서 자부심을 가질 수 있게 되었다. 그 깊은 눈에서 뿜어져 나오는 빛은 가히 혜안(慧眼)이라고 불려 마땅할 것이었다. 19세기 후반 러시아 사실주의 화풍의 대가인 일리야 레뻰이 그린 초상화는 바로 그런 '만년의 똘스또이'를 보여주는 대표적인 얼굴이 되었다.

똘스또이가 지닌 또 하나의 습성은, 스스로는 그것을 "신선한 감각과 명쾌한 분별력을 파괴하는… 의지력을 약화시키는 눈치"[100] 라고 부정적으로 평했던 것이다. 하지만 작가로서는 대단한 장점이 된, 집요한 심리분석의 태도였다. 어쩌면 다른 사람들이 보는 내 생김새에 대한 자격지심 탓에 나 자신과 다른 이들의 감추어진 마음을 뚫어져라 살펴보는 것이 버릇이 되었는지도 모른다.

평론가들이 똘스또이의 작품 세계를 일러 '심리소설'이라고 하는 경우는 없다. 러시아 작가의 경우 그같은 명칭은 당연히 『죄와

---

99 <유년 시절>, 93쪽
100 <소년 시절>, 253쪽

벌』, 『까라마조프씨네 형제들』을 쓴 도스또옙스끼에게나 어울리는 것으로 여겨진다. 하지만, 똘스또이의 데뷔작인 <유년시절>부터 중년의 대작인 『전쟁과 평화』, 『안나 까레니나』를 거쳐 수많은 중·단편, 그리고 말년의 『부활』에 이르기까지 그의 작품들을 진지하게 읽어 본 독자라면 작가가 그 수많은 등장인물들의 마음과 생각, 그에 따른 가지가지 행태를 얼마나 섬세하고 실감나게 그리고 있는가를 놓칠 수가 없을 것이다. 이미 이 책의 1부에서 지적한 바 있듯이, 자연과 인간군상이 빚어내는 바깥 풍경에 대한 생생한 묘사 없이 똘스또이의 소설이 탄생할 수 없는 것과 마찬가지로, 등장인물들의 심리상태, 때와 장소에 따른 미묘한 변화를 예민하게 포착하지 못했던들 똘스또이 작품의 탁월성이 그렇게 성취되기는 어려웠을 것이다.

외모에 대한 똘스또이의 각별한 관심과 섬광처럼 번쩍인 심리묘사는 먼저 자기 분석에 적용된다. 위에서 인용한 <유년시절>을 포함하여 그는 초기작에서 세 번씩이나 '못생긴 나'에 관해 힘주어 쓰고 있다. 이런 태도는 중년 이후의 작품에도 그 자취를 남긴다. 대표작 『전쟁과 평화』와 『안나 까레니나』에서도 작가 자신의 분신이라고 여겨지는 주인공들인 삐예르나 레빈이 각각 좋아하는 여자에게 고백하거나 청혼을 망설이면서 마음이 갈등할 때 "못 생겨서 자신 없어하는" 태도로 변주되고 있다. 곧 똘스또이의 많은 작품들에서 주인공 남성이 여성들에게 얼마나 인기가 있는가를 결정하는 것은 우선 그의 외모가 풍기는 끌림이다. 곧 연모하는 여성을 대하는 남자의 태도가 얼마나 당당한가, 아니면 자신 없어 하는가를 결정하는 것도 무엇보다 외모에 대한 자신의 태도라고 생각된다.

천성적으로 부끄러움을 많이 타기도 했지만 자신이 못생겼다고 믿었기 때문에 부끄러움은 더 심해졌다. 나는 사람의 외모 자체보다 그 외모가 매력적인가 그렇지 않은가에 대한 확신만큼 인생에 놀라운 영향을 미치는 것은 없다고 단언할 수 있다.[101]

나는 외모가 아름답지 못하다고 생각했을 뿐 아니라 이는 별다른 위안거리를 찾기 어려운 심각한 결점이라고 믿었다. 내 얼굴은 표정이 풍부하다거나 영리하다거나 혹은 고상하다고 말할 수 없었다. 표정이 풍부하기는커녕 가장 평범하고 조야하며 추했다. 작은 회색 눈은 특히 거울로 자신을 볼 때면 영리하기는커녕 바보스러웠다. 용맹한 점은 더군다나 없었다. 나는 키가 작지 않았고 시간이 지날수록 힘은 더 세졌지만 얼굴 전체가 허약하고 생기 없는 것이 왠지 애매해 보였다. 심지어 우아한 구석도 전혀 없었다. 오히려 평범한 농부의 얼굴과 비슷했고 손발도 그들만큼이나 컸다. 당시에 나는 이런 것들을 아주 부끄럽게 생각했다.[102]

『전쟁과 평화』에서도 주인공 안드레이 볼꼰스끼의 가장 가까운 친구인 삐예르가 나따샤에게 진한 연정을 품고 있지만, 바로 그 외모 때문에 좌절하는 것으로 그려진다. 그는 작은 키에 뚱뚱해서 볼품없는 자신의 모습에 풀죽어 자학하면서 "내가 더욱 잘나고 더욱 비범했더라면 당신에게 청혼할 수 있었을 것..."이라고 되뇌인다. 『안나 까레니나』에서도 남자 주인공 레빈이 애틋한 정을 품고 있는, 친구의 막내 여동생 끼찌에게 청혼을 앞둔 마음의

---

101 <소년 시절>, 194쪽
102 <청년 시절>, 288쪽

갈등으로 변주된다. 자신은 '추한 사내'에 불과한데, '모든 점에서 흠잡을 데 없는, 지상의 모든 것을 초월한 완성의 극치처럼, 신비롭고 아름다운 끼찌'를 감히 어떻게 사랑할 수 있겠는가, 자문하는 것이다. 레빈의 못난 자격지심은 "그런 사랑을 받기 위해서는 무엇보다도 잘생기고 비범한 인간이어야 한다"는 생각에 사로잡혀 그를 주저하게 만들었다.

> 그렇지만 레빈은 사랑에 빠져 있었기 때문에 끼찌는 모든 점에서 흠잡을 데 없는, 지상의 모든 것을 초월한 완성의 극치처럼 보였고, 반면에 그 자신은 그녀의 베필로서 나무랄 데 없다고 주위 사람들이나 그녀 자신으로부터 인정되리라곤 생각할 수 없을 만큼 저속한 지상의 존재처럼 느껴졌다. (그것은-인용자) 그가 사회적으로 이렇다 할 경력도 지위도 없는 사내로서 끼찌 부모의 마음에 들지 않을 것이라고 생각했기 때문이다.
> ...그는 다만(그는 남의 눈에 비친 자신의 모습을 알고 있었다) 한낱 지주로서 목축이며 사냥이며 건축을 업으로 삼는, 이를테면 무능하고 무엇 하나 기대할 수도 없는 하찮은, 세상 사람들의 눈으로 본다면 아무 쓸모없는 인간들이 하는 것과 똑같은 일을 하고 있는 사내에 불과했다. 하물며 그처럼 신비롭고 아름다운 끼찌로서는 이런 추한 사내를(그는 스스로 이렇게 생각하고 있었다) 사랑할 순 없는 일이었다...
> 그가 스스로를 그렇게 여기고 있던, 즉 못생기고 착하기만 한 인간은 친구로서 사랑할 수는 있지만, 그 자신이 끼찌를 사랑하는 것과 같은 사랑은 받을 수 없을 거라고 그는 사랑하고 있었다. 그런 사랑을 받기 위해서는 무엇보다도 잘생기고 비범한 인

간이어야 한다고 생각했던 것이다.[103]

똘스또이 주인공들의 외모에 대한 관심과 내면의 자기완성에 대한 다짐은, 따라서 전혀 동떨어진 것도, 서로 모순된 것도 아니었다. <소년시절>에서 자기가 따르는 형 발로쟈의 친구로 등장하는 네흘류도프는 사실 —나중에 <지주의 아침>과 『부활』의 주인공도 같은 이름으로 모습을 드러내는 작가의 분신인데— 똘스또이가 어린 시절 가졌던 인생에 대한 동경을 집약하여 보여주는 인간형으로 볼 수 있다. 그때 네흘류도프는 선행의 이념을 열성적으로 숭배하고 끊임없는 자기완성의 의무를 확신하는 성향의 사람이었다. 어린 똘스또이도 그를 따라서 실천하다 보면 인간의 모든 결점과 불행을 제거함으로써 인류를 구제하는 것이 그리 어렵지 않은 일처럼 보였다. 또 그러기 위해서 자기 자신을 교정하고 모든 선행을 체득하면서 행복해지는 것이 아주 쉽고 간단한 일처럼 생각되었다. 하지만, 실제로 청년시절에 이르러 작가는 유년시절에 지녔던 '사심 없는 무한한 사랑이라는 그 신선하고 아름다운 감정'이 공감을 얻지 못하고 덧없이 사라졌다는 데서 슬픔을 느끼고, 그처럼 고상한 꿈들이 되돌아올 수 있을지 회한(悔恨)에 찬 심정을 토로하고 있다.[104]

---

103 레프 똘스또이 지음, 이철 옮김, 『안나 까레니나(상)』, 38쪽
104 <유년 시절>, 102쪽, <소년 시절>, 282-283쪽

2부

🌿 인생의 풍경 🌿

1장
🌿 인생과 행복, 또는 죽음을 대하는 태도 🌿

    인간의 본성과 개별적 성향을 다면적으로, 끈질기게 탐구했던 똘스또이는 소년시절을 벗어나면서도 '사랑만이 인류를 구원할 것'이라는 명제를 고수했다. 하지만 그는 동시에 곳곳에서 실제의 사람들, 자신이 직접 만나서 알게 된, 또는 세상이 굴러가는 데 가지각색으로 한몫을 하는, 수많은 인간의 행태를 보면서 비관적인 인간관도 체득하게 되었다. 『부활』의 주인공 네흘류도프의 생각에 사람으로서 가져야 할 중요한 특성, 즉 "사랑과 동정을 품을 줄 모르는 인간을 본다는 건 정말 무서운 일"이었다. 세상에서 벌어지는 무서운 일들은, 그에 따르면, 인간이 사랑 없이도 관계를 맺을 수 있다는 사고방식 때문에 생긴 것이었다. 따라서 "해악 없이 유익하게 인간과 사귈 수 있는 건 사랑이 있을 때뿐이다."[01]

    다른 한편, 똘스또이는 인간이 자신의 한 몸 안에 갈등하는 두 자아, 즉 정신적 자아와 동물적 자아가 대립하고 있는 모순적 존

---

01   레프 똘스또이 지음, 박형규 옮김, 『부활2』(민음사, 2014), 220, 221쪽

재라는 사실을 만년에 이르기까지 외면할 수 없었다. 그것은 이제 사상가로 추앙받는 자신도 해결하지 못한 원초적 고민이기도 했을 터이다. 『부활』의 주인공 네흘류도프가 친척 집에서 두 번째로 까쭈샤를 만나 사랑에 빠진 자신을 발견하고 스스로 자기의 미묘한 감정을 해부하는 대목에서 그런 부분이 두드러지게 묘사된다.

네흘류도프는 까쭈샤를 다시 만난 첫날부터 옛날과 똑같은 감정을 느꼈다. 예전처럼 까쭈샤의 하얀 앞치마만 봐도 가슴이 설레었고 그녀의 발소리나 목소리, 웃음소리를 듣기만 해도 기뻤다. 더욱이 촉촉하게 반짝이는 그 까만 눈동자를 보거나 그녀가 미소짓는 것을 볼 때는 감동하지 않을 수 없었다. 무엇보다도 만날 때마다 얼굴을 붉히는 그녀를 볼 때면 자기도 모르게 가슴이 설레었다. 네흘류도프는 자기가 사랑에 빠져 있음을 느꼈다. 그러나 예전에 느꼈던 그런 사랑은 아니었다. 예전에는 사랑이 신비롭게 여겨졌고, 스스로에게 고백할 용기도 갖지 못하면서 사랑이란 일생에 단 한 번뿐이라고 믿고 있었다. 그러나 지금은 자기가 사랑에 빠진 것을 알면서도 그것을 즐기고 있고, 설사 자기 자신에게 솔직하게 말하지 않았다 해도 이 사랑이 어떤 성질의 것이며 어떤 결과를 초래할 것인가를 막연하게나마 알고 있었다. 행복하게 해줄 수 있는 그런 행복을 추구하는 정신적인 자아이고, 또 하나는 자기만의 행복을 찾고 이를 위해서는 전 세계의 행복이라도 희생시키는 동물적인 자아였다. 뻬쩨르부르그에서의 생활과 군대로 인해 갖게 된 에고이즘의 발광 상태에 휩쓸려 있던 이때는 동물적인 자아가 정신적인 자아를 완전히 압도하고 있었다. 그런데 까쭈샤를 만나 그녀에 대한 옛 감정이 되살아나자 정신적인 자아가 고개를 쳐들고 자신의 권리를 주장하기 시작했다. 따라서 부활제까지의 이틀 동안 네흘류도프의 마음속에는 자기 자신도 의식하지 못했던 갈등이 연이어 계속되고 있었다.[02]

똘스또이의 인생관은 초기 데뷔작인 <유년시절>, <소년시절>, <청년시절>, 중년의 출세작인 장편소설 『전쟁과 평화』와 『안나 까레니나』, 짧고 신랄하고 무거운 자서전인 『참회록』, 만년에 집필된 장편소설 『부활』, 농민 교육용으로 쓴 『러시아 독본』에 실린 수많은 우화, 그리고 평생의 작업이었던 『일기』와 1910년 가을 가출 직전의 『비밀 일기』 등에 집중적으로 표현되어 있다. 하지만 일반 독자들에게 그렇게 많이 읽히지는 않은 중·단편 곳곳에서도 그가 행복한 인생에 관해 생각한 인상적인 구절들을 쉬 발견할 수 있다. 그것들은 작품의 줄거리를 이끌고 가는 몇몇 주인공들의 대화는 물론 다양한 등장인물들 각자가 머릿속에서 생각하는 것을 표현하는 대목에서 자주 눈에 띄고 있다.

"지금껏 살아오며 나는 행복하기 위해 무엇이 필요한지 찾은 것 같소. 그건 바로 우리 시골의 한 외딴곳에서 조용하고 고독하게 살면서, 선(善)이란 것에 익숙하지 않지만 선을 베풀어주기가 아주 쉬운 사람들에게 선을 행하면서 사는 것이오. 또한 일을 하는 것인데 그 일이란 유익함을 가져오는 것이어야 하오. 그 밖에 휴식, 자연, 독서, 음악, 친지에 대한 사랑 등등, 이런 것들이 내게 행복이고 그보다 더 좋은 것을 나는 꿈꿔본 적이 없소. 거기

---

02 레프 똘스또이 지음, 박형규 옮김, 『부활1』, 94-95쪽

에, 이것들 전부보다 최우선으로 당신 같은 친구와 이루는 가정이 있겠고, 사람이 원할 수 있는 모든 것이 있소."03

뿐만 아니라, 『전쟁과 평화』에서 두드러지게 나타난 것처럼, 어떤 서술은 소설의 줄거리 전개에 꼭 필요한 것인가 다소 의문이 들더라도 작가 자신이 직접 개입하여 독자들에게 인간과 세계를 어떻게 볼 것인가를 설명하고 가르치는 방식으로 드러나고 있기도 하다. '문학성'을 중시하는 작가와 비평가들은, 특히 마지막 방식이 똘스또이의 '일탈'이자 전체적으로 탁월한 그의 작품이 지닌 큰 약점이라고 지적해 왔다. 그런데, 바로 그 부분이야말로 똘스또이가 다른 작가들과 기본적으로 구별되는 중요한 지점이라면 어찌할 것인가? 똘스또이는 청년시절부터 만년의 작품에 이르기까지 실로 다기(多岐)한 자연 풍경의 아름다움, 수많은 인물과 갖가지 사상(事象)의 구체적인 개성과 특질, 미묘한 느낌의 차이 등을 놀랍도록 예리하고 풍성하게 묘사하는 '천재적' 재능을 보여주었다.

하지만, 전체 작품의 저류에 흐르는 것 또는 그가 창작 행위의 핵심으로 삼은 것은 인생의 행복과 세계의 운행에 담긴 비밀을 끈질기게 탐구한 것이었다. 그런 태도를 지닌 작가가 똘스또이 한 사람만은 아니겠으나, 똘스또이보다 더 집요하게 글쓰기 작업을 인간과 사회의 진실에 관한 굽힐 줄 모르는 탐색 수단으로 삼은 작가는 그렇게 흔치 않았다고 해야 할 것이다. 데뷔작 <유년시절>을 비롯하여 초기의 몇몇 작품들이 똘스또이를 갑자기

---

03 <가정의 행복>, 194-195쪽

당대 러시아 문단에서 두드러진 작가의 반열에 올려놓았고, 똘스또이 자신도 예상보다 훨씬 빨리 이루어진 성공에 기뻐했다. 하지만 그는 이미 높은 명성을 누리고 있던 선배 작가들은 물론 그들과 어깨를 나란히 하는 위치에 오른 자신의 명예욕과 허영심을 끊임없이 경계해 나갔다. 그것은 세상의 모든 지식인과 예술가들이 어김없이 빠지게 되는 함정이요, 자기기만을 피해보고자 한 필사적인 시도이기도 했다.

똘스또이가 서른 살 무렵 젊은 나이에 쓴 <가정의 행복>을 통해서 볼 때 그가 청년시절에 가졌던 인생론의 핵심, 즉 사람이 행복하기 위해 필요한 것은 무엇인가? 라는 질문에 대한 답변은 이렇게 두 마디로 요약될 수 있다. 즉 가난한 민중에게 선을 베풀고, 자신의 땅에서 유익한 노동을 하는 것이다. 거기에 더해 자신의 고상한 취향을 살리고 다정한 친지와 교류를 즐기면 더욱 좋을 것이다. 그리고 그 모든 것들은, 그가 남자라면, 자기의 가치관과 취미를 충분히 이해하고 공감하고 뒷받침해 줄 여성과 결혼하여 행복한 가정을 꾸리는 것으로만 가능해지는 것이다. 하지만, 그것들 가운데 어느 하나라도 쉬운 것이 있겠는가? 아끼고 사랑하는 여인을 옆에 두고 이 모두를 상상하는 낭만적인 행복감이야 맘껏 누릴 수도 있겠으나, 수많은 사람들이 저마다 관심과 습관과 욕구로 대면하거나 외면하는 현실에서 실제로 잘 이루어질 수 있는 것이 얼마나 되겠는가?

"시골의 한 외딴곳에서 조용하고 고독하게 살면서" 오랫동안 행복감을 맛볼 수 있을까? 대다수 사람들에게 '시골, 외딴곳, 조용, 고독'이라는 말들을 행복과 동의어로 여길 수 있는 순간은 아주 짧을 것이다. 지나가는 길에 욕심 없이 고요한 풍경을 감상한다든가, 전원에 자리 잡은 지인의 집에 며칠 들러 휴양을 하는 사람이 아니라면, 뙤약볕 아래서 흙먼지를 뒤집어쓰며 언제 끝이 날지 알 수 없는 노동을 날마다 해야 하는 수고를, 『안나 까레니나』의 레빈처럼 마냥 즐길 수는 없을 것이다. 식구들을 돌보면서 아주 구차하지 않은 삶을 영위해 나가기 위하여 그처럼 부지런히 땀 흘릴 필요가 없는 사람이거나 도시에 기반을 둔, 화려한 소비주의와 허영심 가득한 성공을 추구하는 인생을 완전히 체념한 경우라면, 그런 사람들에게 전원생활은 청년의 똘스또이가 말하는 행복을 어느 정도 가져다줄지도 모른다. '고독을 즐기는 것'이 한낱 유치한 수사가 아닐 정도로 진솔한 생활이 된다면, 그는 이미 더 이상 청년은 아닌 것이다. 더구나 '외딴 시골의 고독'은 범인(凡人)들에게는 하나의 질병일 것이므로, 그것을 이겨낼 강건한 정신력과 육체, 무엇보다 달관의 경지에 오른 영혼이라는 항체가 없다면 실로 웬만한 용기와 지혜로는 길게 견딜 수 없는 것이기 때문이다.

"선(善)이란 것에 익숙하지 않지만 선을 베풀어주기가 아주 쉬운 사람들에게 선을 행하면서 사는 것"은 또 어떤가? 스스로 선하게 살고자 하는 의지나 다짐이야 더없이 고상한 것이지만, 그것은 필경 '내가 생각하는 선'을 '내가 생각하는 방식대로' 행하는 것이지 진정 '그들에게 필요한 것'을, '그들이 원하는 방식대로' 실행하는 것은 아닐 것이다. 바로 여기에 사람들이 행하는 모든 선행(善行)의 역설이 있다. 대부분의 경우 자신의 뜻이 순수하다는 사실을 믿어 의심치 않는 사람들은 상대방에게도 그것이 그대로 통할 것이라고 여기지만, 그런 경우는 오히려 예외적이라고 할 만큼 드물다. 왜냐하면 어느날 누군가 나에게 선행을 베풀어주겠다고 다가오면 나는 먼저 그 사람의 속셈부터 헤아리게 되고, 그가 어떤 부류의 사람인지 그동안 내가 만나 온 인간들에 대한 경험과 인상으로부터 판단하기 때문이다. 겉으로 환영받는 것이 속으로는 의심받는다는 것과 크게 다르지 않다는 사실을 모르는 사람들은, 무슨 일을 도모할 때 순진한 만큼 위험하다. 자신의 '순수함'에 대한 확신이 클수록 그 앞에는 그만큼 큰 '배신'의 함정이 도사리고 있을 가능성이 높다. '개혁적' 의지를 가진 야스나야 뽈랴나의 젊은 지주가 되어 까잔에서 생가로 돌아온 똘스또이 자신이 농노들로부터 겪었던 것처럼, 스스로 작심하고 계획한 선의(善意)가 늘 환영받는 것은 아니다. 오히려 선을 베풀어 주려고 했던 바로 그 사람들로부터 심한 불신을 자초하는 경우가 많다. 그리하여 자신의 원대한 뜻이 속절없이 꺾이게 되는 것은 물론, 그들과 함께 하는 공동체 생활 자체도 물 건너 가버릴 수도 있는 것이다. 그것은 누구의 탓인가? 실제로 똘스또이는 <지주의 아침>에서 자신이 겪은 그런 좌절감을 그려내고 있다.

이 단계에서 젊은 지주는, 보다 큰 사회변혁이 아닌, 오로지 개인의 선한 행동을 통해 행복에 이르기를 갈망하는 청년의 심정에 머물러 있다. 모순과 아이러니라고 말할 수밖에 없는, 인생의 고통스러운 진실은 앞으로 그가 곳곳에서 대면하게 될 참이었다. 어느 날, 그에게는 산책하다가 새로운 삶에 대한 기대로 가슴이 벅찼던 때의 기억이 떠올랐다.

"'행복을 얻기 위해서 나는 반드시 선을 행해야 한다'라고 나는 생각했다. 그것은 선을 위해 헌신하는 삶이며, 그에게 행복을 약속하는 삶이었다.…… 그에게 올바른 의무가 부여된 것이다. 그에게는 농노들이 있었다. 그리고 기쁨과 감사가 넘치는 노동이 그의 눈앞에 전개되었다.' 단순하고 감수성이 풍부하고, 타락하지 않은 민중 계급에게 영향을 끼치고, 그들을 빈곤에서 구원하고, 그들에게 만족감을 주고, 다행히 내가 향유하고 있는 지식으로 그들을 교육시키고, 무지와 미신에서 기인한 그들의 여러 가지 나쁜 습관을 고치고, 그들의 윤리 의식을 함양시키고, 그들로 하여금 선을 사랑하도록 만들고…… 아아, 얼마나 황홀하고 행복한 미래인가!"

……

'이 세상에서 이제까지 그 누구와도 경험해보지 못했던 불타는 사랑을 나눌 나의 아내와 나는, 고요하고 낭만적인 시골의 자연 속에서 자식들과 함께 영원히 살 것이다."[04]

하지만 그는 이내 환멸에 치를 떨게 된다. 그는 '단순하고 감수성이 풍부하고, 타락하지 않은 민중 계급'이 평소 얼마나 잘못된 생활습관에 젖어 있는지, 그리고 바로 그들의 처지를 개선해 주려는 자신의 의도와 계획을 불신하고 그로부터 등을 돌리는 행태를 목도할 뿐이었기 때문이다. 유모는 영지에 거주하는 농노들이 자기를 풋내기라고 부르고 있다고 넌지시 알려주었다. 그리하여 젊은 지주는 마침내 "나는 지금 인생의 황금 시기에 쓸데없는 일에 시간을 낭비하고 있다."는 결론에 이르게 된다.[05]

---

04 레프 똘스또이 지음, 김문황 옮김, <지주의 아침>, 『똘스또이 문학전집: 중단편선II』, 662-663쪽
05 <지주의 아침>, 665쪽

작가 나이 서른다섯에 쓴 <까자끄인들: 깝까즈 이야기 1852년>은 똘스또이의 또 다른 분신인 주인공 올레닌이 따분함에 지친 모스끄바를 떠나 저 남쪽, 이국풍이 만연한 깝까즈에 가서 다시 한번 사랑과 행복에 관해 생각해보는 내용이다. 그 생각이 <가정의 행복>이나 <지주의 아침>에서와 근본적으로 달라진 것은 없으나 이제 행복의 실현을 위한 행위의 중점이 자신으로부터 타인에게로 향한 점에서 변화가 엿보인다.

> "'행복이란 - 바로,' 그는 혼잣말을 했다. '행복이란 타인을 위해 사는 데 있다. 이건 분명해. 인간의 내면에는 행복에 대한 요구가 내재되어 있다...... 사랑은 자기희생이야!' 그는 완전한 새로운 진리를 발견한 것이 너무나 기쁘고 흥분되어 벌떡 일어나 누구에게 빨리 자기를 헌신할 것인지, 누구를 사랑할 것인지, 누구에게 선을 행할 것인지, 누구를 사랑할 것이지 성급하게 모색하게 시작했다."[06]

'행복은 타인을 위한 삶'이요, '사랑은 자기희생이라는 진리'를 세상에서 자기 혼자만 깨달은 것처럼 미칠 듯이 환호하는 올레닌은 그 사랑과 헌신과 선행의 대상을 성급하게 찾기 시작한다. 깨달음은 곧 실천을 담보하는 것이라야 했다. 하지만 그 일이 얼마나 구현하기 어려운 것인지, 그런 생각이 얼마나 쉽게 환멸로 변하고 변할 수 있는지, '자기희생'이 무엇인지? 그것을 얼마나 견딜 수 있는지, 모순에 찬 인생을 아직은 잘 모르는 청춘을 주인공은 지나고 있었다.

---

06 <까자끄인들>, 415쪽

인생의 빛과 그늘, 그리고 상반되는 인간 유형

똘스또이에게 인생의 빛과 그늘은 무엇보다 먼저 한 작품에서 서로 대비되는 인간형으로 그려진다. 『안나 까레니나』에서 서로 친구 사이인 모스끄바의 고위 관리 오블론스끼―여주인공 안나의 오빠―와 시골 지주 레빈이 그렇고, 안나의 남편인 정부 고관 까레닌과 그의 연적으로 등장하는 브론스끼가 또 다른 전형을 이룬다. 오블론스끼는 '순진한 친구' 레빈을 이렇게 훈계한다.

> "여보게," 스쩨빤 아르까지치가 말했다. "자넨 정말로 순수한 인간이야. 그건 자네의 장점임과 동시에 결점일세. 자네는 자신이 순수한 성격이기 때문에 모든 인생이 순수한 현상으로 구성되기를 바라지만, 사실 그것은 있을 수 없는 일이야. 또 자네는 행위와 목적이 일치하기를 바라기 때문에 사회적 행동이나 (관청의) 근무 생활을 경시하고 있지만, 그것은 실제로는 있을 수 없어. 그리고 자네는 한 인간의 행동이 항상 목적을 갖기를 바라고, 사랑과 결혼이 항시 동일하기를 바라지만 그것 역시 있을 수 없는 일이야. 인생의 변화도 아름다움도 매혹도 모두 빛과 그늘로 되어 있는 법이야."[07]

그러면 정작 스쩨빤 아르까지치 오블론스끼 자신은 어떤 사람인가? 그는 '잘못은 있지만 죄는 없는 사람'으로 모스끄바의 상류층을 상징하는 한량의 대표적 인간형이다. 그는 자유주의 성향의 신문을 구독한다. 하지만 그것이 그의 뚜렷한 신념을 반영하

---

07 『안나 까레니나(상)』, 63쪽

는 것은 아니다. 그저 일정한 규칙이나 윤리에 얽매이지 않고 마음대로 생활하는 것이 편해서, 곧 정치적 자유주의와는 상관없는 생활과 자유주의자임을 나타낼 따름이다. 오블론스끼는 여동생인 안나의 남편 까레닌의 도움으로 3년째 모스끄바 어느 관청의 우두머리 자리를 차지하고 있다. 그는 방종한 생활이 몸에 배어 6천 루블이라는 많은 월급에도 적지 않은 부채를 지고 있다. 모스끄바와 뻬쩨르부르그 상류사회 절반이 그의 친척과 친구들로 이루어져 있다. 게다가 그는 준수한 외모에 타고난 성품이 쾌활하고 선량해서 다른 사람들에게 극도의 관용을 베풀고, 따라서 그를 아는 모든 사람들로부터 사랑을 받는다. 그의 특기는 "그가 맡은 직무에 대한 완전한 무관심이었다. 그 때문에 그는 결코 열중하거나 과오를 범하는 일이 없었던 것이다."[08] 그는 '자신에게 정직한 사람'이었다. 따라서 전에 자기 집에 있던 프랑스 여자 가정교사와 정분이 났던 일에 대해 자신의 외도를 후회한다고 거짓말을 할 수도 없었다. 그는 "잘못은 나에게 있지만, 죄는 별로 없다"[09]고 생각했다.

    세른 네살의 미남인데다가 다정다감한 사내인 자기가 지금 살아있는 다섯 아이와 죽은 두 아이의 어머니이자 자기보다 한 살밖에 젊지 않은 아내에게만 빠져 있지 않다고 해서 이제 새삼스럽게 그것을 후회할 수는 없었다. 그는 다만 아내의 눈을 좀 더 재치 있게 속이지 못한 것을 후회하고 있었다… 뿐만 아니라 그는 아내처럼 이미 쇠잔하고 늙은 티가 나는, 아름다움이라고는 이젠 털끝만큼도 찾아볼 수 없고 사람들의 눈을 끌만한 점

---

08   같은 책, 29쪽
09   같은 책, 12쪽

도 없는, 그저 평범하고 선량한 가정주부에 불과한 여자는 공평한 관념에 따르더라도 좀 더 겸손해야 된다고까지 여기고 있었다...[10]

이런 부류의 인간 오블론스끼를 모스끄바 관청의 우두머리로 심어준 알렉세이 까레닌은 러시아제국의 최고위급 관료였다. 그는 처남과는 정반대 캐릭터를 가진 남자로서, 실로 성실한 보수주의자의 화신이었다. 관료와 직장인의 관점에서는 모두들 칭송을 아끼지 않는 표본이었다. 하지만 인간적으로는 전연 융통성이 없는 사람이었다. 무엇이든지 미리 계획하고, 맡은 일은 치밀하게 수행하는 애국자였다. 하지만 자신의 계획이나 예상에 없던 일이 발생하면 대처가 안되는 유형이었다. 아내인 안나의 외도 같은 사건이 바로 그런 것이었다.

정각 다섯 시에, 뾰뜨르 1세로 불리는 청동 시계가 다섯 번째 종을 채 치기도 전에 알렉세이 알렉산드로비치가 들어왔다. 흰 넥타이에 훈장 두 개를 단 연미복을 입고 있었다. 식사 후 곧 나가야 했기 때문이다. 매일 해야 할 일을 빠짐없이 처리하기 위해서 그는 지극히 엄격한 규율을 지키고 있었다. '서두르지 말고, 쉬지 말고'라는 것이 그의 신조였다.[11]

법원 판사 이반 일리치는 그 무색무취한 취향에서 오블론스끼를 닮았고, 공사를 구분하면서 출세 지향적인 점에서 까레닌의 부하격이라고나 할 수 있었다. 중급 관리인 그는 집안일 꾸미기를

10　같은 책, 13-14쪽
11　안나 까레니나(상), 148쪽

좋아하고 부자 흉내를 내며 살았다. 그의 삶은 '쉽게, 편하게, 점 잖게'라는 자신의 신조처럼 흘러갔다. 그는 9시에 일어나 커피를 마시고 신문을 읽은 뒤 법원으로 향했다. 점심을 먹은 다음에는 가끔 '많은 사람들의 입에 오르내리는 책'을 읽곤 했다. 이반 일리치가

> 공무를 수행하며 느끼는 기쁨은 자존심이 충족되는 데서 오는 기쁨이었고, 사교생활을 하며 느끼는 기쁨은 허영심이 충족되는 데서 기쁨이었다.[12]

반면, 까레닌의 아내인 안나와 정분이 나는 뻬쩨르부르그의 바람둥이 청년 장교 알렉세이 브론스끼―똘스또이는 얄궂게도 남편 까레닌과 그의 아내의 정부(情夫)인 브론스끼에게 알렉세이라는 똑같은 이름을 지어 주었다―는 전혀 상반된 인간이었다. 그의 친구들은 "우아해야 하고, 관대하고 대담하고 쾌활하며, 얼굴을 붉히지 않고 모든 정욕에 몸을 맡겨야"했다. 전통적이고 가정적인 가치를 지키고자 하는 사람들은 그들에게 비웃음거리밖에 되지 않았다.[13]

오블론스끼나 까레닌, 일리치나 브론스끼같은 인간들은 똘스또이의 분신들, 즉 『전쟁과 평화』의 주인공 안드레이 발꼰스끼와 삐예르 베주호프, 그리고 『안나 까레니나』의 주인공 레빈과 극적으로 대비된다. 전자의 유형은 도시의 유혹에 젖어 즐거운 나날

---

12 레프 똘스또이 지음, 고일·함영준 옮김, <이반 일리치의 죽음>, 『똘스또이 문학전집: 중단편선Ⅲ』, 141쪽
13 안나 까레니나(상), 153쪽

을 보내거나 판에 박힌 관공서 생활에서 자신들의 허영심을 충족하고 있었다. 그들은 진정한 삶의 의미를 모르거나 굳이 그런 걸 알아내려고 노력하는 사람들을 쓸데 없는 수고에 시간을 낭비하는 부류라고 조소한다. 후자의 유형은 끊임없이 인간 존재의 깊은 의미와 숨겨진 세상 이치를 궁구하는 데 몰두한다. 부유한 귀족 신분의 안락한 일상이 그들의 철학적 질문을 대신해주지 못했다.

1812년 나폴레옹의 러시아 침략전쟁—러시아인들은 '조국전쟁'이라고 부른다—에 대항하여 참전한 안드레이 공작은 전장에서도 고뇌하는 인간형이다. 이제는 연대장으로 승진한 그이지만 수도원의 수사처럼 고립된 생활을 했다. 그 어떤 병사나 장교, 심지어 상사의 눈에조차도 그는 자존심이 강하고 쉽게 접근할 수 없는 사람처럼 보였다. 5월 중순 전투가 없던 어느 날, 그가 도착한 몰도바의 시골 마을에서는 잔치가 벌어졌다. 모두가 배부르게 먹고 흥건히 취해 있었다. 처녀들은 호로보드(슬라브민족의 원무-옮긴이)를 추고 있었다. 하지만 안드레이는 그들과 어울릴 수 없었다.

> 그는 말을 달려 숲속으로 향했다. 참나무의 어린 이파리들이 눈에 띄었다. 그림자와 햇빛이 따스하고 향기로운 대지를 흔들고 있었다. 장교들은 그가 진지를 둘러보고 있는 것이라고 생각했으나, 정작 그는 자신에게 무슨 일이 일어나고 있는지 알지 못했다. 그는 함께 온 부하를 보내고 누구도 자신을 보지 못하도록 멀찍이 까지 말을 달렸다. 그는 울고 싶었다. 그는 생각했다. '대체 진리와 사랑 그리고 인생에서 믿을만한 행복의 길이 있기나 한 것

일까? 그것은 어디에 있는가? 어디에?'

그는 말에서 내려 풀밭에 앉아 속울음을 울기 시작했다. 따스하고 향기로운 숲, 가슴을 내민 집시, 높은 하늘, 생명과 사랑의 힘, 피에르, 인류, 나따샤. 그래 나따샤. 나는 그녀를 세상 그 무엇보다도 열렬히 사랑한다. 나는 정적과 자연, 사상을 사랑한다.'[14]

안드레이가 사랑했던 나따샤는 시골에 가 있었다. 9월 중순, 로스또프 백작네 일행이 사냥을 간 날이었다. 사냥을 마치고 다른 식구들은 모스끄바로 돌아갔다. 하루종일 씩씩하게 숲속을 말달리고서도 피곤한 기색이 없는 말괄량이 딸은 오빠 니꼴라이와 동생과 함께 친척 아저씨 집에 들러 휴식을 취하고 있었다. 그때 마흔살쯤 되어보이는 뚱뚱하고 볼이 빨갛고 이중턱에 장밋빛 입술이 도톰한 아름다운 여자가 진수성찬을 얹은 커다란 쟁반을 들고 들어왔다. 그녀는 눈빛도 동작도 상냥하고, 품위와 매력을 풍기며 손님들을 둘러보고는 유쾌한 미소를 머금고 공손하게 절했다. 아저씨가 그녀를 향해 행복하고 만족한 미소를 지었던 그 집사의 이름은 아니시야 표도로브나였다. 쟁반에 담은 음식은 모두 그녀가 키우고 수확해서 만든 것이었다. 복도에서 발랄라이까 소리가 들렸다. 그 집 마부의 연주였다. 듣고 있던 아저씨는 못마땅했던지 아뉴시까(아니시야의 애칭)에게 기타를 가져와달라고 했다. 아니시야에게 윙크를 하고 나서 그는 <포장도로를 걸어가면>이라는 노래를 느리게 연주하기 시작했다. 아니시야는 얼굴을 온통 붉히고 웃더니 스카프로 얼굴을 가린 채 방에서 나갔다. 그녀와 홀아비 아저씨가 내밀한 사이라는 것을 그 미묘한 분위기가

---

14 레프 똘스또이 지음, 류필하 옮김, 『전쟁과 평화3』(이룸, 2001), 171-172쪽

암시하고 있었다. 아까 마부의 발랄라이까 소리에 흥미를 보이기 시작하던 나따샤는 아저씨의 연주를 듣고는 흥에 겨워 아예 온 몸이 들썩이기 시작했다.

> 나따샤는 덮고 있던 플라토크를 벗어던지고 아저씨 앞으로 달려가 양손을 허리에 짚고, 양어깨를 으쓱하고, 똑바로 섰다.
> 프랑스에서 이민 온 여자 가정교사에게 교육받은 이 백작 영애가 자신이 호흡해온 러시아의 공기 속에서, 어디서, 언제, 어떻게 이런 흥을 빨아들이게 됐을까? 벌써 오래전에 파드샬 탓에 밀려나버린 이런 몸놀림을 어디서 익힌 것일까? 그러나 이런 흥과 몸놀림은 모방할 수도 배울 수도 없는 러시아적인 것이며, 아저씨도 그것을 그녀에게 기대하고 있었다. 니꼴라이와 그 자리의 다른 모든 사람들은... 그녀에게 넋을 잃고 있었다.
> 그녀는 기대에 어긋나지 않게 훌륭히 해냈고, 게다가 정확하게, 그보다 더할 수 없을 만큼 정확하게 추었으므로, 이 춤에 꼭 필요한 플라토크를 때맞춰 내밀어준 아니시야 표도로브나는 자신과는 조금도 인연이 없고, 비단과 벨벳 속에서 자란 화사하고 우아한, 아니시야에게도 아니시야의 아버지와 어머니에게도 백모에게도 있는 그것, 모든 러시아 사람의 마음속에 있는 그것을 완전히 이해하고 있는 백작 영애를 바라보며 눈물을 머금고 미소지었다.[15]

그 유명한 나따샤의 춤[16] 장면이다. 자신이 그렇게 벗어나기를

---

15 레프 똘스또이 지음, 박형규 옮김, 『전쟁과 평화2』, 423-424쪽
16 이에 관해서는 올랜도 파이지스 지음, 채계병 옮김, 『나따샤 댄스』(이카루스미디어, 2005) 참조

원했던 백작 신분으로 살았던 똘스또이는 강고한 신분제 사회인 러시아에서 귀족의 세계와 민중의 세계가 만나는 꿈을 꾸었다. 나따샤가 바로 귀족의 자리에서 민중의 자리로 다가가는 주인공으로 설정된 것이다. 상층 신분으로 서구식 교육을 받은 나따샤의 몸놀림이 러시아 땅에 발을 딛고 사는 농민들의 춤사위와 일말의 어색함도 없이 흥겹게 일치함으로써 서로 다른 두 세계의 합일 가능성이 보여지는 것이다.

다른 한편, 안드레이의 친구인 삐예르 베주호프는 『전쟁과 평화』의 관념적 화자이다. 그는 시종일관 관찰자 입장에서 인생과 사랑과 전쟁의 의미를 되새긴다. 사교계의 여왕인 사치스러운 속물 엘렌이 그의 부인이었다. 농노 4만 명을 거느린 모스끄바의 백작이자 대부호의 서자로 태어나 열 살 때부터 스무 살이 될 때까지 프랑스 유학을 다녀왔다. 왕의 목을 자르는 혁명을 하고 '자유와 이성의 공화국'을 세운 자랑스런 나라에서 청소년 시절을 보낸 삐예르는 처음에 나폴레옹을 '위대한 인물-영웅'으로 숭배하였다. 하지만 그가 전쟁을 일으켜 유럽을 짓밟고 러시아 땅에까지 쳐들어와 수많은 동포들이 희생당하는 것을 보고 깊은 회의에 젖는다. 그리고 오히려 그를 죽이려는 무모한 시도를 하다 프랑스군에게 잡혀 감옥살이까지 하게 된다. 그리고 풀려나 마침내 자유의 몸이 되었다는 환희의 감정을 느꼈다.

그리고 그 옛날부터의 버릇대로 자문한다. '그런데, 다음은 어떻게 되지? 나는 이제부터 무엇을 한다?' 그러나 그는 곧 자답하는 것이다. '아무것도 아냐, 그저 사는 것이다. 아아, 참으로 훌륭하구나!'

이전에 그를 괴롭히던 것, 끊임없이 찾고 있던 것, 즉 인생의 목적이 지금의 그에게는 존재하지 않았다. 이 미지의 목적이 그에게 있어 지금 이 순간에만 우연히 존재하지 않았던 것이 아니라, 그런 목적 따위는 존재하지 않고 또 있을 수도 없음을 그는 똑똑히 느끼고 있었다. 그리고 이 목적이 없다는 것이 그에게 희열에 찬 자유의식을 불러일으켜 주었다.

그는 목적을 가질 수 없었다. 왜냐하면 그에게는 이제 신앙이 있기 때문이었다. 그것은 어떤 법칙이나 말이나 사상에 대한 신앙이 아니라, 항상 느낄 수 있는 신에 대한 신앙이었다… 자유를 잃은 포로 생활 속에서 먼 옛날 유모가 들려주었던 말 — 신은 어디에도 있다고 한 말을 언어나 논증으로써가 아니라 단지 직감을 통해서 홀연히 깨닫게 되었던 것이다.

이제는 그의 모든 지성이 구축한 것을 죄다 파괴하고 있던 '왜'라는 무서운 의문은 더이상 그에게 존재하지 않았다… 그의 마음속에는 언제나 간단한 대답이 준비되어 있었다 — 그것은 '신이 있기 때문'이라는 한 마디였다. 신의 의지 없이는 인간의 머리에서 한 개의 머리카락도 떨어지지 않는다는 그 위대한 신이 존재하기 때문이라는 대답이었다.[17]

신앙이 바로 고뇌의 출구이자 존재의 의미였다. 하지만 그것이 최종적 해답이었을까? 삐예르보다 7, 8년 뒤에 창조된 인물 레빈은 여전히 답을 찾고 있었다. 삐예르는 손쉽게 신앙으로 도피했던 것일까? 레빈이 보기에 오블론스끼와 브론스끼 같은 도시적 인간들의 피상적·가식적·쾌락적 생활이란 타기(唾棄)해야 할 대

---

17 레프 똘스또이 지음, 박형규 옮김, 『전쟁과 평화3』, 410-411쪽

상이었다. 농촌에서 땀 흘려 노동하면서 자연과 함께 하는 삶이야말로 정직하고 가치 있는 것이었다. 그럼에도 불구하고 레빈이라고 해서 인생의 비밀을 금방 깨달은 것은 아니다. 그는 농장 노동을 하면서 육체적으로 강건함을 유지하고 있는 가장이다. 동시에 그는 사변적 인간이다. 그 의미를 다 알 수 없는 덧없는 삶이란 생각에 사로잡힌 그는 아내의 걱정에도 아랑곳없이 자신만의 깊은 동굴에 들어가 있다. 존재의 의미를 찾을 수 없다면 그것은 무의미한 것이라는 고통이 중년 사내의 하루하루를 짓누르고 있다. 『안나 까레니나』를 집필하면서 겪었던 똘스또이 자신의 고뇌를 반영하는 대목으로 읽어도 무방할 것이다. 바로 이 작품 이후 그 유명한 '전환'이 일어나지 않았던가?

그리하여 레빈은 이번 봄철 내내 넋을 잃은 사람처럼 되어 여러 번 무서운 순간을 경험했다. '나는 도대체 누구인가? 나는 무엇 때문에 내가 이 세상에 존재하는가를 알지 못하고서는 도저히 살아나갈 수가 없다. 그럼에도 불구하고 나는 그것을 알 수가 없는 것이다. 따라서 살아갈 수가 없는 것이다.' 레빈은 이렇게 마음속으로 중얼거리는 것이었다.
'무한한 시간 속에, 무한한 물질 속에, 무한한 공간 속에 물거품 같은 하나의 유기체가 창조된다. 그 물거품은 잠시동안 그대로 있다가 이윽고 사라져 버린다. 그 물거품이 바로 나로구나.'
그것은 무서운 착각이었다. 그러나 그것은 이 방면에서 인간의 사색이 수 세기에 걸친 고심 끝에 도달한 유일한 최후의 결론이었다...
그리하여 행복한 가정의 주인이요 건강한 인간인 레빈도 몇 번인가 자살의 문턱으로 다가가서 목매달기를 두려워하여 끈 나

부랭이를 숨기기도 하고, 총포 자살을 두려워하여 총을 가지고 다니는 것을 무서워하게까지 되었다.

그러나 레빈은 총으로도 목매어서도 자살하지 않고 살아가고 있었다.[18]

이 마지막 대목은 똘스또이의 『참회록』에서 자살의 유혹에 관한 기록과 정확히 일치한다. 혹시나 자신이 스스로 유혹에 넘어가 자결하지 않도록 끈과 총을 치워놨다는 것이다. "답을 구했으나 찾을 수 없었던" 문제가 그를 막다른 선택으로 몰고 갈 수도 있었다. 삶도 무서웠고 죽음도 무서웠다.

삶이 무의미하다는 것이 진리였다…
나는 삶이 싫어졌다. 나는 전력을 기울여 삶에서 멀리 벗어나려고 노력했다. 자살에 대한 생각이 내가 예전에 삶을 향상시켜야겠다고 생각했던 것처럼 자연스레 일어났다… 그래서 바로 그때 행복한 인간이었던 나는 매일 저녁 옷을 벗은 채 혼자 있던 방에서 끈을 치워버렸는데, 이는 내가 장롱들 사이의 횡목에다 목을 매지 않기 위해서였다. 또한 나는 삶에서 자신을 벗어나게 하는 너무 가벼운 방법에 유혹되지 않도록 총을 가지고 사냥하러 다니는 것도 중단했다. 나는 삶을 무서워했고, 그 삶에서 멀리 달아나려고 노력했지만, 사실은 무엇인가를 또한 기대하고 있었다.
바로 이 일이 나에게 생긴 것은 어느 모로 보나 완전한 행복이라고 여겨지는 것이 나에게 주어진 바로 그때였다. 쉰 살이 되

---

18 『안나 까레니나(하)』, 471쪽

지 않았을 때, 착하고, 사랑스러운 아내와 귀여운 아이들이 있었고, 힘들이지 않고도 불어나는 커다란 재산이 있었다. 나는 가까운 지인들로부터 존경을 받고 있었고, 내가 모르는 사람들로부터도 예전보다 더 많은 칭찬을 받고 있었다... 게다가 나는 정신적으로나 육체적으로 건강했을 뿐만 아니라 오히려 자신의 동년배들에게서 좀처럼 볼 수 없는 정신적 힘과 육체적 힘을 지니고 있었다. 즉 육체적으로 나는 풀베기를 할 때 농부들에게 뒤지지 않은 채 일을 할 수 있었다. 정신적으로 나는 어떠한 긴장도 느끼지 않은 채 8시간 내지 10시간 동안 계속 일을 할 수 있었다. 하지만 나는 그러한 상황에서는 살 수 없다는 데 도달했다. 그러나 나는 죽음이 두려워서 생명을 잃지 않기 위해 자신에 반하는 교활한 수단을 사용하지 않으면 안 되었다.[19]

똘스또이와 레빈은 이렇게 죽음이 두려워 '교활한 수단'까지 쓰고 있는데 반해 법원 판사인 이반 일리치의 집사 일을 보던 농부 게라심은 인간의 죽음에 대한 평정심으로 그와 대비되었다. 게라심은 죽을병이 걸려 누워있던 이반 일리치의 배설물까지 치워주었다. 그러면서도 서글서글하고 명랑한 성격을 그대로 유지했다. 다른 사람들이 지닌 건강, 힘, 삶의 활력은 이반 일리치에게 모욕을 느끼게 했지만, 게라심의 힘과 삶의 활력은 그에게 슬픔 대신 평온을 주었다. 오직 게라심만이 그의 처지를 이해하고 그를 불쌍히 여겼다. 한번은 이반 일리치가 그더러 가라고 할 때 게라심은 이렇게 답했다.

---

19 레프 똘스또이 지음, 이영범 옮김, 『참회록』(지식을만드는지식, 2012), 26-29쪽

"우리 모두는 언젠가는 죽습니다. 그러니 수고 좀 못할 이유도 없지요?"

이런 그의 말에는 자기가 하는 일이 죽어가는 사람을 위한 것이기 때문에 번거롭지 않고, 언젠가 자기 차례가 되면 누군가 자기를 위해서도 그렇게 해주기를 바란다는 소망이 담겨 있었다.[20]

『안나 까레니나』에서도 죽음을 앞둔 사람을 돌보면서 의연한 태도를 보이는 이들은 레빈의 아내 까쨔와 하녀 아가피야 미하일로브나였다. 레빈은 평소 자기가 아내나 하녀보다 죽음에 관해서도 훨씬 고차원적으로 고뇌하고 있었다고 생각했다. 하지만 형의 죽음에 직면하여 자신은 거북해하고 아무것도 하지 못하고 있던 데 반해 그녀들은 너무나 자연스럽고 현명하게 대처하고 있고 있었다.

그녀들이 죽음이란 어떤 것인가를 확실히 알고 있다는 증거는 한순간도 의심하는 일 없이 빈사 상태에 놓인 사람에 대해서는 어떻게 해야 하는가 하는 것을 알고 있을 뿐 아니라, 그 사람들을 조금도 무서워하지 않는다는 데 있었다. 레빈이나 그 밖의 사람들은 죽음에 대해서 여러 가지 말들을 하고 있었지만 분명히 알고 있는 것은 아무것도 없었다. 왜냐하면 그들은 죽음을 무서워하고 있었을 뿐만 아니라 사람이 죽어가고 있을 때는 어떻게 해야 하는가에 대해서 조금도 모르고 있었기 때문이다.[21]

수십 년을 살아오면서 몸으로 익힌 민중의 지혜에 대한 똘스또

---

20 <이반 일리치의 죽음>, 172쪽
21 『안나 까레니나(하)』, 83-84쪽

이의 존중과 감탄은 여러 작품에서 나타난다.『전쟁과 평화』에서는 쁠라똔 까라타에프라는 이름의 농부-인생 철학자가 그런 경우이다. 그는 삐예르와 함께 프랑스 정복군에 의해 모스끄바의 막사 감옥에 갇혀있던 늙은 병사였다. 남의 숲에 나무를 베러 갔다가 파수꾼에게 붙들려 채찍질을 당하고, 재판을 받고 군에 입대하게 된 사연을 갖고 있었다. 권력과 인생에 대한 민중의 관점과 지혜—똘스또이가 그리스 철학자의 이름을 그에게 붙혀준 것은 우연이 아니다—를 보여주는 존재로 등장한다. 세상 모든 고민을 짊어지고 러시아를 구원하겠다는 자기 소명 의식에 젖어있던 귀족 삐예르와 대화하는 장면에서 쁠라똔은 세옹지마(塞翁之馬)의 경험철학을 설파한다. 그에 따르면 뭇 사람들이 찾아헤매는 세속적 행복이란 "그물 속 물" 같은 것에 불과하다.

"그런데 어쩌다 붙잡혔습니까, 형씨. 집에서?"
"아니, 불난 곳에 갔다가 붙잡혔고, 방화범으로 재판을 받게 됐어."
"재판이 있는 데는 어디든 거짓이 있는 법이죠."
……
"내 이름은 쁠라똔입니다……
늙은이들이 말하길, 벌레는 양배추를 갉아먹지만 양배추보다 먼저 죽는다고 하죠."
"뭐, 뭐라고?" 삐예르는 물었다.......
"내 말은, 모든 일은 우리 인간의 머리가 아니라 하느님의 심판으로 정해진다 이겁니다."
……
"불행이라고 생각한 것이 행복이 됐다 이겁니다. 만약 내게 죄가 없었다면 아우가 징병됐을 테니까요. 아우에게는 어린애가 다섯이나 딸려 있었지만 나는 아내밖에는 없었거든요. 계집아이가 하나 있었지만 내가 입대하기 전에 하느님이 데려가셨습니다. 휴가 때 집에 가보니 말이죠. 글쎄, 전보다 더 편히 살고 있지 않겠어요. 가축이 마당에 가득하고, 집에는 여자들이 있고, 두 형제는 돈벌이하러 나가 있었습니다……

사랑하는 친구여, 운명은 머리 위에 있습니다. 그런데도 인간은 이건 안된다 저건 나쁘다 하며 불평만 하지요. 우리의 행복이란, 친구여, 그물 속 물 같은 거라서 잡아당길 때는 가득차 있지만, 올려보면 아무것도 없습니다. 그런 겁니다." 쁠라똔은 짚 위에서 자리를 옮겨 앉았다.[22]

---

22 박형규 옮김, 『전쟁과 평화4』, 75-77쪽

2장
기차와 프랑스어, 또는 허영의 세계

기차와 마차

    5월의 어느 날 저녁, 한겨울에 만났던 연인 사이에 파국이 찾아오고 있었다. 날마다 엄마를 찾는 아이를 두고, 귀가 이상하게 생긴 남편을 버리고 집을 나와 이탈리아까지 도피했던 열정이 식은 자리에 분노와 공허만이 밀려왔다. 안나는 집을 나섰다.

    지금쯤 브론스끼는 자기 엄마가 소개해준 젊은 여자와 놀아나고 있을 것이 분명했다. 사막 같은 일상에서 벗어나 오아시스의 그를 붙잡으려고 모든 것을 버렸는데, 그가 나를 버린 것이다. 아니 세상 모두가 안나를 버렸다. 남편을 속이고 아내를 속이면서 서로 서로가 위선의 동업자들이 된 그들이 안나를 부정한 여자라고 수군대고 있었다. 모스끄바 근교 오비랄로프 역에 다다랐을 때 그녀는 발걸음을 재촉하여 플랫폼의 끝자락으로 갔다.

그 순간 화물 열차가 들어왔다. 그러자 플랫폼이 진동을 하기 시작하여 안나는 또다시 열차에 올라타고 있는 듯한 기분이 들었다.

그때 갑작스럽게 안나는 맨 처음으로 브론스끼를 만났던 날 역에서 후진하던 기차에 치여 죽은 사람을 상기하고는 지금 자기가 무엇을 할 것인지를 깨달았다. 안나는 재빨리 경쾌한 걸음으로 급수탑에서 선로 쪽으로 나 있는 층계를 내려가더니 지나가는 열차와 닿을락 말락하는 데까지 가서 멈춰 섰다. 안나는 열차의 아래쪽을 응시하고 그 볼트며 연결부며 천천히 나아가고 있는 첫 번째 차량의 높직한 쇠 바퀴를 응시하고는 눈어림으로 그 앞바퀴와 뒷바퀴의 중간에 해당하는 부분과 그 부분이 마침 자기 앞으로 굴러오는 순간을 확인하려고 애를 썼다.

'저기다!' 안나는 열차의 그림자와 침목 위에 덮여 있는, 석탄이 섞인 모래를 바라보면서 마음속으로 중얼거렸다. '저기야, 바로 저 한가운데가 되는 곳으로 뛰어드는 거야. 그렇게 하면 그이를 처벌하게 되고 모든 사람으로부터, 아니 나 자신으로부터도 벗어나게 되는 거야.'

안나는 눈앞에 들이닥친 첫째 차량의 중앙부 밑으로 몸을 던지려고 했다. 그러나 손에서 놓으려고 했던 빨간 손가방이 그녀를 붙잡았으므로 그만 기회를 놓치고 말았다. 다음 차량을 기다리지 않으면 안 되었다. 안나는 갑자기 미역을 감으려고 하여 막상 물속으로 뛰어들 때 항상 느끼는 것과 같은 기분에 사로잡혀 성호를 그었다. 그러자 성호를 긋는 익숙한 몸동작은 안나의 마음에 처녀 시절과 어린 시절의 갖가지 추억을 불러일으켰다. 그리하여 갑자기 안나의 일체를 뒤덮고 있던 어둠이 사라지고 그 순간 여태까지의 생애가 그 온갖 밝은 과거의 기쁨에 감싸여 안나의 눈앞에 떠올랐다. 그러나 안나는 다가오는 둘째 차량의 바퀴에서 눈을 떼지 않았다. 그리하여 바퀴와 바퀴의 중간 부분이 마침내 마침 눈앞에 다가왔을 때 빨간 손가방을 내던지고 두 어깨에다 머리를 틀어박고 두 손을 짚고 열차 밑으로 쓰러졌다. 그리고 마치 곧 일어날 준비를 하는 것처럼 가벼운 동작으로 무릎을 꿇었다. 그러자 그 순간 안나는 자기가 한 짓에 몸이 오싹해졌다. '나는 어디에 있는 것일까? 무슨 짓을 하고 있을까? 무엇 때문에?' 안나는 몸을 일으켜 뒤쪽으로 물러서려고 했다. 그러나 무엇인지 알 수 없는 거대한 것이 인정사정도 없이 안나의 머리를 꽝 하고 떠받고 그 등을 할퀴며 질질 끌고 갔다. '하느님, 저의 모든 것을 용서해 주옵소서!' 안나는 저항이 헛된 일임을 깨닫고 재빨리 중얼거렸다. 몸집이 작은 한 농부가 부대 위로 몸을 구부리고 뭐라고 중얼거리면서 일을 하고 있었다. 다음 순간, 안나에게 불안과 기만과 비애와 사악으로 가득 찬 책을 읽게 해주던 한 자루의 촛불이 어느 때보다도 더욱더 밝게 타올라 지금까지 어둠 속에 싸여 있던 모든 것을 비추어 주는가 싶더니 어느 틈에 파지직 파지직 소리를 내면서 어두워지다가 이윽고 영원히 꺼지고 말았다.[23]

…… 그렇게 안나의 세계는 끝이 났다. 집을 나설 때 달려오는 열차에 몸을 던져야겠다는 다짐은 없었다. 하지만 그녀가 기차역 플랫폼에 당도했을 때 운명은 그녀를 맨처음 브론스끼를 만나던 순간으로 데려갔다. 그 한겨울 불쌍한 역무원은 후진하던 열차에 깔려서 목숨을 잃었다. 그리고 그때 그녀에게 멋진 남자로 보이려

---

23 『안나 까레니나(하)』, 442-443

고 적선하던 브론스끼는 더 이상 안나 옆에 없었다. 그녀는 "복수는 나에게 있으니 내가 이를 갚으리라"는 구절을 따랐다. 그 야비한 사내에게, 아니 불안과 기만과 비애와 사악으로 가득한 세계에 자신을 던져 복수한 안나 옆에는 농부만 보였다.

19세기 근대 문명의 총아였던 기차는 똘스또이의 작품에서 불운을 암시한다. 똘스또이는 철도가 '인간의 진정한 삶'을 파괴하는 것으로 믿었다. 굉음을 내며 돌진하는 괴물은 물질적 발전과 정신적 가치 파괴를 동시에 보여주는 근대 러시아의 상징물이었다. 알렉산드르 2세가 찬양하던 철도가 러시아에서 번영을 누릴 때 똘스또이는 『전쟁과 평화』를 집필했고, 그리스어를 배웠고, 『안나 까레니나』의 구도를 발전시켰다.[24] 작가의 나이 예순이 넘어 집필한 <크로이체르 소나타>에서도 이야기의 주인공 포즈드느이셰프는 자신이 마차에서 기차로 옮겨탄 경험을 끔찍한 것이었다고 회상했다.

> 마차를 타고 3베르스따, 기차를 타고 여덟 시간을 가야 했습니다. 마차를 타고 가니 좋습니다. 해가 눈부시게 빛나는 꽤 추운 가을이었거든요. 반들반들한 길에 얼음 바늘이 송송 생기는 계절이었단 말씀이에요. 길은 미끄러웠고 햇빛은 찬란했고 공기는 신선했습니다. 타고 간 마차는 승차감이 좋았습니다.
> 날이 밝아 떠나니 기분이 한결 낫습니다. 말, 들판, 여행객을 보니까 내가 어디로 가고 있는지도 잊게 되더군요...
> 그러나 이 평화로운 마음은 마차 여행이 끝나자 깨지고 말았

---

24 앤드류 노먼 윌슨 지음, 이상룡 옮김, 『똘스또이』, 405-406쪽

습니다. 열차에 오르자마자 완전히 다른 기분이 되어버린 겁니다.

열차로 바꿔 타서 보낸 여덟 시간은 끔찍했습니다. 평생 잊지 못할 겁니다. 객차에 탄 후 벌써 도착한 거라고 생각해서였는지 아니면 철도가 내게 흥분 작용을 했기 때문인지 걷고 나의 상상력은 통제 불능 상태에 빠졌습니다.

......

아, 아, 난 열차가 무섭습니다. 무서워요. 겁이 납니다... 겁이 난나고요![25]

평소 승마를 즐기던 똘스또이의 마차 예찬이라고 할 만하다. 마차에서 기차로 옮겨타는 것을 교통수단의 발전이요, 문명의 성취라고 생각하는 일반인들의 상식을 작가는 뒤엎는다. 자신이 가진 모든 것을 농민들에게, 공동체주의자들에게 넘기고 무소유를 실천하고자 했던, 폭력조직인 국가를 반대하고 전쟁을 반대했던 종교적 아나키스트 똘스또이의 낭만적·복고적 취향이 드러나는 대목이다. 아니 그것은 단순히 그의 개인적 취향의 문제가 아니라 문명의 본질이 무엇인가에 대한 질문과 맞닿아있는 것이었다. 마차는 단지 사라져가는, 스러져가는 작은 것에 대한 아쉬움의 대상만은 아니었다. 기차는 자연스러운 것이 아니었다. 기차는 도시의 타락을, 허영에 가득찬 귀족과 부르주아들의 탐욕과 위선을 농촌에까지 퍼트리는 악마의 전령으로 보였다.

---

25 똘스또이 지음, 고일·함영준 옮김, <크로이체르 소나타>, 『똘스또이 문학전집: 중단편선 III』, 352-356쪽

프랑스어, 상식으로 여겨진 허영의 세계

똘스또이 작품의 주인공들은 걸핏하면 프랑스어를 쓴다. 이는 작가 나이 20대에 쓴 <유년시절>, <청년시절>에서부터 시작하여 중년의 작품인 『전쟁과 평화』와 『안나 까레니나』, 그리고 70대에 접어들어 쓴 마지막 장편소설 『부활』에 이르기까지 줄곧 이어지는 특징이다. 똘스또이에게 그것은 19세기 러시아 사회의 초상화였다. 당대 러시아에서 프랑스어는 러시아 귀족사회의 풍경, 그리고 상류층과 하류층을 의도적으로 구분하는 강력한 상징 기호였다.[26] 귀족이 프랑스어 발음을 시원찮게 한다는 것은 경멸을 자초하는 일이었고, 평민이나 하인이 프랑스어를 쓴다는 것은 자신이 속해야 할 세계의 경계를 넘는 우스운, 심지어 위험한 일이었다. <유년시절>에는 "공작부인이 시 낭송을 듣고 내게 찬사를 퍼붓자 할머니도 마음이 풀어져 프랑스어로 말하기 시작했다."[27]는 대목이 나온다. 이어 <청년시절>에서는 보다 직접적으로 '아름다운 사랑'을 좋아하는 러시아인들의 프랑스어 사용을 묘사한다.

> 아름답게 사랑하는 우리나라의 알 만한 인사들은 자기 사랑을 모든 이에게 이야기하면서 반드시 프랑스어를 사용한다. 이렇게 말하면 우습고 이상하지만 그러한 상류사회의 인사, 특히 여성들이 과거에도 많았고 지금도 많다고 확신한다. 특히 상류 사회 여성들은 프랑스어로 말하는 것을 금하면 친구들이나 남편

---

26   조선 시대 양반들이 한글을 아녀자들이나 쓰는 '언문'이라고 업신여기고 한문으로 문장을 짓고 학문을 논하던, 언어 사대주의를 상기시킨다.
27   <유년 시절>, 94쪽

들, 아이들에 대한 사랑이 곧바로 사라지리라고 생각하는 것 같다.[28]

<청년시절>의 주인공은 어린 시절 어머니를 여의고 난 뒤 아무런 감정 교류가 없는, 그저 형식적인 태도로 대하는 새어머니에 대해 "예의 바른 척 프랑스어로 말하고 정중히 인사를 하고 친애하는 엄마라고 불렀다."[29]

그는 아침 일찍 일어나 수건과 프랑스 소설을 겨드랑이에 끼고 집 근처 자작나무 그늘이 있는 강으로 목욕을 하러 가곤 했다. 어느 해 여름, 그는 알렉상드르 뒤마의 '몽테크리스토 백작'을 비롯해 수많은 프랑스 소설을 읽었다. 그 사건들, 주인공들 모두 좋았지만, 특히 그것들이 "프랑스어로 쓰여 있어 정말 좋았으며, 고결한 인물들이 말하는 고결한 언어들을 암기해 두었다가 그런 고상한 일이 생길 경우에 그것을 사용할 수 있다는 점에서 몹시 좋았다."[30]

그는 '콤므 일 포comme il faut(훌륭하게, 품위있게라는 뜻-인용자)'에 몰두하는 청년이었다. 그는 사람들을 '콤므 일 포'와 '콤므 일 포'가 아닌 부류로 나누었다. 당연히 전자를 존경하고 자신과 동등한 관계를 맺을 가치가 있는 사람들이라고 여겼으며, 후자는 증오했다. '콤므 일 포'는 그가 이루고 싶은 아름다운 자질이자 자기완성이었다. 만일 '콤므 일 포'가 아니라면 그가 아무리 유명한 예술가, 학자, 혹은 인류에 공헌한 사람일지라도 그 사람을

---

28 <청년 시절>, 399쪽
29 같은 책, 499쪽
30 같은 책, 437쪽

존경하지 않을 참이었다. 그에게 '콤므 일 포' 개념이 얼마나 깊이 각인되어 있었는지 "가치를 따질 수 없는 16년이라는 최고의 시간들을 이런 자질을 습득하기 위해 낭비"했다고 말하는 대목에서 명백하게 확인된다.[31]

> 나에게 '콤므 일 포'의 첫째 조건이자 가장 중요한 조건은 훌륭한 프랑스어 실력, 특히 발음이었다. 프랑스어 발음이 나쁜 사람을 보면 곧바로 내 마음에 증오심이 타올랐다... '콤므 일 포'의 두 번째 조건은 깨끗하게 손질된 기다란 손톱이었다. 세 번째 조건은 인사하는 방식, 춤 실력, 대화하는 능력이었다. 네 번째 조건은 매우 중요한데, 모든 것에 무심한 태도와 다소 우아하면서도 경멸조의 권태가 담긴 표정이었다.[32]

당대 러시아 귀족 청년들의 병적 허영심을 생생하게 보여주는 장면이다. <청년시절>의 주인공은 뒤늦게 그것을 "내 일생에서 교육을 통해서든 사회를 통해서든 내가 습득한 가장 치명적이고 그릇된 개념이다."[33]라고 후회한다. 하지만 러시아 귀족 사회에서 그런 풍경은 너무나 익숙했다.

『전쟁과 평화』의 주인공들은 격조 있고 품위 있는 대화는 반드시 프랑스어로 하는 것이 상식이라고 생각했다. 전쟁터에 나간 알렉산드르 1세 황제가 오스트리아 황제에게 프랑스어로 말하는[34]

---

31 같은 책, 440쪽
32 같은 책, 439-440쪽
33 같은 책, 439쪽
34 레프 똘스또이 지음, 류필하 옮김, 『전쟁과 평화2』, 11쪽

것은 당대 유럽의 공인된 외교적 언사라고 치부할 수 있을 것이다. 그런데 그 황제를 우러르는 장교들도 사랑의 고백을 기꺼이 프랑스어로 하고 있다. 안드레이는 장군으로 임명될 시기를 앞두고 있음에도 불구하고 장교생활을 마치려고 퇴직 청원서를 썼다. 그리고 아내와 사별하고 난 뒤 오랫동안 고뇌하던 안드레이는 드디어 용기를 내서 나따샤의 아버지 로스또프 백작에게 딸과의 결혼을 승낙해달라는 편지를 쓴다. 나따샤에게는 프랑스어로 된 메모를 끼워 넣었다.

> 나는 당신을 사랑하오. 당신도 이것을 알고 있을 것이오. 나는 감히 이제껏 나 자신의 산산이 부서져 버린 마음을 당신에게 드릴 수 없었소. 하지만 당신을 향한 내 사랑은 그 마음을 너무도 생기있게 만들어 지금 내 마음 속 깊은 곳에서는 나는 우리의 행복을 위해 내 모든 삶을 바칠 힘을 느끼고 있소. 당신의 대답을 기다리겠소.[35]

나따샤를 오랫동안 연모했던 또 한 명의 남자 삐예르는 전쟁의 막바지에 이르러 중대 결심을 하게 된다. 모스끄바에 혼자 남아 세상 '모든 악의 근원인 나폴레옹'을 죽이는 거사를 단독으로 감행하겠노라고 다짐한 것이다. 앞으로 다시 그녀를 보지 않겠다고 결심한 삐예르는 로스또프가로 향했다.

"나따샤, 당신과 할 이야기가 있습니다. 잠시 가시죠."
그녀는 그와 함께 홀로 들어갔다.

---

[35] 레프 똘스또이 지음, 류필하 옮김, 『전쟁과 평화3』, 172쪽

"그러니까..."

그는 모든 말을 프랑스어로 했다.

"난 내가 당신을 더이상 보지 못할 것이라는 것을 압니다. 저는 알아요... 지금 시간이... 이유는 모르지만, 내가 당신께 이 말을 하게 될 줄은 몰랐습니다. 하지만 시간이 없군요. 우리는 무덤 끝까지... 체면이라는 게 나를 수줍게 만드는군요. 난 당신을 사랑하고, 몹시도 사랑하고 있습니다. 오직 한 여자만을 사랑하고 있지요. 당신은 내게 행복을 주었습니다. 아마 당신은 이걸 알고 있을 겁니다. 그리고 그런 사실을 아는 것이 당신에겐 기쁜 일이 될 것입니다. 그럼 몸 건강하시기를..."

나따샤가 대답하기도 전에 그는 떠나버렸다.[36]

『안나 까레니나』에서도 귀족 집안에는 일상적으로 프랑스어가 흘러 다닌다. 안나가 모스끄바의 오빠 집에 들렀을 때 올케 언니 "돌리는 조그마한 객실에 앉아서 점점 제 아버지를 닮아가는, 머리칼이 희고 통통한 아들의 프랑스어 읽기를 봐주고 있었다."[37] 대여섯 살 아이에게 조기 외국어교육을 시키고 있는 장면이다. 남자 주인공 레빈이 청혼을 염두에 두고 있는, 스체르바츠끼 네 집안 여자들 교육에도 프랑스어가 빠지지 않는다.

그에게는 그 집의 가족 모두가, 특히 여인네들은 뭔가 신비하고도 시적인 베일로 쌓여 있는 것처럼 여겨졌다... 무엇 때문에 그 세 아가씨들은 하루 걸러 프랑스어와 영어로 얘기해야 하는지, 무엇 때문에 그녀들은 일정한 시간에 교대로 피아노를 쳐서

---

36 같은 책, 『전쟁과 평화3』, 480쪽
37 『안나 까레니나(상)』, 92쪽

두 남학생이 공부하고 있는 이층의 오라버니 방까지 그 소리가 들리게 하는지, 무엇 때문에 프랑스 문학이니 음악이니 미술이니 무용이니 하는 교사들이 드나들고 있는지...[38]

그런가 하면 바깥에서 프랑스어로 사회적 신분의 영역 표시를 가장 확실하게 하는 사람은 레빈의 친구 오블론스끼였다. 그 둘이 시내 레스토랑에 들어가 음식을 주문하는 장면이다. 동양계 외모를 한 웨이터가 다가왔다. 오블론스끼의 이름과 부칭이 스쩨빤 아르까지치이다. 웨이터의 반응을 주목해 보자.

스쩨빤 아르까지치가 말했다. "그러면 말이야, 굴을 스무 개…… 아냐, 그건 적을 테니 한 서른 개가량 가져오고, 그리고 근채(根菜) 수프를……"
"프렝타니에 말씀이죠?" 따따르인이 말을 받았다.
그러나 스쩨빤 아르까지치는 그에게 프랑스어로 요리 이름을 말하는 만족을 주고 싶지 않았다.
"채소의 뿌리가 든 것 말이야. 알겠나? 그다음에는 진한 소스를 친 넙치하고…… 로스트 비프, 하지만 모두 좋은 걸로 해야 돼, 그리고 구운 닭도 좋겠지. 또 과일 통조림도……"
따따르인은 요리 이름을 프랑스어로 말하지 않는 스쩨빤 아르까지치의 말을 다시 생각하고 되묻진 못했지만, 그 대신 주문된 요리를 전부 메뉴에서 다시 읽는 것으로 만족했다.
"수프 프렝타니에, 보마르셰 소스를 친 넙치, 폴라르드 아 레스트라공, 마셰드 안 드 프류……" 이렇게 내뱉고는 곧 용수철을

---

[38] 같은 책, 37쪽

장치해 놓은 사람처럼 표지가 붙은 메뉴판을 내려놓은 다음, 이번에는 주류표(酒類表)를 집어서 스쩨빤 아르까지치 앞에 내놓았다.

"무엇을 마실까?"

"난 아무거나 좋아, 조금만 있으면...... 샴페인이나......" 하고 레빈은 대답했다.

"뭐, 처음부터? 하지만 그것도 괜찮겠지. 자넨 백색 봉(封)을 한 것을 좋아하나?"

"카세블랑" 따따르인이 말을 가로챘다.[39]

통쾌한(?!) 반격이다. 음식을 주문하는 귀족 나리가 자신에게 굳이 프랑스어를 말할 기회를 주고싶어 하지 않는 것을 눈치챈 웨이터가 기어이 프랑스어로 쓰인 메뉴와 샴페인 이름을 재차 확인하는 형식으로 발설해 버린다. '예의를 지키는 형식' 속에서 자기도 프랑스어 몇 마디쯤은 할 수 있다는 사실을 굳이 내비치는 식으로 복수를 하고 있는 것이다. 달리 말하면, 황제의 궁중에서 레스토랑의 웨이터에 이르기까지 일상 생활에서 프랑스어를 쓰고 싶어하는 심리가 러시아 사회에 만연해 있다는 뜻이다.[40]

『전쟁과 평화』의 주인공 삐예르도 스쩨빤 아르까지치 같은 난감한 처지에 빠진 적이 있었다. 그가 나폴레옹 암살을 기도하며 불타는 모스끄바에 남았다가 프랑스군에 잡혀 막사 감옥에 갇혔을 때이다. 함께 갇힌 러시아인들은 모두 최하층 사람들이었

---

39 『안나 까레니나(상)』, 52-53쪽
40 19세기 러시아에만 이런 현상이 국한된 것은 아니다. 21세기 대한민국에도 넘쳐난다. 필자가 항공기에 탑승하여 승무원에게 '백포도주'를 달라고 하면 그 승무원은 어김없이 "화이트 와인요?"하고 되묻는다. '백포도주'라고 말하는 사람이 이상하다는 듯이...

다. 그들은 삐예르가 귀족이라는 것을 알자, 또 그가 프랑스어를 사용하자 더욱 멀리했다. 삐예르는 그들이 자신을 빈정대며 하는 말을 씁쓸한 기분으로 들었다.[41]

마지막으로 『부활』의 주인공 네흘류도프 공작의 아침 식탁 옆에는 편지와 신문 외에도 신간 잡지 <두 세계의 평론>이 놓여 있었다. 그것은 1829년부터 파리에서 발행된 프랑스의 격주간 문학·정치 잡지였다.[42] 그리고 하녀인 아그라페나 뻬뜨로브나가 그에게 전해 준 편지에는 그와 혼담이 오가고 있던, 공작 꼬르차긴의 딸이 쓴 초청 메모가 프랑스어로 적혀 있었다.[43] 시베리아에서 네흘류도프가 찾아갔던 우아한 호화저택의 여주인이자 장군의 아내는 니꼴라이 1세 때 왕궁에서 궁녀로 있었던 뻬쩨르부르그식의 예스러운 귀부인으로 프랑스어는 자연스럽게 했지만 러시아어는 아주 서툴렀다.[44]

똘스또이에게 프랑스어는 러시아인들, 특히 러시아 귀족들의 사고방식과 행태를 보여주는 가장 효과적인 장면이자, 프랑스라는 근대 문명국가의 실체를 비판하는 수단이기도 했다. 그는 단순한 이국적 취향을 넘어선, 귀족들이 지닌 영혼의 사대주의를 드러내는 장치로서 작품 곳곳에 프랑스어를 배치해 놓고 있다. 『전쟁과 평화』는 파리 유학을 하고 돌아온 삐예르라는 주인공이 바로 그런 정신의 식민지화로부터 제정신이 박힌 러시아인으로

---

41 레프 똘스또이 지음, 박형규 옮김, 『전쟁과 평화4』, 57쪽
42 『부활1』, 26쪽
43 같은 책, 28-29쪽
44 『부활2』, 349쪽

각성하는 과정을 보여주는 서사로 구성되어 있다. 그것은 사회적으로 만연한 상식의 전복을 통해서만 가능한 것이었다.[45]

똘스또이는, 아마도 젊은 날 자신의 방종과 그로부터 회개하는 과정을 통해 동시대 러시아 귀족들에게 만연한 허영의 세계를 누구보다 날카롭게 눈여겨보았을 것이다. <세르기 신부>라는 작품에서 그는 당시 사교계 모임에 드나드는 자들을 네 부류로 분류하고 있다. 첫째가 궁정을 드나드는 부자들, 둘째가 부유하지는 않지만 궁정에서 태어나고 그곳에서 자란 사람들, 셋째가 궁정에 있는 귀족을 모방하는 부자들, 그리고 마지막으로 부자도 아니고 궁정과 관련도 없으면서 첫 번째와 두 번째를 흉내 내는 사람들이었다.[46]

그리고 아직 크림반도에서 장교로 있던 27세 청년시절에 쓴 <1855년 5월의 세바스또뿔>에서 그는 스스로 자신의 출신계급을 비판하며, 평생 자신이 고통스럽게 대면했던 모순과 역설을 묘사하고 있다.

> 이 귀족들이라는 단어(계급이 어떻든 간에 선택받은 상류사회를 의미한다)는 그런 것들이 존재해서는 안 된다고 여겨지는 러시아의 방방곡곡에, 허영으로 가득한 사회의 모든 계층에 침투하여 상인, 관리, 서기, 장교 사이에, 그리고 사라또프, 마마드이쉬, 빈니짜 등 인간이 거주하고 있는 모든 공간이라면 어디를 막론하고 온 천지에 퍼져 있었다. 그리고 귀족이든 귀족이 아니

---

45 자신의 작품에 러시아인들이 프랑스어로 말하는 장면이 너무 많다는 지적에 대해 똘스또이는 당시 러시아인과 나폴레옹을 비롯한 프랑스인들을 묘사하는 동안에, 필요 이상으로 그 프랑스적 사고방식의 표현 형식을 쓰게 되었다고 답했다.
46 <세르기 신부>, 674쪽

든 간에 가릴 것 없이 그들의 머리 위로 시시각각 죽음이 몰려오고 있는데도 불구하고, 포위된 도시인 세바스또뽈에는 사람들이 많은 탓에 허영심이, 다시 말해 귀족들이 더욱 만연했다.[47]

귀족이라는 단어는 소름끼치는 낱말이다. 조보프 소위가 참모 장교와 나란히 앉아있는 자기 동료 곁을 지나면서, 웃기지도 않은데 억지로 웃어야 하는 이유는 무엇인가? ... 그가 장교들한테 모자를 벗고 예의를 표하는 것은, 자신은 귀족이고 그렇게 함으로써 본인 스스로 유쾌한 기분에 빠지는 것을 과시하기 위함이다...

허영, 허영, 도처에 허영뿐이다. 심지어 죽음을 맞이하는 순간에도, 숭고한 신념을 갖고 죽을 각오를 하는 사람들 사이에도 허영이 난무한다. 허영! 그것은 우리 시대의 대표적 특징이며 독특한 병이다... 왜 우리 시대에는 세 부류만 존재하는 것일까? 첫째, 허영은 원천적으로 당연히 존재하는 것이기에 이를 정당하게 받아들이고 이에 복종하는 부류, 둘째, 허영은 불행한 것이지만 어쩔 수 없이 이를 받아들이는 부류, 셋째, 무의식적으로 허영의 영향 아래 노예처럼 행동하는 부류. 호머나 세익스피어는 사랑, 명예, 고뇌에 대해 이야기하고 있는데, 어찌하여 우리 시대의 문학에는 시종일관 '상류사회의 유행을 따르는 속물'과 '허영'을 주제로 한 소설이 판을 치고 있는가?[48]

똘스또이의 작품에서 도시가 시종 나태와 타락의 장소로 그려지는 것은 자연스러운 일이다. 러시아에서 뻬쩨르부르그는 그런

---

47 <1855년 5월의 세바스또뽈>, 194-195쪽
48 <1855년 5월의 세바스또뽈>, 195-197쪽

허영의 극치로 표상된다. 『안나 까레니나』에서 가정생활을 모르고, 결혼에도 관심이 없고 오로지 향락을 즐기는 브론스끼, 그리고 그의 정부가 되는 안나는 뻬쩨르부르그 출신이다. 『부활』에서 네흘류도프가 오랜만에 찾아온 뻬쩨르부르그는 "보는 것마다 육감적이고 정신을 피로하게 하는 것뿐이었다. 모든 게 깨끗하고 편리하게 정돈되어 있으나 도덕성에 대해 무관심한 그들의 생활은 꽤 나태하게 보였다."[49]

---

49 『부활2』, 57쪽

3부

말년의 풍경

1장
예술가와 말년의 양식

『고도를 기다리며(Waiting for Godot)』의 작가 새뮤얼 베케트는 "죽음 때문에 우리는 하루도 한가하게 지낼 수 없다."고 인간의 유한성을 풍자했다. 불교에서는 그걸 괴로움의 바다(苦海)라고 할 것이다. 로마 시대 사상가였던 세네카는 "사는 것을 배우는 데에는 평생이 걸리고, 더 놀라운 것은, 죽는 것을 배우는 데에도 평생이 걸린다."고 썼다.[01] 그 깊은 의미를 알 수 없는 인생이라는 도저(到底)한 질문 앞에서 우리는 고개를 숙이고, 남은 생이나마 행복하게 사는 방법은 무엇일까 라는 고민에 골똘하게 된다. 세네카는 "행복하게 사는 것과 자연에 따라 사는 것은 같은 것"이라면서, "인간의 가장 위대한 성취는 은거(隱居)할 때 이루어진다."[02]고 결론지었다. 스토아 철학에 따르면 우주 또는 자연은 신, 운명 또는 섭리와 같은 이성에 의해 지배되므로 이런 진리를 알고 있는 현인이 추구해야 할 일은 무슨 일이 일어나든 기꺼이 받

---

01 루키우스 세네카 지음, 천병희 옮김, 『왜 인생이 짧은가』(고양: 숲, 2005), 26쪽
02 같은 책, 80쪽

아들이고 "자연에 맞게" 사는 것이다.03 실로 해탈(解脫)을 통해서 가능한 경지일 것이다. 행복과 불행은 현실 자체보다는 현실에 대한 인간의 태도에 따라 결정되는 것이라는 이같은 인식은 아마도 세상에서 사라지지 않는 종교의 존재 근거가 될 것이다.

범부(凡夫)들은 짐짓 외면하고 살아가는 '인생의 궁극적 의미'라는 질문은 천재라고 불린 예술가들에게도 고통의 근원이요, 그래서 또한 위대한 창작의 동기이기도 했다. 20세기 초반 혼돈의 시대를 살았던 스페인의 철학자요 작가였던 우나무노는 그것을 "삶의 비극적 감정"이라는 말로 요약했다. 이성을 통해 생의 종말을 알고 있는 인간이 자신의 의식을 통해 본연의 절멸로부터 도망쳐 불멸을 추구하는 현상을 이른 것이다. 언젠가는 죽는다는 사실은 하나의 확고한 현실이므로, 인간의 삶 자체는 이미 포로의 신세에 지나지 않게 된다는 것이다.04 그에 따르면 "인간 불멸에 대한 필사적 열망은 합리적 확신을 발견하지 못할 뿐 아니라 이성은 이성대로 삶에 대한 유혹과 위로, 그리고 삶에 대한 진정한 목적을 우리에게 부여하지 못하고 있다."05 존재의 피할 수 없는 소멸을 예감하는 절망과 피안을 향해 그것을 넘어서려는 회의적 의지가 심연에서 끊임없이 갈등하고 동요하는 것이야말로 비극적 감정을 품고 살아가야만 하는 인간의 숙명이라는 것이다.

해답을 찾을 수 없는 존재의 비극이라는 본원적 고통에 더해 사람은 누구나 각자 번민과 고독의 몫을 짊어지고 살아간다. 예

---

03 같은 책, 243-244쪽
04 미겔 데 우나무노 지음, 장선영 옮김, 『삶의 비극적 감정』(목포: 누미노스, 2010), 93쪽
05 같은 책, 192쪽

술가들의 삶에 관한 것일 때 그것은 더욱 극적인 느낌을 불러일으킨다. 청력을 잃고도 30년을 더 살아내야 했던 베토벤의 경우처럼. 독일의 철학자 테오도르 아도르노는 「베토벤의 말년의 양식」이라는 제목의 에세이에서 '말년성(lateness)의 양식'이라는 개념을 썼다. 그리고 『오리엔탈리즘』, 『문화와 제국주의』의 저자로 유명한 에드워드 사이드는 이것에 주목해 "양식의 독특함을 통해 말년성을 표현하는 ... 예술가들"의 작품을 검토하는 미완성의 책을 쓰려고 했다.[06] 위대한 예술가들이 삶이 막바지에 이르렀을 때 어떻게 그들의 작품과 사상이 이른바 '말년의 양식'을 얻는지에 관해 사이드가 던진 질문은 이런 것이었다.

사람은 나이가 들면 더 현명해지고, 예술가들이 말년에 이르러 얻게 되는 독특한 특징의 인식과 형식이 과연 존재할까? 우리는 몇몇 말년의 작품에서 공인된 연륜과 지혜를 만나는데, 이런 작품들은 특별한 성숙의 기운, 평범한 현실이 기적적으로 변용된 화해와 평온함의 기운을 드러낸다. 가령 셰익스피어는 『템페스트』나 『겨울 이야기』같은 말년의 희곡에서 로맨스와 우화의 형식으로 돌아왔고, 비슷하게 소포클레스의 『콜로누스의 오디푸스』를 보면 나이 든 영웅이 마침내 신성함과 해답을 얻은 것으로 묘사된다. 렘브란트와 마티스, 바흐와 바그너도 말년의 작품들이 평생에 걸친 미적 노력을 완성한 사례들로 열거된다. 하지만 예술적 말년성이 조화와 해결의 징표가 아니라 비타협, 난국, 풀리지 않은 모순을 드러낸다면 어떨까?[07]

---

06 에드워드 사이드 지음, 장호연 옮김, 『말년의 양식에 관하여: 결을 거슬러 올라가는 문학과 예술』(서울: 마티, 2008)
07 같은 책, 28-29쪽

사이드가 특별한 흥미를 가지고 탐구의 대상으로 삼은 것은 "조화롭지 못하고 평온하지 않은 긴장, 무엇보다 의도적으로 비생산적인 생산력을 수반하는 말년의 양식"이었다. 그가 말하는 말년성의 특징을 갖는 예술가들은 모두 화해하지 않는다는 공통점을 보였다.[08] 『인형의 집』의 저자인 입센도 그런 경우이다. 사이드에 따르면 그의 말년의 희곡들은 해결은커녕 분노와 불안에 찬 예술가상을 나타낸다. 『우리 죽은 자들이 깨어날 때』라는 말년의 작품에서 이 노르웨이 극작가는 "이제까지 쌓아 올린 경력과 솜씨를 허물고, 예술가의 말년의 시기가 초월했다고 여겨지는 의미, 성공, 발전에 관한 질문을 다시 던진다."[09]

다시 베토벤으로 돌아가 보자. "베토벤의 말년의 작품은 망명의 형식을 취한다."는 것이 아도르노에 동조하는 사이드의 관점이다. 베토벤 말년의 시기는 "절대적 고독 속에 자리잡은 완전한 개인적 자아의 영역으로 들어섰던" 것으로 묘사된다. 청력 상실로 인해 감각적 세계로부터 완전히 고립된 베토벤은 영혼의 왕국의 고독한 군주였다는 것이다. 그의 말년의 작품들은 당대 음악가들로부터 이해받기 어려웠다.[10] 사이드는 이렇게 덧붙인다.

> 베토벤의 말년의 양식이 지닌 힘은 부정적이다. 또는 부정성(negativity)이라고 부르는 것이 나을지도 모르겠다... 베토벤의 말년의 작품은 더 높은 종합에 의해 화해되거나 흡수되지 않은 채로 남아있다. 어떤 도식에도 들어맞지 않으며 화해되거나 해결

---

08 사이드의 친구이자 이 책의 편집자인 마이클 우드의 표현. 같은 책, 15쪽.
09 같은 책, 29-30쪽
10 같은 책, 30쪽

될 수 없다. 그것들은 사실상 "잃어버린 전체성(lost totality)"에 관한 것이고 따라서 파국적이다.[11]

이어서 사이드가 "그러므로 말년성은 일반적으로 용인되는 것에서 벗어나는 자발적 망명이며, 그것이 사라진 뒤에도 계속 살아남는다."[12]라고 말할 때 나는 자연스럽게 똘스또이의 말년의 풍경을 떠올리게 된다. 똘스또이야말로 아도르노나 사이드가 말하는 '말년의 양식'에 가장 전형적인 사례를 제공하는 예술가가 아니겠는가? 그것도 이중적인 의미에서, 즉 글로 쓰인 작품은 물론 사회적 행동, 그리고 개인적으로 인생 자체의 마지막 행로를 통해서…

똘스또이는 자신을 세계적 작가의 반열에 올려놓은 명작들을 50대 이후 스스로 부정하고 '예술'의 의미를 새롭게 정의했다. 19세기의 마지막 해에 쓴 장편소설 『부활』을 포함하여, 똘스또이 말년의 작품들은 사회적·교육적 목적을 가진 교훈적인 이야기들이 주류를 이루었고, 이른바 '순수문학'이라고 부르기 어려운 작품들이 많았다. 그의 말년은 갈등하고 충돌하는 세계에서 사회적 평화를 향해, '굴복하지 않는 비폭력 저항'을 추구하는 발언과 행동으로 점철되었다. 늦가을에서 초겨울로 접어드는 어느 날 새벽 그의 가출은 '삶의 비극적 감정'을 통해 존재의 근원으로 향했던 정신의 내적 망명이라고 할 것이다.

베토벤에 비하면 똘스또이는 동시대 작가들로부터도 숭앙의

---

11 같은 책, 35-36쪽
12 같은 책, 40쪽

대상이었고, 세상의 뭇사람들이 정신적으로 의지하고 싶은 커다란 바위 같은 존재로 서 있었다. 다만 가장 가까운 사람인 부인과 아들들로부터 이해받지 못한 채, 집안에서 귀머거리 존재가 되어야만 했으므로 끝내 견디다 못해 오래된 생각을 행동으로 옮긴 것이 그의 가출이었다. 그의 죽음을 전후하여 러시아 작가들이 남긴 촌평은 똘스또이 말년의 양식이 러시아와 세계에, 그리고 예술의 존재 양식에 대해 어떤 의미가 있었던가를 회고하는데 도움이 될 것이다.[13]

> 똘스또이의 죽음이 무섭다. 만약 그가 죽는다면 내 인생에는 커다란 공백이 생길 것이다. 문단에 똘스또이가 존재한다는 사실만으로도 그 자체가 문학이 되고, 심지어 아무것도 하지 않고 있어도 두렵지 않았다. 왜냐하면 똘스또이가 다하고 있기 때문에.
>
> — 안톤 체홉(1900년 1월)

> 자주 이런 생각이 든다. 레프 니꼴라예비치 똘스또이가 살아있는 한 모든 것이 괜찮고, 모든 것이 단순하고 별로 두려울 것이 없다는... 똘스또이가 간다—이는 태양이 간다는 말이다. 만약 태양이 진다는 것은 똘스또이가 죽는다는 것이고, 마지막 천재가 사라진다는 뜻이다, — 그때는 어찌할까?
>
> — 알렉산드르 블록(1908년)

안개 낀 날, 지방 도시 진창길의 나에게 전보 한 장이 배달되

---

13 이하 러시아 작가들의 모든 인용문은 Гладкова Л.В. ред., Уход Льва Толстого(Тула, 2011), с.23-29에서 가져온 것이다.

었다. 신문에는 단 한마디만 쓰여 있었다. "죽었다!"(주어 없이, 동사로만-옮긴이). 지나가던 행인 둘이 멈춰서 우리에게로 왔다. 서로 모르는 사이인 우리 넷은 이 숙명적인 단어를, 누가 죽었는지 덧붙이지 않고도, 감히 누구에게 쓸 수 있는지 알아차렸다. 전 세계의 이목이 집중된, 인간이 죽었다... 우리 나라는 가난하고 무권리 상태이다. 하지만 러시아는 세계에게 똘스또이를 주었다. 그의 죽음은 영원한, 사라지지 않는 삶을 말해준다.

- B.G. 꼬롤렌꼬(1910년 11월 8일)

똘스또이의 끝은 그에게는 위대한 행복이었다. 자신을 무덤으로 이끈 가출을 통해, 그는 자신의 이상을 위해 모든 희생을, 자신의 존재 전체를 헌신하기로 했다는 사실을 증명했다.

그는 죽음으로써 진실로 자신이 섬기는 것에 대한 종교적 태도를 보여 주었다... 그에게는 하나의 간절한 열망과 소망이 있었으니, 그것은 사람들로부터 벗어나는 것, 영예로부터 벗어나는 것, 국가로부터 벗어나는 것, 그리고 신의 곁에 머무는 것이었다. 이제 그 꿈은 이루어졌다. 하지만 그것은 오직 죽음으로써만 이루어졌다.

- 트루베츠꼬이(1910년)

똘스또이는 일어나 세계로 나아갔다. 그리고 죽었다. 그는 가난한 러시아 땅을 빛으로 새롭게 했다.

- A. 벨르이(1911)

똘스또이는 30년 동안 앞으로도, 뒤로도 가지 못하고 막다른 골목에 부딪혀 앉아있었다. 30년 동안 창작의 비극을 겪었다. 그리고 드디어 일어나 움직였다.

   그의 가출과 죽음은 최고의 설교, 최고의 예술작품, 최고의 삶의 행동이었다. 삶과 창작과 설교가 한순간에 통합되었다.

– A. 벨르이

  우리는 지금 공교롭게도 똑같이 자신의 인생 말년 30년 동안 창작의 비극을 겪은 두 예술가 – 베토벤과 똘스또이에 관해 이야기하고 있다. 전자는 18세기 말에서 19세기 초반의 독일에서, 후자는 19세기 후반에서 20세기 초의 러시아에서, 곧 유럽의 변방에서 세상과 화해할 수 없는 내면의 불안을 반영하고 있었다. 고통과 고독이 두 천재의 영혼을 잠식하고 있었다. 예술과 인생 사이에서 좌절하지 않는다면, 평온하거나 보람있는 인생과 찬란한 성취를 추구하는 예술의 모순을 처절하게 인식하지 못한다면, 진정한 예술가일 수 있을까?

  베토벤은 프랑스 혁명의 불길 속에서 태어난 '영웅' 나폴레옹에게 희망을 걸었으나 "혁명의 망토를 두르고 황제를 자칭하는" 그에게 곧 절망했다. 일찌감치 『전쟁과 평화』에서 나폴레옹을 한낱 역사의 수레바퀴에 깔려가는 하수인에 불과한 하찮은 존재로 묘사한 똘스또이는 러시아의 정신혁명에 희망을 걸었다. 레닌은 똘스또이를 일러 "러시아 혁명의 거울"이라고 했지만, 두 사람이 가리키는 '혁명'의 방향은 다른 곳이었다. 후자는 세속적 권력을 넘어서는 인간 본연의 무위의 세계를 갈망했고, 전자는 그 세속적 권력의 전복을 통한 재조직이 없이는 어떤 새로운 세상도 도래할 수 없을 것이라고 확신했다. 똘스또이가 혁명 발생 7년 전에 (1910년) 저 세상으로 갔다는 사실이 두 사람에게는 차라리 다행스런 일이었다. 대신 민중의 혁명에 뒤이은, 처절하고 궁핍한 내전의 시대를 견뎌내야 했던 고통의 몫은, 남편을 평생 그토록 이해할 수 없었던 아내 소피야에게 돌아갔다.

똘스또이, 가출-출가를 결행하다

속세를 떠나 인생의 말년에 숲속으로 들어간다고 하는 힌두교도들처럼, 무위의 세계로 들어가고자 한 똘스또이의 가출-출가는 1910년 10월 28일(혁명 전 옛 달력) 늦가을 새벽에 결행되었다. 그것은 오래전부터, 이미 20년 전부터 똘스또이가 생각한, 모든 것을 버리고 홀로 살아가는 독립적인 삶이었다. 그 전부터 징후가 있었지만, 50대 초반 들어 인생의 '위기'를 심하게 절감하고, 60대 초반에 출가를 결심한 것이다. 그가 검은 가죽으로 덮인 소파에서 태어나고, 형으로부터 '파란 막대기'의 전설을 듣고 뛰어다니던 숲속의 추억이 짙게 어려있고, 어린 시절 먼 친척 집에서 살다가 청년 지주로 돌아와 농민들과 함께 하는 삶을 꿈꾸었고, 이미 작가로 입신한 다음 서른넷의 나이에 열여덟 소피야와 결혼해서 지금까지 살아온 고향 야스나야 뽈랴나. 19세기 후반 이후 세상에서 '러시아의 위대한 정신'을 상징하는 장소로 남은 그 땅을 82세의 노인이 주치의 두샨과 막내딸 사샤만 데리고 떠나는 길이었다.

어머니 편에 서서 아버지와 불화했던 큰아들 세르게이의 훗날 회고에 따르면, 아버지의 가출 전에 야스나야 뽈랴나에서는 어떤 큰 사건이나 불행한 일도 일어나지 않았다. "하지만 이상한 분위기가 감돌았다. 모두가 깊이 불행하다는 느낌에 젖어 있었다." 여동생 따찌야나 또한 그랬다. 그녀는 아버지의 가출 보름 전인 10월 13일 어머니에게 아버지의 행동을 옹호하는 편지를 썼다. 충실한 추종자 체르뜨꼬프처럼 아버지의 노년에 사상의 동반자가 있다는 것은 다행한 일이다, 체르뜨꼬프는 아버지와 대중 사이에서 중개인 역할을 한다, 1882년 이후 쓰인 아버지의 저작은 어느 개인이 아니라 모두에게 속한다는 것을 어머니도 동의하지 않았느냐, 어머니는 아버지의 사랑을 잃은 것이 아니다, 아버지에게 현실적 애착은 지극히 부차적인 것이다, 아버지는 특정인에게 특별한 관계로 대하는 것이 아니다, 하지만 가족은 전혀 달라서 서로 빼앗고 빼앗기는 관계가 아니다, 라는 내용이었다.[14]

하지만 소피야는 남편이나 딸들에게는 물론 주치의를 비롯한 주변인들에게 이미 이성적으로 대화할 수 있는 상대가 아니었다. 그녀는 논리적으로 설득이 불가능한, '비정상적인 에고이스트'로 간주되었다. 똘스또이가 작가에서 사상가로, 지주-귀족에서 열렬한 사회개혁가로, 정치권력과 결탁한 제도권 교회를 비난하고 오직 예수의 삶을 본받는 것만이 진실한 기독교인의 자세라면서 '새로운 성서'를 쓰게 되자 아내 소피야에게 남편은 함께 건널 수 없는 강을 고고하게 홀로 넘어가는 사람이 되었다. 똘스또이는 러시아 정교회 최고 지도부로부터 '파문'당했고, 세상 사람들은 그를 '성자'로 우러르게 되었다.

---

14   Уход Льва Толсого, с.33

최종적으로 가출을 결심하는 두어 달 동안 똘스또이가 쓴 「비밀일기」에는 슬픔과 분노, 자기혐오와 부끄러움, 고통과 체념의 문장이 가득하다. 위대한 작가-사상가의 말년은 악화되어가는 건강 속에서 결단의 날을 확정하는 고뇌의 시간들로 채워졌다. 소피야가 끊임없이 그를—정확히 말하면 아내인 자신에게 사후 저작권을 남기지 않을 것 같은 그의 유언의 내용을— 의심하면서 감시하고, 쫓아다니고, "사랑을 강요"했기 때문이다. 『안나 까레니나』의 그 유명한 첫 문장을 "모든 행복한 가정은 서로 엇비슷하지만, 불행한 가정은 제각기 불행을 안고 있다"고 썼던 작가 자신이 아내와 지독한 불화로 인한 불행의 심연에서 헤어나오지 못하고 있었다. 그를 추앙했던 일부 독자들도 그가 세상을 향해 말했던 뜻과는 사뭇 달리, 여전히 은식기 가득한 식탁에서 하얀 장갑을 낀 하인들로부터 시중을 받으며 살아가는 귀족의 일상을 보고 힐난했다. 그것은 똘스또이 자신이 오래전부터 기꺼이 버리고자 하는 삶이었고, '백작 부인 소피야'로서는 한사코 버릴 수 없는 삶이었다. 결국 똘스또이는 "도망쳐야만 하는 사람"이 되었다. 자기의 땅에서 망명을 해야 하는 예술가! 여기 '비밀일기'의 몇 토막을 날짜 순으로 읽어보자.[15]

8월 3일
마음에 슬픔을 느끼며 잠자리에 들고 똑같은 슬픔을 느끼며 잠을 잔다. 나는 모든 걸 견딜 수 없다. 비를 맞으며 여기저기를 걸어 다녔다.

---

15 이하 인용문은 모두 레프 똘스또이 지음, 이항재 옮김, 『비밀일기 1910.7.29-10.29』(인디북, 2005), 16-86쪽에서 가져온 것이다.

8월 10일

인간의 평판으로부터 자유스러워지고 사람들과 관계를 단순화하니 정말로 홀가분하다. 아, 이 기분이 자기기만이 아니고 계속 유지되었으면.

8월 11일

건강이 점점 나빠지고 있다. 소피야 안드레예브나는 조용하지만 왠지 낯설다…

모든 사람들과 관계가 힘들다. 죽음을 소망하지 않을 수 없다.

8월 20일

말을 탔다. 이 위풍당당한 지주의 모습은 날 몹시 고통스럽게 만든다. 그래서 나는 말을 타고 도망쳐서 사라져 버리는 것을 생각해본다…

그녀가 나를 향한 사랑을 과장해서 말하고 무릎을 꿇고 내 손에 키스할 때, 나는 몹시 고통스럽다.

8월 28일

소피야 안드레예브나와 함께 있는 것이 점점 더 고통스럽다. 이건 사랑이 아니라 증오와 비슷하고, 증오로 변하는 사랑의 요구이다.

그렇다, 에고이즘은 미친 짓이다. 아이들이 그녀를 구했다. 동물적이지만 자기희생적인 사랑. 이것이 끝나자 무서운 에고이즘만 남았다. 에고이즘은 가장 비정상적 상태, 즉 미친 짓이다.

9월 4일

우울했다. 죽고 싶었다, 죽고 싶다.

9월 10일

오늘은 10일. 모든 게 똑같다. 그녀는 아무것도 먹지 않는다. 내가 안으로 들어갔다. 그녀가 크림에 가야 한다고 말한 사샤를 비난한다. 나는 참아서는 안 된다고 생각했다. 그녀로부터 떠나야 한다. 그녀와 함께 살 수 없다. 고통뿐이다. 그녀에게 말했던 것처럼 나의 불행은 그녀에게 무관심할 수 없다는 데 있다.

9월 11일

저녁 무렵에 정원에서 울고불고 비명을 지르며 뛰어다니는 추태가 시작되었다. 내가 그녀의 뒤를 좇아 정원으로 나가자 그녀는 날 향해 짐승, 살인자라고 소리쳤고 날 보지 않겠다고 외쳐댔다. 그녀는 짐마차를 빌려서 가버리겠다고 뛰쳐나갔다. 저녁 내내 이런 소동을 부렸다...

그녀와 대화하는 것은 불가능하다. 무엇보다 그녀에게는 논리도, 진실도, 그녀가 듣고 말한 것을 올바로 전달하는 것도 꼭 필요한 것이 아니기 때문이다.

나는 도망쳐야만 하는 사람이 되어 가고 있다.

9월 22일

야스나야로 간다. 날 기다리고 있는 걸 생각하면 공포가 엄습한다. 해야만 하는 것을 하리라 fais ce que doit......

9월 25일

나 홀로 존재해야만 한다. (비서 불가꼬프로부터 집 앞 정원에서) 사진을 찍기 위해 다정한 부부의 자세를 취하라는 부탁을 또 받다. 나는 그렇게 했다. 사진 찍는 내내 부끄러웠다.

10월 14일
그녀가 나를 향한 사랑을 과장해서 말하고 무릎을 꿇고 내 손에 키스할 때, 나는 몹시 고통스럽다.

10월 20일
사샤가 날 무척 기쁘게 했고, 사샤가 내게 너무나 소중하고 사랑스럽다는 말만을 나는 쓴다.

가출 당일인 10월 28일치 일기에서 똘스또이는 "소피야로부터 가출을 실행하도록 강요하는 자극이 있었다"고 쓰고 있다. 아내는 자신이 견딜 수 있는 한계를 넘어서 버렸다. 이미 8월 20일자 일기에서 똘스또이는 "말을 타고 도망쳐서 사라져 버리는 것을 생각해본다"고 적었다. 몹시 똘스또이다운 발상이었다. 조선 말기의 화가 오원 장승업이 아궁이 속으로 사라진 것처럼, 『어린 왕자』의 작가이자 비행사였던 생텍쥐베리가 하늘로 사라져버린 것처럼, 평소 숲 속에서 승마를 즐겼던 똘스또이는 자신의 말을 탄 채 돌아오지 않을 세계로 사라지는 것을 상상한 것이다.

막내딸과 아내에 대한 똘스또이의 극명한 호오(好惡)가 표현된 대목을 읽는 독자의 심사는 새삼스럽고도 쓸쓸하다. 9월 25일 일기에서 작가는 아내와 '다정한 부부의 자세'를 취해달라는 비서의 부탁을 받고 하는 수 없이 사진을 찍으면서 "부끄러웠다."

실제로 그 사진[16]은 아주 상징적이다. 똘스또이는 까만 옷에 장화를 신고 예의 그 무뚝뚝한, 무표정으로 똑바로 앞을 보고 있고, 그의 사랑을 그토록 갈구했던 '에고이스트' 소피야는 하얀 옷을 입고 그의 왼쪽 어깨를 감싼 채 그에게 밀착하여, 마치 도인처럼 이마에 굵은 주름이 잡히고 움푹 들어간 눈, 뭉툭한 코, 그리고 귀 밑 양 뺨으로부터 턱을 풍성하게 감싸고 있는 흰 수염의 고집쟁이 남편을 응시하고 있다. 비서의 요구와는 달리 결코 '다정한 부부의 자세'는 아니었다. 애써 '중립적인' 표정을 짓고 있는 64세의 소피야는 "결코 당신을 놓아줄 수 없어, 나로부터 떠나가지 못하게 할 거야!"라는 다짐을 하고 있는 것처럼 느껴진다.

그런가 하면, 막내딸 사샤와 이태 전(1908년)에 찍은 사진[17]에서 보이는 아버지-똘스또이의 모습은 지극히 대조적이다. 똘스또이는 오른손에는 모자를 들고 왼손으로는 앉아 있는 막내딸의 오른쪽 어깨를 짚고서 온화하게 엷은 미소를 한 채 사랑스러운 딸의 얼굴을 내려다보고 서 있다. 작가의 나이 56세에 낳은, 아직 20대 중반의 나이였지만 벌써 중년 여인의 풍모가 느껴지는 사샤는 사랑과 존경의 마음이 담긴 밝은 표정으로 아버지를 올려다보고 있다.

어머니의 행동을 책망하며 아버지의 사상에 공감했던 큰딸 따찌야나가 쓴 『회고록: 우리 아버지의 죽음과 가출의 오래된 이유들』을 보고 있노라면 딸의 회상록을 읽는 비상한 흥미로움과 비애가 함께 느껴진다. 그동안 부모에 관한 숱한 소문에 자신까

---

16 앞의 책, 55쪽에 실려있다.
17 같은 책, 68쪽에 실려있다. .

지 가담하는 것이 싫어 오랫동안 침묵을 지켰다는 그녀. "큰딸로서 진실을 옹호해야 할 책임"을 느끼고 말년에 쓴 글에서 아버지가 집을 나간 이유는 어떤 한 가지가 아닌 다양하고 복합적 것이었다고 썼다. 그녀는 성인이 되어서도 한참 동안 야스나야에서 가족과 함께 살다가 서른다섯에 결혼하여 집을 나갔다. 어머니와는 불과 스무살의 나이 차이에 불과했기 때문에 친구처럼 지내기도 했다. 따라서 부모의 내밀한 사생활을 잘 알았고, 아버지가 겪은 '위기' 이전과 이후의 삶의 증언자로 자신을 가리키고 있다. 그녀에 따르면, 똘스또이의 가출은 직접적으로는 "아내로부터 도피"였지만, 보다 길게 보면 "한적한 곳에서 민중과 함께 하는 삶"에 대한 오랜 꿈을 이루려 드디어 감행한 행동이었다. 따찌야나가 묘사하는 똘스또이 말년의 일상은 이런 것이었다.

아버지는 아침에 일어나 숲으로, 들로, 자연으로 기도하러 간다. 자연의 품속에 안겨 기도하는 것은 일상의 의무를 수행하는 것이었고, 그로부터 최고의 힘을 얻었다. 그러나 혼자 가지 못하는 경우가 잦았다. 그를 기다리는 사람들이 많았기 때문이다. 전 세계에서 책, 편지, 신문, 잡지가 답지했다. 그는 명예나 돈 때문이 아니라 진실에 대한 이해를 돕기 위해 글을 썼다. 하지만 생활양식의 전환 필요성에 대한 생각이 그를 떠나지 않았다. 자신의 신념에 따라 살려면 가족과 결별해야 했다. 그는 유로지비[18]와 힌두교도들을 부러워했다.

그의 사후에 발견된, 1897년 7월 8일 아내 소피야에게 쓴 편

---

18 юродивый. 바보 성자. 겉으로는 유랑하는 바보같이 보이지만 실제로는 신의 지혜를 가진 사람을 일컫는 말.

지에서 똘스또이는 가출하겠다는 결심을 분명하게 밝혔다.

> "점점 살기 힘들다. 고요, 고독 속에서 은둔하고 싶다. 아이들도 다 컸고, 이 집에서 내 영향력도 별로 없고, 내가 없어도 당신은 큰 문제가 없을 것이다. 인도인들은 60세에 숲으로 간다고 한다. 나도 그러고 싶다. 나를 찾지 마라, 놓아 달라. 당신에게는 불만이 없다. 당신은 나처럼 생각할 수도, 생활방식을 바꿀 수도 없을 것이다. 35년의 결혼 생활에 감사한다. 특히 (결혼 생활) 전반부가 좋았다. 당신은 엄마로서 책임을 다했다. 하지만 지난 15년 동안 우리는 갈라섰다. 내가 변한 것은 나 자신을 위해서도, 다른 사람들을 위해서도 아니었고, 달리 어찌할 수 없었기 때문이다. 내 책임이라고 생각되지 않지만, 그렇다고 당신을 비난하지도 않는다."[19]

하지만 똘스또이는 바로 가출을 결행하지 않고, 또는 못하고, 13년을 더 버텼다. 이 시기 그의 정신 상태는 고통과 실망, 기쁨과 행복을 오가는 복잡미묘한 것이었다. 1907년에는 몸이 쇠약해졌다. 하지만 소피야는, 딸의 표현에 따르면, "남편의 양심의 요구와는 상관없이 살았다." 그녀는 심리적 안정을 찾지 못하고 있었다. 남편이 있을 곳에서 그를 찾지 않고, 잘못된 길로 갔다. 그녀는 세상이 자신에게 '악처'라고 부르지 않을지 몹시 염려했다. 남편의 메모를 뒤지는 일에는 열심이었지만, 남편의 일에는 관심도 없고 참여하지도 않았다. 똘스또이에게 공감하던 두 딸은 결혼해서 집을 나가고, 막내딸 사샤는 너무 어렸다. 아들들은 어머

19　Уход Льва Толсого, с.57-60. 여기 인용문은 글자 그대로 번역한 것은 아니고 중요한 내용을 간추린 것이다.

니를 편들면서 아버지의 생각과는 전혀 상관없이 살고 있었다. "결국 아버지는 홀로 남겨졌다."[20]

1910년 여름, 마지막 시기가 다가오고 있었다. 똘스또이의 불면은 더욱 심해졌고, 건강을 잃었다. 매일이 고통스러웠던 그는 5-6월 야스나야 밖으로 나가 가출 준비를 시작했다. 아내의 히스테리 또한 더욱 심해졌다. 주치의 마꼬비츠끼조차 "소냐가 코미디한다, 제정신인데도 꾀병치레한다"고 했다. 소피야는 체르뜨꼬프를 증오했다. 남편에게 자살하겠다고 협박하면서 그와 관계를 단절하라고 요구했다. 그녀는 혼자 남는 것을 두려워했다. 막내딸 사샤와 조수는 그녀가 찾지 못하도록 원고를 감추는 것이 일상다반사였다. 1910년 7월 똘스또이는 최후의 유언을 남겼다. "모든 작품은 공유한다." 유산 상속인으로서는 막내딸 알렉산드라(사샤)가 지정되고, 충실한 추종자 체르뜨꼬프에게 똘스또이의 모든 원고의 편집권이 부여되었다. 10월 28일 밤 12-3시 사이 침대에 누웠던 똘스또이는 "이 모든 것으로부터 벗어나자"고 생각했다. 최종적 결심이 선 것이다.[21]

차가운 공기가 옷깃을 파고드는 러시아의 늦가을 새벽 가족 몰래 집을 나선 노인은 멀리 가지 못했다. 날마다 아버지를 찾는 편지를 보낸 자식들에게 그는 10월 31일 새벽 샤마르지노라는 곳에서 답장을 보냈다. "사랑스럽고 진정한 친구들인 세료자와 따냐! 나의 고통에 함께 해주고, 편지를 보내주어서 고맙다... 엄마에게도 편지를 쓰겠다... 나는 달리 어찌할 방도가 없었노라. 지

---

20 같은 책, c.61-62
21 같은 책, c.63-69

금 어디로 가는지는 우리도 모른다. 앞으로 소식은 체르뜨꼬프를 통해서 전하리라."[22]고 썼다. 늘상 체조를 하고 승마를 즐겼던, 기골이 장대했던 그는 이미 3년 전부터 아주 쇠약해진 상태였다. 세상의 여느 노인네들처럼 폐렴이 마지막 길에 그를 붙잡았다.

<러시아의 말> 기자로부터 "레프 니꼴라예비치가 아스따뽀보 역장 집에 머물고 있는데, 40도의 고열에 시달리고 있다"는 전보가 야스나야에 도착했다. 큰딸 따찌야나와 아내 소피야를 비롯한 가족들은 서둘러 길을 나섰다. 아스따뽀보 역에 도착한 가족은 따로 떼어 놓은 열차의 한 칸을 임시 숙소로 사용했다. 아내 소피야는 "48년을 함께 살았는데, 죽는 것도 못보냐?"고 소리쳤지만, 영원한 길을 떠나는 남편이 눈감는 모습을 보지 못했다. 똘스또이가 그녀를 보기를 두려워했고, 그것을 알고 있는 측근들이 그녀를 방안으로 들여보내지 않았다.

11월 6일, 큰아들 세르게이를 불러놓고 아버지는 온 힘을 다해 조용한 목소리로 말했다. "세료자, 나는 진실을 사랑한다... 아주... 진실을 사랑한다." 다음 날, 똘스또이는 82년에 걸친 파란만장한 세상살이를 마치고 피안으로 떠났다. 그리고 이틀 뒤 영원한 고향 야스나야에 묻혔다. 수많은 인파가 몰려들었다. 정교회로부터 파문당한 그는 명사들이 묻히는 의젓한 교회 묘지에 안장될 수 없었다. 야스나야 뽈랴나의 숲 속, 자신의 형 니꼴라이와 함께 어린 시절 뛰어놀던 오솔길 옆에, 나무 십자가 하나 없이, 그의 키만큼 밖에 되지 않는 소박한 모습으로 누웠다. 그것이야말

---

22 같은 책, c.70

로 진실로 '파문의 영광'이었다. 파란 풀들이 그를 덮었다. 이미 51년 전, 그의 나이 서른한 살에 쓴 단편 <세 죽음>(1859)에는 이런 대목이 나온다.

> 마부의 무덤 위에는 아직도 비석이 세워지지 않았다. 한 인간이 과거에 존재했었다는 유일한 증표는 솟아 있는 봉분 위에 돋아난 연두색 풀 뿐이었다.[23]

그리고 『러시아 독본』에 실린 <사람에게는 얼마나 많은 땅이 필요한가>라는 우화의 마지막 문장은 이런 것이었다.

> 하인은 삽을 들어 무덤을 만들고 그를 묻었는데 무덤의 길이는 파홈의 머리부터 다리까지의 길이와 같은, 정확히 3아르신(약 210cm-인용자)이었다.[24]

이렇게 남편을 여읜 소피야는 그로부터 9년을 더 살았다.

---

23 <세 죽음>, 126쪽
24 레프 똘스또이 지음, 고일·김세일 옮김, 『러시아 독본』(작가정신, 2020), 655쪽

1917년 2월 혁명이 터진 러시아는 이듬해부터 3년 동안 내전으로 접어들었다. 말년에 평정을 찾은 소피야는 "남편과 잘 못 살아 그것이 괴롭다."고 했다. 그리고 엄마 몰래 아버지의 가출에 함께 했던 막내딸 사샤와도 화해했다. 따찌야나는 어머니가 "아버지를 따라가지 못한 것은 그녀의 책임이라기보다 그녀의 불행이었다"고 썼다. 1919년 11월, 소피야도 남편처럼 폐렴으로 세상을 떠났다.[25]

---

25 Уход Льва Толстого, с.70-75

2장
부정(否定)을 넘어서는 똘스또이의 출가

똘스또이가 가출(家出)을 결행한 직접적 계기는 아내 소피야와 불화한 것이었지만, 그의 출가(出家)는 보다 멀고 깊은 곳에서 유래한 행동이었다. 50대에 접어든 똘스또이는 정교회에서 탈퇴했다. 그가 러시아 정교회 최고 지도부로부터 공식적으로 '파문' 당하기(1901년) 20년 전이었다. 따라서 그 파문은, 이미 일어난 일에 대해 교회의 권위를 업고 세속적 권력을 행사한 것 이상의 의미는 없었다. 하지만 똘스또이가 신앙의 세계로부터 완전히 돌아선 것은 아니었다. 미혹과 위선의 가면을 걷어내고 예수의 삶처럼 진실과 사랑이라는 본질적 가치에 기초한 기독교를 재정립해야 한다고 생각했기 때문이다. 이 시기 똘스또이는 제도권 기독교에 대한 격렬한 비난만큼이나 자신의 인생과 예술에 대한 근본적 성찰에 몰두하고 있었다. 40대 후반 『안나 까레니나』를 집필할 때부터 갈등과 고뇌는 이미 충분히 깊어진 상태였다. 밖으로는 세상과 종교에 대한 회의, 안으로는 깨달음을 얻지 못한 인생의 의미에 대한 위기의식이 임계점을 넘고 있었다. 이런 상태에서 집필된 『참회록』은 똘스또이 말년 내면의 풍경화라고 할 만

했다.

그런데 오래전부터 내 안에서 준비되고 있었고, 그 징후가 항상 내 속에서 보이고 있던 대전환이 나에게 발생했다. 우리 계급 사람들인 박식한 사람들과 부자들의 삶이 싫어졌을 뿐만 아니라 모든 의미를 상실하는 변화가 나에게 일어났던 것이다. 우리의 모든 행위들, 토론, 학문, 예술 등 모든 것이 나에게는 어린애의 장난처럼 보였으며, 이 속에서 의미를 찾을 수 없다는 것을 깨달았다. 그 대신 삶을 창조하는 노동하는 민중의 삶이 나에게 유일하고 진정한 일로 보였다. 그리고 나는 이런 삶에서 주어지는 의미가 진실이라는 것을 깨달았으며, 그래서 나는 이 의미를 수용했던 것이다.[26]

똘스또이의 '대전환'은 무엇보다 먼저 허영과 쾌락에 몰두하는 '지주-귀족'이라는 자신의 출신 계급을 배반하기로 다짐한 것이었다. 귀족으로 사는 것은 "삶이 아니라 단지 삶의 모방일 뿐"이라는 것을 인식했기 때문이다. 그것은 일상의 타락을 거부하고 정직하게 노동하는 민중의 삶에 다가가고자 한 회심(回心)의 결단이기도 했다. 하지만 구체제 기득권층의 아비투스(habitus)는 그것을 허용하지 않았다. 이미 저 소년시절부터 "도덕적으로 훌륭한 사람이 되고 싶다."는 소망은 번번이 모욕당하고 경멸당했다. 대신 야심, 권세욕, 탐욕, 애욕, 교만, 분노, 복수심과 같은 "귀족 청년의 추악한 정열"에는 찬사가 뒤따랐다. 이는 젊은 날 자신의 방종에 대한 사후적 변명이면서 동시에 러시아 귀족층의 어리

---

26 레프 똘스또이 지음, 이영범 옮김, 『참회록』(지식을만드는지식, 2012), 90-91쪽

석음에 대한 고발장이기도 했다. <지주의 아침>, <루체른>에서도 똑같은 이름의 남자 주인공으로 등장하는 네흘류도프라는 인물은 『부활』에서 이렇게 진술하고 있다. 정신적 자아에 반하여 동물적 자아가 승리해버린 날들의 기록이다.

이를테면 네흘류도프가 신이라든가 진리, 부, 가난에 대해서 생각하거나 읽거나 말하면 주위 사람들은 이를 당찮게, 사리에 맞지 않은 웃음거리로 여겼다. 심지어 어머니와 고모들까지도 이를 점잖게 놀리며 그를 우리 철학 선생이라고 부르기도 했다. 그런데 그가 소설을 읽거나 프랑스 극장의 우스꽝스러운 희극을 보고 그 얘기를 재미나게 들려주면 모두들 그를 칭찬하고 추어주는 것이었다. 그가 자신의 욕망을 억제할 필요성을 느끼고 낡은 외투를 입거나 술을 마시지 않을 때면 모두들 이를 의아스럽게 여기고 일종의 허영이라고들 여겼다. 하지만 그가 사냥을 하거나 사치스러운 서재를 만들기 위해 엄청나게 큰 비용을 들였을 때는 모두들 칭찬하며 값진 물건들을 선사하기도 했다. 그가 동정을 간직하며 결혼할 때까지 총각으로 순결을 지키려 했을 때 그의 육친은 혹 건강이 나쁜 게 아닌가 근심했고, 그가 친구들로부터 프랑스 여자를 가로챘다는 얘기를 들었을 때 어머니는 탓하기는커녕 오히려 기뻐했던 것이다.
　……
　마찬가지로 네흘류도프가 성년이 되어 토지 사유는 부당하다고 생각하고 부친의 유산으로 물려받은 약간의 토지를 농민들에게 나누어주었을 때 어머니를 비롯한 집안 식구들은 놀라워했고, 친척들의 조소와 비난이 잇따랐다……
　한편 네흘류도프가 근위대에 들어가 명문가의 동료들과 함께 낭비를 한다든가 도박으로 돈을 날려 얼마큼의 돈을 꺼내야 할 경우에도 어머니, 엘레나 이바노브나 공작부인은 이런 것은 상류사회의 젊은이들이 당연히 경험하게 되는 홍역쯤으로 생각하여 조금도 탓하지 않았다.[27]

똘스또이를 새로운 삶으로 이끈 것은, 하지만 러시아 귀족층의 개인적 일탈만은 아니었다. 오히려 그것은 표면적 현상일 뿐, 보다 구조적으로는 그들의 타락을 가능하게 한 기존 질서, 즉 위선으로 가득한 서구 문명과 국가 그 자체였다. 오스트리아 작가 츠바이크의 표현을 빌자면, 똘스또이는 "완전히 반(反)국가적인 사회비판, 가장 냉혹한 반국가론"을 전개했으며, "국가라는 형식 밖에 서서 단호한 입장을 취했다."[28]

똘스또이는 자신이 본질적으로 진보에 대한 믿음에 따라 살아왔다고 말한다. 하지만 그는 청년시절부터 줄곧 그 진보의 의미와 근대 문명에 대한 깊은 회의적 시선을 거두지 않았다. 스물아홉 살에 처음 나간 독일, 프랑스, 이탈리아, 스위스 등 유럽여행의 인상을 묘사하고 있는 <네흘류도프 공작의 수기: 루체른>에서부터 그런 조짐이 완연하다. 파리에서는 사형집행 장면을 보고 진보를 맹신할 수 없다고 생각했다. 스위스에서는 영국인 관광객들의 행태를 보고 그들의 위선이 가증스러웠다. 그때가 19세기 중반(1857년)이었으니 당시 영국인들은 필경 '가장 문명화된' 사람들일 터였다. 여름날의 루체른, 스위스에서 가장 낭만적이고 세계에

---

27 똘스또이 지음, 박형규 옮김, 『부활1』, 86-88쪽
28 슈테판 츠바이크 지음, 나누리 옮김, 『카사노바, 스탕달, 똘스또이』(필맥, 2014), 272-273쪽

서 가장 아름다운 곳, 가장 부유한 사람들이 투숙하는 슈바이처호프 호텔 앞에서 유랑하는 거지 가수가 반시간 동안 기타를 치며 노래를 불렀다. 백 명 가량이 그의 노래를 들었고, 가수는 세 번이나 사람들에게 뭐든 달라고 간청했다. 누구도 그에게 아무것도 주지 않았고 많은 사람들이 그를 조롱했다.

문명과 자유, 평등이 높은 수준에 도달했고 가장 문명화된 사람이 여행객으로 모여드는 바로 이곳에서 ... 도대체 왜 개인적인 선행에는 인간적인 진정한 감정을 갖고 있지 않은 것일까? 자신들의 의회와 모임, 회합에서는 인도에 사는 미혼 중국인들의 상태에 대하여, 아프리카에서 기독교의 전파와 교육에 대하여, 전 인류의 교정협회 창설에 대하여 뜨겁게 염려하는 사람들이 도대체 무엇 때문에 자신의 영혼 속에는 인간을 향한 인간의 단순하고 본래적인 감정을 발견하지 못하는 것인가?... 의회와 모임과 회합에서 사람들을 지휘하는 허영심과 야심, 탐욕이 그 자리를 대신 차지한 것인가? 과연 문명이라고 불리는 이성적이고 이기적인 인간들의 연합의 확산이 본능적인 애정의 연합의 요구를 괴멸시키고 대립하고 있는 것인가?[29]

누가 더 인간이고 누가 더 야만인가: 가수의 남루한 옷차림을 보고 적의를 가지고 식탁을 떠난 영국의 귀족인가, 그의 노력에 대해서 자기 자신의 백만분의 일도 그에게 지급하지 않고, 지금은 포만감에 젖어서 밝고 안락한 방 안에 앉아 중국에서 자행되고 있는 살해 행위가 공정하다고 태연하게 중국 사정을 논하

---

[29] <네흘류도프 공작의 수기: 루체른>, 48-49쪽

고 있는 영국의 귀족인가, 아니면 감옥에 갈 위험을 무릅쓰면서 주머니에 달랑 1프랑을 들고 이십 년 동안 아무에게도 해를 입히지 않으면서 산과 골짜기를 돌아다니며 자신을 모욕하고 오늘 밤 거의 떠밀어낼 뻔한 사람들을 노래로서 위로하는 키 작은 가수인가?[30]

영국인들의 이중성, 서구 문명의 정신분열적 편협성에 대한 신랄한 고발이다. 그들은 스스로 "문명은 선이고 야만은 악이다, 자유는 선이고 강제는 악이다"라고 규정해 놓고, 바로 그 자신들의 기준으로 다른 세계를 정복한다. 그리고 자신들의 제국주의, 곧 폭력적 억압과 약탈적 지배를 야만에 대한 자유의 승리라고 환호하는 것이다. 일상적 사건 속에서 사회제도와 개인의 행위 사이에 나타나는 큰 괴리, 그것을 자연스럽게 여기는 근대 문명의 무감각을 통렬하게 비판하고 있는 것이다. 그것은 계몽주의적 부르주아 도덕관의 본질적 허점이었다. 19세기에 정점에 달한 서구의 식민주의, 인종차별, 신분차별은 그들이 말하는 '문명화된 법치주의'의 이름으로 행해졌다.

그것을 위하여 그토록 많은 죄 없는 피가 흐르고 그토록 많은 범죄가 저질러진 바 있었던 평등이라는 것이 과연 이것인가?...

법 앞의 평등? 과연 인간의 모든 생활이 법의 테두리 안에서 이루어지는지? 인생의 겨우 천분의 일 만이 법에 속하고 나머지는 법 밖에서, 풍습과 사회적 견해의 영역에서 이루어진다. 그런

---

[30] 같은 책, 51-52쪽

데… 아무에게도 해를 끼치지 않고 아무도 방해하지 않으면서 단지 굶어 죽지 않기 위해서 자신이 할 수 있는 단 한 가지 일을 하는 사람을 그 일을 한다는 이유로 감옥에 집어넣는 나라, 그런 경우를 당하는 시민이 단 한 명이라도 있는 나라가 과연 사람들이 긍정적이며 자유로운 나라라고 부르는 그런 자유 국가인가?[31]

이런 관점에서 보았을 때 근대 서구문명을 구축하고 있는 정치사회 제도인 "국가라는 강도"는 부정되어야만 했다. "국가=폭력"이라는 것이 똘스또이의 결론이었기 때문이다.[32] 전제주의나 입헌군주국이나 공화국 등 정부 형태와 상관없이 국가 폭력의 본질은, 그 외관만 다를 뿐, 보편적이라는 것이다. "경찰의 무력 동원, 극악한 유형, 감옥, 강제 동원, 성을 쌓는 일, 그리고 매일 계속되는 처형"과 특별세, 간접세 등 수많은 세금을 통해 권력에 복종하는 사람들을 억압하고 약탈하는 노예제를 유지하는 것이다.[33] 노예제 밑에서 유일한 안식처는 감옥밖에 없었다. 19세기 중반 프랑스의 아나키스트였던 프루동의 국가관을 그대로 닮았다. 실제로 두 사람은 파리에서 만났던 것으로 알려졌다. 그 자신 청년 장교로 복무한 경험을 가진 똘스또이에게는 군대야말로 그런 국가를 지탱하는 중추로서 극복되어야 할 가장 중요한 장치였다.

군대란 일반적으로 이에 복무하는 사람들을 타락시킨다. 그

---

31 <네흘류도프 공작의 수기: 루체른>, 49쪽
32 레프 똘스또이 지음, 조윤정 옮김, 『국가는 폭력이다: 평화와 비폭력에 관한 성찰』(달팽이, 2008)
33 레프 똘스또이 지음, 강명수 옮김, <시골에서 보낸 사흘>, 『똘스또이 중단편선 IV』, 625, 645쪽

들을 합리적이고 유익한 지적 활동을 무시하는 상황 속으로 끌어 넣고... 그 대신 연대의 명예라든가 군복, 군기(軍旗) 등의 형식적인 가치만을 내세운다. 그러면서도 어떤 사람에게는 무한한 권력을 주고, 어떤 사람에게는 윗사람에 대한 절대적인 노예의 복종을 강요하는 것이다.

그러나 명문가의 부유한 장교들만이 선택되어 근무할 수 있는 근위대에서 볼 수 있듯이, 군복이나 군기 숭배, 또는 폭력이나 살인의 용인이 따르는 군대 복무의 일반적인 타락에 황족과 가까이 지낸다는 우월감이라든가 재정적인 측면의 타락이 더해질 경우, 이 환경 속에 빠진 인간들은 완전한 에고이즘의 발광 상태에 이르게 되고 만다.[34]

장교들만이 문제가 아니었다. 전제군주국인 프러시아에서 유래한 국민개병제가 유럽 전역으로 확산되자 일반 병사들의 타락도 함께 일어났다. "애국심이라는 낡은 감정"이 민중의 자식들에게 전염된 것이다. 한 나라의 애국심은 바로 이웃 나라의 애국심을 충동질한다.

피상적이며, 서로 다른 국적의 사람들 가운데서 그 존재를 확인한 형제애와는 도저히 양립할 수 없는, 그것이 격렬하게 불타오르고 있다.
사람들은 합리적 근거도 없이 정의에 대한 개념이나 그들 자신의 이익에도 반하여, 정부가 다른 나라를 무력으로 공격하여 외국의 영토를 점유하고, 빼앗을 외국의 영토를 무력으로 방어

---

34 레프 똘스또이 지음, 박형규 옮김, 『부활1』, 88쪽

하는 데 동조할 뿐 아니라 스스로 이런 침략과 영토 병합 행위를 요구하기까지 한다. 반면 강대국의 수중에 떨어진 억압받는 소수민족은 정복국가의 애국심에 분노를 느낀다. 그리하여 그들도 이 애국심이라는 전염병에 감염되어 그들의 모든 행위는 이제 애국심에 초점이 맞춰진다. 강대국의 애국심 때문에 핍박받던 그들도 애국심을 이유로 그들을 억압했던 자들의 소행을 다른 국민에게 똑같이 되풀이한다. 군대, 돈, 학교, 교회, 언론을 손안에 쥐고 있는 지배 계층이 자신의 지위를 유지할 수 있는 것은 바로 오로지 애국심에 의존하는 정부 조직 덕분이다.[35]

이미 20대 청년 장교 시절 전장을 누빈 경험이 있는 똘스또이는, 아직 그의 생각이 성숙되기 훨씬 전이었음에도, 참전 군인들의 고통을 인상적으로 묘사한 바 있다. 전쟁의 본질은 장군들의 깃발을 통해서가 아니라 이지러진 병사들의 얼굴을 통해서만 참 모습을 알 수 있다는 것이다. 비록 그때까지는 "러시아 사람들의 내면에 수줍게 숨어있는, 그리고 가슴 속 깊이 간직되어 있는 감정... 즉 조국에 대한 사랑"을 긍정하고 있었지만, 훗날 그의 반전사상(反戰思想)이 갑자기 튀어나온 것이 아님을 짐작할 수 있는 대목이다. 아래는 그의 20대 후반 출세작인 <세바스또뽈 연작>에서 따온 것이다.

> 당신은 군악을 연주하고 북을 울리면서 깃발을 휘날리고 말을 타고 있는 장군들의 당당하고 멋지고 찬란한 대열에서가 아니라, 전쟁의 진정한 표현이라 할 수 있는 피와 고통과 죽음 속에

---

35 레프 똘스또이 지음, <애국심과 정부>, 『국가는 폭력이다: 평화와 비폭력에 관한 성찰』, 58-59쪽

서의 전쟁을 목격할 것이다.36

이 병사들의 얼굴, 태도, 그리고 동작을 자세히 살펴보라. 광대뼈가 나오고 햇볕에 그을린 얼굴의 주름살에서, 근육에서, 떡 벌어진 어깨에서, 큼직한 군화를 신은 두툼한 발에서, 침착하고 담대한 동작 하나하나에서 러시아의 저력을 구성하고 있는 단순성과 강인성을 발견하게 될 것이다. 그러나 이 같은 중요한 특징 외에도 당신은 이곳에 있는 모든 사람의 얼굴로부터 위험함, 비참함, 그리고 전쟁의 고통이 그들의 가치, 고귀한 정신, 그리고 감정과 의식에 흔적을 남겼다는 것을 인식할 것이다.37

외교로 해결하지 못한 문제를 화약이나 피로 해결하기란 더욱 어렵다.38

다음 중 둘 중 하나는 분명하다 – 전쟁 자체가 미친 짓이거나, 아니면 무슨 까닭에서인지 이 미친 짓거리를 받아들이고 수행하는 인간 자체가 비이성적 창조물이라는 것이다.39

그런데, 이런 '미친 짓'을 당당하게 자행하고 있는 제도가 바로 국가였으며, 그같은 살인 행위를 '축복'해주고 있던 제도가 바로 당대의 기독교였다. "황제와 황족에 대한 기도, 적과 악당들을 무릎 꿇게 해달라는 기도, '전투 능력이 우수한 군사령관'을 위한 모든 성례와 의식들"이 전쟁 때마다 행해졌다. 종교 지도자들은

---

36 〈1854년 12월의 세바스또뽈〉, 168쪽
37 같은 글, 176-177쪽
38 〈1855년의 5월의 세바스또뽈〉, 186쪽
39 같은 글, 187쪽

조직적인 살인 행위를 신앙에서 비롯한 정당 행위로 용인했다. 똘스또이는 신앙의 이름 아래 자행되고 있는 것들을 보며 "공포에 떨었다." 그가 러시아정교에서 완전히 이탈해 버린 연유였다.[40]

그렇다면 똘스또이는 국가와 전쟁에 반대하고, 그것을 축복하는 종교를 부정하는 아나키스트[41]인가? 거의 그렇다. 아나키즘(anarchism)의 사상적 지향은 폭력과 혼란과 무질서가 아니라 "자유로운 개인과 자율적 연대를 통한 평화로운 사회 건설"이기 때문이다.[42] 그렇다면 똘스또이와 아나키스트들에게 당연히 제기될 질문, 곧 정부는 어떻게 사라질 수 있으며, 정부가 사라지면 어떻게 될 것인가? 똘스또이는 먼저 정부와 교회의 본질이 무엇인지 깨닫기 전까지는 이런 기관들이 신성하고 근원적인 어떤 것이라고 생각하면서 숭배의 감정밖에 느낄 수 없다고 본다. 하지만 그것은 "부적격한 사람들이 덧씌운 기만"에 불과하다는 사실을 깨달아야 한다. "따라서 정부를 타파하는 유일한 방법은 무력이 아니라 이런 기만을 폭로하는 것이다."[43] 그리고 구체적인 방법으로 각자 폭력조직인 정부에 참여하는 일을 그만두어야 하며, 직접세든 간접세든 정부에 대한 세금을 납부하지 말아야 하고, 소유 재산이나 신변 보호를 위해 국가의 폭력에 호소하지 말아야

---

40 『참회록』, 113-125쪽
41 한국에서 흔히 쓰이는 '무정부주의'라는 표현은 '폭력, 무질서, 혼란'의 이미지를 떠올리게 한다. 일본인들로부터 유래한 이 번역어는 "자유로운 개인과 자율적 사회연대를"를 지향하는 아나키즘 사상의 적극적 측면을 반영하지 못한다.
42 이에 관해서는 끄로뽀뜨낀의 다음 저작들을 참조하시오. 『한 혁명가의 회상』, 『만물은 서로 돕는다』, 『빵의 쟁취』, 『아나키즘』 등
43 레프 똘스또이 지음, <우리 시대의 노예제>, 『국가는 폭력이다: 평화와 비폭력에 관한 성찰』, 168쪽

한다는 것이다.[44]

  정부가 사라지면 오로지 우리가 과거로부터 물려받은 불필요한 조직만이, 폭력 행사의 권한을 소유하고 그 정당성을 내세우는 조직만이 없어질 것이다...
  폭력 행사를 위해 마련된 정부 조직을 폐지한다거나 해서 합리적이고 정당한 조직이나 제도가 모두 사라지는 것은 아니다. 법이나 법원, 재산, 경찰, 금융 계약, 대중 교육 분야에서도 폭력에 기초하지 않은 조직이나 제도는 결코 사라지지 않는다. 이와 반대로 스스로의 생존을 위해 필요했던 정부의 야만적인 권력이 없어지면, 사회조직은 폭력이 필요 없는 보다 공정하고 보다 합리적인 조직으로 성장해 갈 것이다. 법원, 공공 업무, 대중 교육은 사람들이 진정으로 원하는 형태로 변할 것이고, 이전 형태의 정부에 내재된 악폐와는 전혀 상관없는 조직을 갖출 것이다. 오로지 대중의 자유로운 의사 표현을 막는 부도덕한 조직만이 사라질 것이다.[45]

'본질적인 폭력조직으로서 국가권력'의 폐지가 목표이지 무정부 상태의 도래를 방관하자는 것이 아니라는 말이다. 자유로운 인간의 사회적 연대와 자율적 조직화 능력을 통해서 기존 국가권력의 억압성을 벗어난, "합리적이고 정당한 조직이나 제도"가 구축될 수 있다는 것이다. 이는 프루동이나 끄로뽀뜨낀과 같은 아나키스트들이 주장하는 바와 정확하게 같다. 따라서 그는 기본적으로 아나키스트들의 주장에 동의한다. 하지만 어떻게 아나키

---

44 같은 글, 175쪽
45 <애국심과 정부>, 같은 책, 76-77쪽

즘에 기초한 사회가 도래할 것인가에 대하여 그들과 견해를 달리한다. 1900년에 쓴 <아나키즘에 대하여>에서 똘스또이는 이렇게 말하고 있다.

> 아나키스트들은 모든 점에서 옳다. 기존 질서를 부정하고, 지금까지 권력기관의 폭력보다 더 끔찍한 폭력은 없었다고 주장하는 점도 역시 옳다. 하지만 그들은 아나키즘이 혁명에 의해 확립될 수 있다고 생각한다는 점에서는 옳지 않다. 그들은 "아나키즘을 수립하자"라거나 "아나키즘이 자리를 잡을 것이다"라고 말한다. 그러나 아나키즘은 사람들이 국가권력의 보호를 점점 더 원하지 않고 국가권력의 행사를 점점 더 수치스럽게 생각하는 경우에만 확립될 수 있다.[46]

말하자면 똘스또이는 인간 개개인의 영혼의 갱신이 선행해야 한다는 정신적 아나키스트, 또는 종교적 아나키스트라고 하겠다. 불가피하게 폭력이 수반될 혁명의 방식이 아니라 사람들이 "이성과 사랑이 가리키는 방식으로 행동한다면… 선의로 가득한 세상이 올 것"이라고 믿는 것이다. 이같은 신념은 본질적으로 "모두의 가슴 속에 하느님을 품고 있는" 인간의 본성에 대한 신뢰, 그리고 인류의 자율성과 자치능력을 신뢰하는 사고방식을 바탕에 깔고 있다. 같은 러시아 출신 혁명가이자 아나키스트로서 사회적 아나키즘(social anarchism) 사상의 정립에 커다란 기여를 한 '아나코-콤뮤니스트' 끄로뽀뜨낀의 사상과 기본적으로 상통하는 것이다. 똘스또이는 "우리 시대의 노예제" 때문에 사람들이 "폭력 없는

---

46 <아나키즘에 대하여>, 같은 책, 83쪽

세상"을 구축할 수 있는 인간의 자발적 능력을 모르게 되었다면서 이렇게 설파한다.

사실 오늘날의 사람들은 매우 다양한 삶의 여러 문제를 처리하는 능력 면에서 그들을 다스리며 그들 대신 문제를 처리하는 정부보다 훨씬 뛰어나다. 정부의 도움 없이, 그리고 종종 정부의 방해에도 불구하고 사람들은 여러 가지 사회 조직을 만들었다. 노조, 협동조합, 아르쩰(러시아의 동업조합), 신디케이트 등. 만약 공공사업에 대한 모금이 필요하다면, 해당하는 공공사업이 진정으로 모든 사람들에게 이로운 것이라면, 자발적으로 폭력 없이 필요한 돈을 모을 수 있을 테고, 그러면 현재 국민들로부터 세금을 징수하여 행하고 있는 어떤 일도 똑같이 해낼 수 있을 것이다. 법원도 폭력 없이 존재할 수 있다. 분쟁을 일으킨 당사자들이 신뢰를 받는 어떤 사람에게 재판을 맡기는 일은 오래전부터 있어왔다.

우리는 너무나 오랫동안 노예제에 매여 있었기 때문에 폭력이 없는 행정을 상상조차 못한다. 하지만 사실은 전혀 다르다. 정부의 손길이 미치지 않는 먼 곳으로 이주한 러시아 공동체들은 정부의 폭력이 그들을 간섭하지 않는 한 자체적으로 세금 제도, 행정 기관, 재판소, 경찰을 갖추고 늘 번영을 누렸다. 똑같은 식으로, 사람들은 토지를 어떻게 이용할지 공동의 합의를 통해 결정할 수 있을 것이다.

내가 아는 어떤 민족—우랄지방의 까자끄인—은 사적 토지 재산을 인정하지 않고 살아왔다. 그들의 공동체에는 토지 재산을 폭력으로 보호하는 사회에서 볼 수 없는 행복과 질서가 존재한

다.⁴⁷

　두 사람의 사상이 얼마나 비슷한가를 보기 위해서 이번에는 끄로뽀뜨낀이 1896년에 작성한 <국가-역사에서 국가의 역할>이라는 글을 읽어보자. 자발적으로 공동체를 이루어 사회 문제를 해결하는 인간의 자치능력과 그것을 억누르는 국가라는 문제설정은 놀랍도록 유사하다. 『만물은 서로 돕는다』⁴⁸의 저자인 끄로뽀뜨낀은 인류의 역사를 민중적 전통에 따른 촌락공동체와 자유도시, 그리고 그것을 억누르고 파괴하는 로마법 전통의 국가와 제국으로 대비한다. 전자는 분권적 자치와 서로돌봄의 연대를 지향하고, 후자는 중앙집권적 단일화가 기본 성격이다.

　　…5세기에서 15세기까지 유럽에서… 길드, 조합, 우니베르시타스 등의 이름으로 아주 다양한 목적을 위한 많은 연합들이 모든 곳에 존재했다. 상호방어를 위하여, 가해자에 대한 상호 징벌을 위하여, 손해에 대한 보상금으로 '눈에는 눈'의 복수를 대체하기 위하여, 수공업장에서 공동작업을 위하여, 역병이 돌 때 상호부조를 위하여, 영토를 방어하기 위하여, 증가하는 외부 세력에 공동으로 저항하기 위하여, 교역을 위하여, 선린 관계를 유지하기 위하여, 이러저러한 사상을 전파하기 위하여, 한마디로 연합은 황제와 로마 교황의 계율에 따라 양육된 현대 유럽인들이 국가에 일반적으로 요구하는 모든 것들을 위해 존재했다. 사회적 신분을 상실한 사람들을 제외한다면, 당시에 자유인이든 농노든 자신의 공동체 외에 어떤 다른 연합이나 혹은 길드에 소속되

47　<우리 시대의 노예제>, 같은 책, 158-159쪽
48　P.A. 끄로뽀뜨낀 지음, 김영범 옮김, 『만물은 서로 돕는다』(서울: 르네상스, 2005)

지 않았던 사람을 찾기란 매우 어려울 것이다.[49]

그러나 본질상 국가는 자유연합을 용인할 수 없다. 자유연합은 국가의 입법자들을 경악하게 만든다. '국가 안의 국가!' 국가는 스스로 존재하는 자발적인 연합을 국가 안에 두는 것을 용인하려 하지 않는다. 국가는 신민(臣民)만을 인정한다. 국가와 그의 지주인 교회만이 개인들 사이의 연결고리가 되는 절대적 권리를 갖게 되었다…
연방의 원리 대신에 국가는 복종과 규율을 수립해야 했다. 이것이 국가의 가장 기본적 원리다. 이것이 없다면 국가는 국가이기를 중단하고 연방으로 변화된다.[50]

그럼에도 불구하고, 끄로뽀뜨낀의 '혁명적 아나키즘'과 똘스또이의 '기독교적 혁명'을 똑같다고 할 수는 없다. 전자는 평상시 민중의 자율성에 기초한 사회제도의 재구성과 민중의 자치를 통한 억압적 국가의 대안을 모색하면서도 특별한 시기 '혁명'의 불가피성을 인정했다. 하지만 후자는 사회 구성원 모두가 국가기관에 참여하지 않음으로써 "내부로부터 국가의 기초를 파괴"하는 방법을 택해야 하며, 어떤 경우라도 폭력이 수반되는 혁명은 용인될 수 없었다. 1917년 2월 이후 러시아에서 실제로 발생한 사태는 초반에 아나키스트들의 전망대로 전개되는 듯 보였다. 그러나 1918년에 본격화된 내전 시기에 승리는 볼셰비끼에게 돌아갔다. 똘스또이는 레닌에 의해 "러시아 혁명의 거울"로 불렸지만, 그것은 똘스또이가 결코 혁명 그 자체를 대신할 수는 없었다는 뜻으

---

49 뽀뜨르 끄로뽀뜨낀 지음, 백용식 옮김, 『아나키즘』(청주: 개신, 2009), 86-87쪽
50 같은 책, 115쪽

로도 읽히는 대목이다.

3장
무엇을 위한 예술인가?

노동하는 삶과 민중의 예술을 향하여

기만에 찬 교회, 그리고 폭력조직으로서 국가를 부인한 똘스또이는 그의 나이 70대에 이르러 자신의 작품을 포함하여 일체의 '순수 예술' 형식까지 부정하게 된다. 자기 고백에 따르면, 똘스또이는 청년시절 "허영심, 탐욕, 교만 때문에 글을 쓰기 시작했다." 즉 명예와 돈을 위해서 작가가 된 것이다. 그는 스물여섯 살 때 장교생활을 그만두고 군대에서 나와 러시아 제국의 수도 뻬쩨르부르그로 갔다. 이미 <소년시절>과 <청년시절>, <세바스또뽈 3부작>, <눈보라>, <지주의 아침> 등을 발표하여 일약 러시아 문단의 샛별로 떠오른 참이었다. 똘스또이는 기라성같은 선배 작가들로부터 "훌륭한 예술가이자 시인으로 간주되었다... 훌륭한 음식, 주택, 여자들, 사교계가 있었으며, 명예가 있었다."

하지만 돌이켜볼 때 그 모든 것은 세련된 타락의 시작이었다.

그를 하늘 높이 추어준 선배 작가들, 즉 "러시아 문단의 사제들"은 "거의 모두 부도덕하고 하찮은 인간들"로서 어처구니없는 자만에 빠져 있을 따름이었다. <예술이란 무엇인가>에서 똘스또이는 사회생활과 민중의 삶에 기여하지 못하는 어떤 작품도 진정한 예술일 수 없다고 주장한다. 유한계급의 속물적 자기만족을 위한, 신비롭게 포장되거나 즉자적 쾌락을 위한 작품들은 '예술'이라는 이름을 얻을 자격이 없다. 수많은 민중의 고통을 댓가로 만들어지지만 정작 그 민중은 그러한 예술 작품들을 제대로 감상할 수 있는 기회가 주어지지 않는 상황은 근본적으로 잘못되었다는 것이다.

> 현대의 세련된 예술은 대중을 노예로 부리지 않고서는 이루어질 수 없었던 것이니, 그것이 노예 제도가 아니고서는 존속할 수 없다는 것을 그들(현대의 독점 예술을 옹호하는 자들-인용자)이 모를 리 없기 때문이다. 또 노동자들의 중노동을 조건으로 하여 비로소 전문가들―저작자, 음악가, 무용가, 배우―은 현재와 같은 세련된 완성 단계에 도달할 수 있고 각자의 세련된 예술 작품을 만들어 낼 수 있다는 사실, 또 이 조건이 있기에 비로소 이러한 작품의 가치를 인정하는 세련된 감상자들이 존재할 수 있다는 사실, 사회 밑바닥에서 일하는 사람들을 해방시켜 보라. 이러한 세련된 예술은 도저히 만들어내지 못하게 될 것이다.[51]

똘스또이 이전에도 훌륭한 예술가들은 많았으나 예술가들의 창작을 뒷받침하는 밑바닥 노동자들의 사회적 인권 문제 제기는

---

51 레프 똘스또이 지음, 이철 옮김, 『예술이란 무엇인가』(범우사, 1998), 95쪽. 24-25쪽에도 비슷한 내용이 나온다.

아마 그가 처음이었을 것이다. 예술이 온전히 '예술가'들만의 창작 노력과 고통에 힘입은 것이라는 오래된 상식 또는 신화에 대한 신랄한 경고가 아닐 수 없다. 민중의 구체적인 삶과 유리된 '예술 전문가주의'의 신화는 똘스또이의 경고로부터 120년이 지난 지금도 여전히 지속되고 있다.[52]

똘스또이는 또한 '예술'이라는 장르가 너무 편협하게 정의되고 있다고 질타한다. 예술은 넓게 보면 우리 생활의 모든 영역 속에 스며들어 있다. 그런데 시, 소설, 음악, 연극, 건축, 조각 따위 몇 가지 표현 형식만을 예술이라고 부르고 있는 것이다. 이것들은 예술의 극히 일부에 지나지 않는다. 무릇 인간 생활은 자장가나 농담, 흉내, 주거, 의복, 가구류의 장식에서부터 교회 의식이나 개선 행렬에 이르기까지 모든 종류의 예술 작품으로 충만해 있다. 그러므로 우리가 좁은 의미로 예술이라고 부르는 것은 사람들 사이에서 감정을 전달하는 인간의 작업 전부를 말함이 아니라, 특정 형태에만 특권을 부여한 명칭에 불과하다는 것이다.[53]

똘스또이에 따르면, 예술은 인간이 서로 감정을 교류하는 수단의 하나이다. 즉 예술이란 어떤 사람이 자기가 경험한 느낌을 의식적으로 일정한 외면적 부호를 통해 다른 사람들에게 전하고, 사람들은 이 느낌에 감염되어 이를 경험한다는 것으로써 성립되

---

[52] 20세기 중반 이후 세계 대중문화의 산실이 된 할리우드나 '한류'가 세계를 휩쓸고 있는 21세기 서울에서도 여전히 해결되지 못하고 있는 문제이다. 수백만, 수천만 관객을 동원한 영화나 드라마 제작에 종사하는 스탭의 노동 조건과 임금 수준은 극히 열악한 것으로 알려져 있다.
[53] 『예술이란 무엇인가』, 73-74쪽

는 인간들의 작업이라는 것이다.[54] 따라서 모든 예술작품은 그것을 만든 사람과 그것을 감상하는 사람, 다시 말하면 과거·현재·미래를 통해 그 예술적 인상을 받는 모든 사람들 사이에 일종의 교류를 갖게 한다.[55] 그가 새롭게 정의하는 예술이란 이런 것이다.

> 사람은 예술에 의하여 타인의 감정에 감염될 수 있는 능력 덕택으로 감정의 세계에서도 그 이전의 인류가 경험한 일을 모두 이해할 수 있고, 동시대 사람들이 경험한 감정이나 천 년 전의 타인이 맛본 느낌을 알 수 있으며, 또한 자기의 느낌을 타인에게 전할 수도 있게 되는 것이다.[56]

따라서 똘스또이 입장에서 진정한 예술은 사람들 사이에서 감동의 감염력이 강해야 한다. 감염력이야말로 예술의 특징일 뿐 아니라, "그 감염력의 정도는 예술의 가치를 재는 유일한 척도이기도 하다."[57] 그런데, 훌륭한 예술, 즉 감염력을 갖게 되는 예술은 전해지는 감정이 독창적인가, 이 감정을 표현하는 방식이 확실한가, 그리고 전하고자 하는 감정을 예술가 자신이 체험한 진실성 있는 것인가, 라는 조건에 따라 정해진다. 그 가운데서도 가장 중요한 조건은 마지막, "예술가는 자신이 전달하고자 하는 감정을 마음속으로부터 표현하고 싶다는 내적인 욕구를 가지지 않으면 안 된다"는 것이다.[58] 똘스또이는 허영기 가득한 가짜들 말고 "좋은 예술작품의 사례들"로 실러의 <군도>, 위고의 <가난한 사람

---

54 같은 책, 72쪽
55 같은 책, 69-70쪽
56 같은 책, 73쪽
57 같은 책, 198쪽
58 같은 책, 199-200쪽

들>과 <레 미제라블>, 디킨스의 <두 도시 이야기>, <종소리>, 스토 부인의 <톰 아저씨의 오두막>, 도스또옙스끼의 <죽음의 집의 기록>, 조지 엘리엇의 <아담 비드>, 그리고 똘스또이 자신의 <하나님은 진리를 보고 계시다>, <깝까즈의 포로>를 들었다. 회화로서는 끄람스꼬이의 데생(발코니가 달린 객실 앞으로 개선하는 군대가 늠름히 통과하는 광경)과 밀레의 <삽을 든 사람>이 그의 선택을 받았다.[59]

똘스또이가 볼 때, 대중에게 이해되지 않는 것은 졸렬한 예술이다. 훌륭한 예술은 반드시 만인에게 이해되는 법이다. 예술작품이 다른 모든 정신 활동과 다른 점은, 모든 사람이 그 뜻을 알 수 있고 차별 없이 누구에게나 전달된다는 것이다. 바로 이런 뜻에서 똘스또이는 말년에 들어 서구적 문학 형식을 버리고 수많은 이야기와 민담을 썼던 것이다. 러시아의 전통에 익숙한 민중에게 단순하고 이해하기 쉬워야 한다는 전제를 실천한 것이다. 여기에서 우리는 20세기 전반기를 살았던 독일의 비평가이자 사상가였던 발터 벤야민이 민담을 중요시했다는 사실을 떠올리게 된다.

> 상류 계급의 예술이 민중 예술로부터 분리되자 불현듯 나타난 것은, 예술은 대중에게 이해되지 않더라도 그대로 예술일 수 있다는 확신이었다. 대다수 사람들에게 이해되지 않더라도 훌륭한 예술일 수 있다는 주장은 아무리 생각해도 정당하지 않다.[60]

대중에게 예술이 이해되지 않는 것은, 그 예술이 대단히 졸렬

---

59 같은 책, 217쪽
60 같은 책, 129쪽

하든지 또는 차라리 아예 예술이 아니든지 둘 중 하나 때문이라고 하지 않으면 안된다.[61]

'예술'이라는 헛된 이름으로 행세하는 졸렬한 작품들과는 거꾸로 똘스또이가 겪은 참된 민중 예술의 감동은 예컨대 이런 것이었다.

> 나는 얼마 전에 침울한 기분으로 산책에서 돌아온 적이 있다. 집 가까이 오자 농가 여자들이 춤을 추면서 명랑하게 노래하는 것이 들렸다. 그것은 출가한 딸이 친정에 다니러 온 것을 환영해서 축하해 주는 것이었다. 큰 소리로 낫을 두들기면서 부르는 이 노랫가락에는 기쁨 원기 정력의 뚜렷한 감정이 참으로 잘 나타나 있었으므로, 나 자신도 어느덧 이 감정에 감염되어 활기를 얻었는데, 집에 돌아왔을 때는 아주 쾌활하고 즐거운 기분이 되어 있었다. 생각이 나서 살펴 보니까, 이 노래를 듣고 있던 가족들도 모두 다 명랑한 기분이 되어 있었다. 바로 그날 밤, 마침 집에 와 있던 훌륭한 음악가로 고전 명곡, 특히 베토벤 작품의 연주로 잘 알려진 사람이 베토벤의 소나타 101번을 쳐 주었다…
>
> 그렇지만 농가 여자의 노래는 힘찬 감정을 전한 하나의 뚜렷하고 진정한 예술이었음에 비해, 베토벤의 101번 소나타는 아무런 일정한 감정도 들어있지 않은, 따라서 아무런 느낌도 감염시킬 힘이 없는 예술의 실패작에 지나지 않는다.[62]

똘스또이의 이런 '민중 예술론'은 19세기 유럽 사회의 진보를

---

61 같은 책, 133쪽
62 같은 책, 190-191쪽

위해서 평생을 바쳤던 사상가이자 작가인 끄로뽀뜨낀, 그리고 윌리엄 모리스의 생각과 상통한다. 끄로뽀뜨낀은 중세 자유도시에서 빛을 발휘한 길드와 자유 시민들의 예술적 기여가 유럽의 아름다운 건축물들을 만들어냈다고 주장했다.[63] 모리스 또한 중세 예술을 높이 평가하면서, 민중의 생활 예술과 고딕건축 양식의 가치를 재발견해야 한다고 말했다.[64]

20세기 영국 출신의 평론가이자 작가로서 생의 후반을 알프스 기슭에서 농부로 살았던 존 버거 또한 기본적으로 똘스또이의 주장에 공명한다. 버거에 따르면, "예술에 대한 사랑은 유럽 지배계급의 문화적 알리바이에 불과했다."[65] 버거는 조숙한 청소년 시절 이미 끄로뽀뜨낀을 비롯한 아나키스트 고전을 읽었고, 20대에 평론가로서 명성을 얻었다. 그는 30대 초반에 예술작품을 판단하는 자신의 기준은 "현대 세계에서 사람들이 자신의 사회적 권리를 주장하는 데 도움을 줄 수 있느냐 없느냐"라고 했다.[66] 훗날 '예술의 심원한 얼굴'을 인정한 버거는 반 고흐의 <감자먹는 사람들>, <종달새가 있는 밀밭>, <오베르의 들판>, <배나무> 등을 "지극히 실존적이며 어떤 이데올로기도 걸치지 않았다"고 진정한 그림으로 평가했다.[67]

---

63 끄로뽀뜨낀, 『한 혁명가의 회상』, 『만물은 서로 돕는다』 참조
64 정소영 엮고 옮김, 『아름다움을 만드는 일: 윌리엄 모리스 산문선』(고성: 온다프레스, 2021)
65 조슈아 스펄링 지음, 장호연 옮김, 『우리 시대의 작가: 존 버거의 생애와 작업』(서울: 미디어창비, 2020), 320쪽. 그리고 톰 오버튼 엮음, 신해경 옮김, 『풍경들: 존 버거의 예술론』(파주: 열화당, 2020) 참조
66 『우리 시대의 작가』, 330쪽.
67 같은 책, 328쪽

하지만 똘스또이의 이런 급진적 주장[68]을 받아들인 예술가와 평론가들은 극소수에 불과했다. 그의 생각은 '비예술적 일탈'로 간주되었다. 똘스또이와 함께 명성을 누렸던 러시아 선배 작가 뚜르게네프는 그에게 "예술로 돌아오라"고 말했다. 전통적 관점을 견지하고 있던 서구 작가들과 평론가들의 비평은 대부분 개인적 자유주의 관점에서 똘스또이 말년의 작품과 행동을 비판적으로 평가했다.[69] 그들은 작가를 넘어 사상가, 사회개혁가로서 인생의 목적을 설정했던 사람을 오직 비좁은 '문학'과 '작가'라는 틀 안으로만 집어넣으려는 편협한 반응을 보였다. '예술주의'를 신봉하던 사람들에게는 똘스또이의 신랄한 비판이 영 못마땅하고 자신들의 권위를 부정하는 태도로서 위험하게조차 보였을 것이다.

똘스또이의 작품과 인생행로의 모순과 역설에 관한 후대 비평가들의 해석은 매우 단순한 것이었다. 똘스또이가 50대 이후 제기한 것은 근대 예술 형식 자체에 대한 근본적인 비판이자 문제제기였다. 하지만 대부분의 서구—나중에 그들을 따라간 비서구권—의 작가·예술가들은 본질적인 차원에서 그를 깊이 이해하고 자신들을 성찰하려는 노력 대신 '똘스또이의 일탈', '도덕주의자로 퇴각'이라는 유치한 포충망을 씌워서 그의 고뇌와 주장을 부정해버리는 손쉬운 방식을 택했다. 왜? 마치 똘스또이가 결혼 후

---

[68] 똘스또이는 심지어 이렇게 쓰고 있다. "우리 시대와 우리 사회의 예술은 매춘부가 되어 버렸다. 이 비유는 아주 상세한 점까지 들어맞는다. 즉 매춘부와 같이 어떤 일정한 시간의 제한을 받지 않는다는 점에서, 늘 곱게 장식을 하고 있다는 점에서, 언제든지 돈으로 살 수 있다는 점에서, 사람을 유혹해서 파멸시킨다는 점에서 똑같다." 『예술이란 무엇인가』, 238-239쪽

[69] 똘스또이의 작품과 생애를 비평한 유명 작가와 연구자들, 예컨대 츠바이크는 『카사노바, 스탕달, 똘스또이』에서 대체로 투르게네프와 비슷한 논조를 보였다. 귀족 출신임을 자랑스러워했던, 귀족문화를 진정한 문화라고 여겼던 나보꼬프가 똘스또이를 러시아 최고의 작가라고 평한 것은 흥미 있는 일이다.

16년 동안 "'왜?' 라는 질문에서 해방되어, 성찰하지 않고, 물질적 풍요와 높아가는 명성에 만족하며 '평온하게' 사는 것이 만족스러웠던 것"처럼, 그들에게는 '근대적 예술'에 안주하면서 예술가와 평론가의 명성을 유지하는 것이 훨씬 편하고 유리할 것이기 때문이다.

어디로 갈 것인가? : 아름다운 풍경을 향하여

똘스또이의 말년이 단순한 가출을 넘어 또 다른 세계를 향한 출가로 해석될 수 있다면, 그가 향했던 곳은 어디일까? 구체적인 장소라기보다 그가 마지막으로 인생의 의미를 찾으면서 부끄럽지 않게 살 수 있었던 곳 말이다. 그것은 사회적으로는 경자유전의 땅에서 소박하게 어울려 사는 공동체, 개인적으로는 민중과 함께 땀흘리는 노동, 그리고 사상적으로는 동양적 무위(無爲)의 세계였다고 할 수 있을 것이다.

똘스또이는 백작이라는 사회적 신분에 대한 자의식과 죄의식이 매우 강렬했다. 유럽 전체를 통틀어 "가장 부유한 황실과 가장 가난한 농민이 함께 사는 나라"에서 그는 상층 귀족과 하층 민중의 조화로운 결합을 꿈꾸었다. 1861년 알렉산드르 2세 황제의 칙령에 따라 공식적인 농노해방령이 공포되기 5년 전에 벌써 그는 스스로 토지개혁과 농노해방을 선언했다. 뿐만 아니라 당시 농노제도 유지의 국가 행정 책임자였던 내무장관에게 편지를 쓰고 직접 찾아가기도 하면서 자신의 농노해방 구상을 전달하고 정부의 결단을 촉구했다. 그럼에도 불구하고 '귀족 똘스또이의 진심'은 결국 대다수 농노들의 마음 속 깊은 곳까지 울리지는 못했다. 개중에는 그의 제안에 솔깃해 하는 농부들도 있었지만, 결국 지주에 대한 농민들의 오랜 불신을 해소하기에는 역부족이었다. '개혁적 청년 지주-똘스또이'는 좌절했다. 마지막 장편소설 『부활』의 주인공 네흘류도프가 바로 그의 쓰라린 경험을 반영하는 인물이다.

> 네흘류도프는 농민들에게 유리한 조건으로 개혁을 하기로 작정했다. 그가 정한 토지세는 부근의 다른 땅들보다 3할이나 싼 것이었다. 토지에서 거둬들이는 자신의 수입이 거의 반이나 줄어들게 되었다. 네흘류도프는 자신의 제안이 흔쾌히 받아들여지리라고 기대했으나, 농민들의 얼굴엔 좋아하는 기색이 전혀 보이지 않았다. 농부들 중 몇 사람은 고마움을 표시했으나 대부분의 농부들에게선 여전히 뭔가 더 큰 것을 기대하고 있는 듯한 기색을 엿볼 수 있었다. 한마디로 많은 것을 잃으면서 농민들에게 해주었으나 결코 그들의 기대만큼 해주지 못한 꼴이 돼버린 것이다.[70]

> 네흘류도프는 토지에서 나오는 이익금은 평등하게 분배될 것이며 이를 위해 자신이 토지를 분여해 주는 것이라며 각자 자기 몫의 토지를 받아 협정된 토지세를 내면 그 세는 앞으로 그들이 이용하게 될 공동 자금 속에 포함된다는 것을 설명했다. 곧 찬성하는 소리들이 사방에서 들리기 시작했다. 그러나 그들의 진지

---

70 박형규 옮김, 『부활1』, 366쪽

한 얼굴은 차츰 시간이 지남에 따라 더욱 진지한 빛을 띠었고, 자기들의 나리들을 바라보던 눈길은 아래로 내리깔렸다. 실은 그들 모두 나리의 교활한 속셈을 알아차렸으나 이에 속아 넘어가지 않겠다는 내색을 해 주인에게 무안을 주지 않기 위해 그저 침묵을 지키는 듯했다...

농민들은 지주가 자기네들을 모아놓고 무슨 새로운 계획을 내놓는다든가 하면 지금까지 해온 것 이상으로 교활하게 농부들을 속이려 하는 것이라고 생각했다.[71]

농부들은 어두워지자 말을 끌어내 길가로 풀을 먹이러 가는 중이었다. 그러나 대개 지주의 숲속으로 몰래 데려가 풀을 먹였다.

"서명만 하면 토지를 거저 준다니 여태까지 그런 수작으로 우리를 실컷 희롱해 왔지. 우스꽝스런 얘기야. 우리도 이제 그만한 건 다 알고 있지."[72]

그럼에도 불구하고 젊은 날의 좌절이 농민의 세계에 다가가고자 한 똘스또이의 열망을 꺾어버린 것은 아니었다. 그의 작품 곳곳에서 여러 주인공들이 작가의 낭만적 소망을 대변하고 있다. 『전쟁과 평화』의 나따샤는 똘스또이가 가장 애정을 보여준 주인공 가운데 한 명이다. 모스끄바의 로스또프 백작 딸인 그녀는 집안에서도 발랄하고, 말을 타고도 거침없이 벌판을 누비는, 누구도 미워할 수 없는 사랑스런 말괄량이다. 어느 해 9월 중순, 집안 식구 일행과 숲에서 사냥을 마친 나따샤는 오빠 니꼴라이와 함

---

71 같은 책, 393-394쪽
72 같은 책, 397쪽

께 수수한 시골집에서 노후를 보내고 있는 친척 아저씨네에 들르게 된다. 그 아저씨는 젊은 시절 한때를 빼고는 뭇사람들의 추천에도 불구하고 공직을 완강하게 거절하고 자신만의 스타일로 생활해 온 것으로 주변에 소문이 자자했다. 봄가을에는 말을 타고 들에 나가서 보냈고, 겨울에는 집에서, 여름에는 나무가 무성한 뜰을 누비며 지냈다. 이웃들로부터 "고결하고 욕심없는 괴짜"라는 좋은 평판을 듣고 있는 노인이었다. 바로 똘스또이 자신의 일상을 상당히 반영하는, 그가 바람직하다고 그리던 모습이었다.

바로 이 집에 나따샤가 등장함으로써 펼쳐지는 유쾌한 장면은 오랫동안 똘스또이가 상상했던 귀족과 농민의 소탈한 만남으로서 매우 인상적이다. 응접실에서 집주인과 손님들이 이야기를 나누고 있을 때 동양적 외모의 몸매 통통한 하녀 아니시야[73]가 정성스럽게 차린 러시아 특별 요리—자신이 손수 재배하거나 채집한 재료들로 만든 약초주와 과실주, 절인 버섯, 호밀 과자, 꿀, 사과, 꿀에 절인 호두 등—를 가지고 들어온다. 아저씨와 아니시야의 미묘한 눈짓과 분위기로 미루어 볼 때 두 사람이 그저 주인과 하녀 사이만은 아닐 것이라는 짐작이 가능했다. 사냥을 마친 뒤라 세 사람이 적당히 피곤한 상태에서 기분좋게 체리주를 곁들인 식사를 마치고 환담을 나누고 있을 때 바깥쪽에서 러시아의 전통 악기 발랄라이까 소리가 들려온다.

벌써 기분이 들뜨기 시작한 나따샤의 거듭된 청에 따라 그 집

---

[73] 한 외국 연구자는 아니시야가 혼자 사는 아저씨의 '비공식 아내'임이 분명한다고 짐작하고 있다. 올랜도 파이지스 지음, 채계병 옮김, 『나따샤 댄스: 러시아 문화사』(이카루스 미디어, 2005). 23-25쪽

마부 미찌까는 <귀부인>이라는 곡을 떨리는 소리로 변주해가며 계속 반복했다. 러시아 농민들이 따라 부르는 민요였다. 하녀 아니시야도 들어와서 문설주에 몸을 기댔다. 조카 나따샤가 그 선율에 따라 슬금슬금 리듬을 타기 시작하자 그것을 본 아저씨는 자신의 기타를 가져오게 한다. 기다렸다는 듯이 기타를 건네준 아니시야에게 그는 사랑스런 윙크를 하고 널리 알려진 연가 <포장도로를 걸어가면>을 연주하기 시작한다. 러시아 춤처럼 처음에는 천천히, 정확하게, 그러다가 점차 빨라지는 리듬으로. 흥분을 참지 못한 나따샤가 "대단해요! 훌륭해요!"를 연발하며 자리를 박차고 일어나 아저씨를 껴안고 뽀뽀를 한다. 그리고 마루 바닥 가운데로 나와 두 손을 허리에 짚고, 두 어깨를 으쓱하고, 똑바로 섰다. 세상 물정 모를 것 같은 우아한 귀족 아가씨가 시골집 마루 바닥에서 러시아 농민들이 추는 춤 동작을 바로 시작한 것이다.

 프랑스에서 이민 온 여자 가정교사에게 교육받은 이 백작 영애가 자신이 호흡해온 러시아의 공기 속에서, 어디서, 어떻게 이런 흥을 빨아들이게 됐을까? 벌써 오래 전에 프드샬 탓에 밀려나버린 이런 몸놀림을 어디서 익힌 것일까? 그러나 이런 흥과 몸놀림은 모방할 수도 배울 수도 없는 러시아적인 것이며, 아저씨도 그것을 그녀에게 기대하고 있었다. 니꼴라이와 그 자리의 모든 사람들은 그녀가 엉뚱한 짓을 하지 않나 걱정했으나, 그녀가 벌떡 일어나서 의기양양하게, 도도하게, 교활하면서도 쾌활하게 미소짓자 걱정은 사라졌고, 사람들은 이미 그녀에게 넋을 잃고 있었다.
 그녀는 기대에 어긋나지 않게 훌륭하게 해냈고, 게다가 정확하게, 그보다 더할 수 없을 만큼 정확하게 추었으므로, 이 춤에 꼭 필요한 스카프를 때맞춰 내밀어준 아니시야 표도로브나는 자신과는 조금도 인연이 없고, 비단과 벨벳 속에서 자란 화사하고 우아한, 아니시야에게도 아니시야의 아버지와 어머니에게도 백모에게도 있는 그것, 모든 러시아 사람의 마음속에 있는 그것을 완전히 이해하고 있는 백작 영애를 바라보며 눈물을 머금고 미소지었다.[74]

　이런 풍경은 어떻게 가능했을까? 어떤 음악에도 유연하게 리듬을 탈 줄 아는 나따샤의 타고난 개인기와 그지없이 상냥한 그녀의 제스추어가 큰 몫을 한 것이 틀림없다. 이 장면이 보여주는 것은, 하지만 그것만은 아니었다. 똘스또이의 『전쟁과 평화』는 '1812년 세대'를 염두에 두고 씌었다. 꾸뚜조프나 안드레이 같은 장교들뿐만 아니라 쁠라똔 까라따예프 같은 민중의 애국심 덕분에 나폴레옹을 물리친 다음 황제 알렉산드르 1세가 프랑스 수도 파리까지 진격했던 바로 그 해가 1814년이었다.
　그 때 유럽에서 가장 화려하고 자유로운 도시에 발을 들였던 러시아의 청년 장교들은 새로운 세상을 향한 열망에 눈을 뜨게 된다. 황제에 대한 자신들의 충성심과 자신들에게 충성하는 농노제로 유지되는 사회경제 질서가 결코 당연시될 수 없다는 사실을... 이는 유럽의 상류층 문화와 러시아의 민중 문화가 러시아의 근대 민족형성이라는 공통된 방향으로 작용하는 중대한 계기가 되었다. 이후 농민의 삶을 반영하는 민족적 색채가 가미된 예술 형태가 적극적으로 탐색되고, 민중교육에 도움이 되는 설화와 민담이 체계적으로 수집되었다. 도시의 교육 받은 계층 일부는 농

74　레프 똘스또이 지음, 박형규 옮김, 『전쟁과 평화2』, 424쪽

민들의 춤과 음악을 배우기 위해 농촌으로 갔다. 나따샤네 아저씨처럼— 또 『전쟁과 평화』의 후반부에서 마리야와 결혼하여 농촌에 정착하는 나따샤의 오빠 니꼴라이처럼— 어떤 귀족들은 궁정문화를 버리고 시골에서 농민들과 함께 더 '러시아적인' 삶을 살기 위해 노력했다.[75]

『전쟁과 평화』의 나따샤가 시골 아저씨의 집안에서 농민춤을 통해 귀족과 민중의 합일을 바랐던 똘스또이의 꿈을 표현했다면, 같은 『전쟁과 평화』에서 오빠 니꼴라이는 들판의 농민에게서 배우는 귀족, 기술적 진보보다 사람을 중시하는 작가의 태도를 반영한 인물이라고 할 것이다. 1814년 가을 공작 영애 마리아와 결혼한 니꼴라이는 아버지 로스또프 백작이 남긴 거대한 부채를 해결하고 거의 파산한 집안을 일으켜 세우려고 귀향, 농촌에 정착한다. 니꼴라이는 평범한 경영자로서, 당시 유행하고 있던 영국풍의 시설을 별로 좋아하지 않았다. 그는 농촌 경영에 관한 이론적인 저술을 비웃었으며, 공장이나 사치스런 생산 설비나 값비싼 곡물 파종기 따위에 관심을 두지 않았다.

> 그의 안중에는 언제나 전체로서의 '소유지'가 있을 뿐이고, 그 개개의 부분은 없었다…
> 그 소유지 가운데서도 가장 귀중한 것은…일꾼인 농부들이었다… 농부는 그의 눈에 오로지 도구일 뿐 아니라, 목적이기도 하고 심판관이기도 한 것처럼 생각되었다. 그는 우선 농부에게 필

---

75 올랜도 파이지스, 『나따샤 댄스』, 26쪽. 파이지스는 나따샤가 춘 '러시아 농민춤'이 사실은 러시아 고유의 형식이 아니라 중앙아시아에서 유래했다는 민속학자들의 주장을 인용하고 있다.

요한 것은 무엇인가, 농부가 악으로 보고 또 선으로 보는 것은 무엇인가 – 그것을 알려고 노력하면서 열심히 농부를 관찰했다. 그리고 지도하기도 하고 명령하기도 하는 것처럼 보였지만, 사실 농부에게서 태도와 언어와 선악의 판단을 배우고 있었던 것이다. 이리하여 농부의 취미나 희망을 깨닫고, 농부의 말로 이야기하며, 거기에 숨은 뜻을 이해하게 되어 자신을 그들과 동렬의 인간이라고 느꼈을 때, 비로소 대담하게 그들을 지배하게 되었다.[76]

> 그는 '우리 러시아 농민'과 그 풍습을 마음으로부터 깊이 사랑하고 있었다. 그가 유일한 농촌 경영법을 체득하여 훌륭한 결과를 가져온 것은 오직 이 때문이었던 것이다.[77]

하지만 귀족이라도 농사에 관심이 없다면 농촌 생활의 즐거움과 보람을 이해할 수 없을 터였다. 니꼴라이의 부인이 된 '백작 부인 마리아'는 농사일에 대한 남편의 정열을 질투하며, 그것이 남편에게 주는 희열과 비애를 이해할 수가 없었다. 똘스또이의 '백작 부인 소피야'가 떠오르는 대목이다. 자신과 함께하는 부부생활에서보다 바깥에서 기쁨과 감격을 느끼는, 마리아가 이해할 수 없는 니꼴라이의 표정과 행동은 이렇게 묘사된다.

> 남편이 먼동이 트자마자 일어나 오전 내내 밭과 타작마당에서 지낸 뒤, 파종이나 풀베기나 수확지에서 차를 마시러 집으로 돌아올 때 어째서 그처럼 활기 있고 행복스러워 보이는지 그녀는 이해할 수가 없었다. 또 살림꾼인 유복한 농부 마뜨베이 예르

---

76 레프 똘스또이 지음, 박형규, 『전쟁과 평화3』, 470쪽
77 같은 책, 472쪽

미신이 밤을 세워가며 가족과 함께 곡식 다발을 거둬들여, 다른 집에서는 아직 수확을 시작하지도 않았는데, 그 집에서는 벌써 낟가리가 만들어져 있더라는 얘기를 하면서, 어째서 남편이 그토록 감격해하고 기뻐하는지 그녀에겐 이해가 가지 않았다.

    말라가는 귀리의 새싹 위에 포근한 가랑비가 촉촉이 내릴 때 어째서 남편이 창문에서 테라스 쪽으로 다가가면서 입 수염 밑에 미소를 띠고 기쁜 듯이 눈을 깜박거리는지, 또 풀베기 때나 수확 때에 수상쩍었던 먹구름이 바람에 날려가 버렸을 경우, 어째서 남편이 빨갛게 그은 땀투성이 얼굴로 쓴 쑥 냄새를 물씬 풍기며 머리에 여뀌가 붙어 있는 채로 타작마당에서 나와 사뭇 기쁜 듯이 두 손을 비비면서 '자, 이제 하루면 내 것도 농부 것도 타작마당으로 들어가는 거다'하고 말하는 것인지 그녀에게는 납득이 가지 않았다.[78]

『전쟁과 평화』의 지주-귀족 니꼴라이가 조금 더 성숙한 주인공으로 나타나는 인물이 바로 『안나 까레니나』에서 성실하게 농사 짓고 사는 레빈이다. 그는 결혼에 대한 태도나 인생의 의미에 대한 혼자만의 궁리, 그리고 들판의 육체노동에 대한 찬미에 이르기까지 똘스또이의 진정한 분신이라고 할 만하다. 특히 아버지 귀족 세대와는 달리 레빈이 직접 낫을 들고 농부들과 함께 풀베기하는 장면은 상층 귀족과 하층 농민들의 행복한 결합을 보여주는 절정의 풍경이다. 동시에 그것은 들판에서 온몸으로 노동할 때 어떤 잡념도 없이 물아일체(物我一體)의 경지에 도달하게 되는 숭고한 장면이다. 무엇인가를 의도하고 공격적으로 그것을 달

---

78 같은 책, 472쪽

성하려고 하는 것이 아니라 오로지 자신에게 주어진 상황 그 자체에 집중하는 가운데 놀라운 성취가 다가온다는 똘스또이의 철학을 표현하고 있는 대목이다.

식사를 마친 후에는 레빈은 먼저 장소가 아니라 자기 옆으로 오라고 청한 익살꾸러기 영감과 지난해 결혼해 올여름에야 처음으로 풀베러 나온 젊은 농부 사이에 끼게 되었다.

영감은 몸을 곧게 펴고 굽은 다리를 큰 걸음으로 일정하게 옮겨 놓으면서 손을 내젓는 정도로밖에는 여겨지지 않는 정확하고 규칙적인 동작으로 마치 장난이라도 하는 듯이 키가 크고 한결같이 고른 풀들을 베어 눕히면서 앞으로 나아갔다. 그것은 마치 사람이 아니라 한 자루의 예리한 낫이 저절로 물기가 많은 풀을 베어가고 있는 것만 같았다.

레빈의 뒤에는 젊은 미시까가 따르고 있었다. 싱그러운 풀을 꼬아서 머리에 질끈 동여맨 그의 젊고 귀염성 있는 얼굴은 계속 대견스런 표정을 짓고 있었다. 그러면서도 누군가가 그쪽을 바라보기만 하면 그는 빙그레 웃어 보였다. 그는 일하는 고통을 남에게 눈치채일 바에는 차라리 죽어버리는 편이 더 낫다고 여기고 있는 듯이 보였다.

레빈은 그들 사이에서 베어 나갔다. 무더위에도 풀베기는 그다지 어려운 일이 아니라고 여겨졌다. 그의 온몸을 적신 땀은 그를 시원하게 해주었고, 등과 머리와 팔꿈치까지 소매를 걷어올린 팔에 내리쬐는 태양은 노동하는 데 강인함과 인내심을 가져다주었다. 그리고 자기가 하는 일을 전혀 의식하지 않게 하는 무의식 상태의 순간이 한층 빈번히 계속 되었다. 낫이 저절로 풀을 베었다. 그것은 행복한 순간이었다. 그러나 그보다도 더욱 즐거운 순간은 두둑이 서로 맞닿은 냇가까지 베어갔을 때, 영감이 축축하게 젖은 짙은 색의 풀로 낫을 닦아 맑은 물에 낫을 씻어 낸 뒤 양철통에 물을 떠서 레빈에게 대접한 때였다.

"어떻습니까, 내 끄바스가요! 그래, 좋습지요?" 그는 눈짓을 하며 말했다.

실제로 풀잎이 동동 뜬, 양철통의 녹 냄새가 나는 이 미지근한 물만으로 된 음료를 지금껏 한 번도 마셔본 일이 없었다. 그리고 그 이후에는 곧 낫을 손에 든 채 여유 있고 행복하고 한가로운 보행이 시작되고 그러는 사이에 흐르는 땀을 닦는다는 것도, 가슴 가득히 공기를 들이마시는 것도, 풀 베는 일꾼들의 긴 행렬이며 주위의 숲이며 들에서 일어나는 일들을 바라보는 것도 자유였다.

레빈은 오랫동안 베어나감에 따라 더욱더 무아지경의 순간을 느끼게 되었다. 그런 때에는 이미 손이 낫을 휘두르는 것이 아니라 낫 자체가 자기의 배후에서 끊임없이 자기를 의식하고 있는, 생명으로 가득 찬 육체를 움직이기라도 하듯이, 마치 요술이 걸리기라도 한 것처럼 일에 대해서는 아무 생각도 하지 않는데도 일이 저절로 정확하고 정교하게 되어가는 것이었다. 그런 때가 가장 행복한 순간이었다.[79]

바로 이 마지막 단락에 똘스또이가 궁극적으로 가고자 했던 세계가 비유적으로 잘 드러나있다. 손이 낫을 휘두르는 것이 아니라 낫 자체가 자신을 움직이기라도 하듯이 풀이 베지는 것이다. 이런 상황에서 사람은 그저 낫과 풀이 자연스럽게 어울리는 이치

---

79 이철 옮김, 『안나 까레니나(상)』, 328-329쪽

를 따르는 것이지 무언가를 부러 덧붙일 필요가 없다. 마치 요술처럼 아무 생각도 없이 그저 집중할 뿐인데도 일이 저절로 잘 되어가는 것이다. "가장 행복한 순간"의 풍경이다.

알프스 기슭에서 농사 짓고 산 버거

똘스또이 이후 거의 100년 만에 서유럽에서 이 러시아 작가-사상가에 대한 뜻깊은 반향(反響)과 공명(共鳴)이 일었다. 영국의 미술평론가이자 부커상 수상자인 작가 존 버거(John Berger)라는 사람이었다.[80] 그가 똘스또이를 직접 언급한 것을 찾기는 어렵지만, 버거의 '말년의 양식' 또한 똘스또이를 적지 않게 닮은 것으로 보인다. 1926년 런던의 중산층 집안 출신인 버거는 10대에 디킨스, 모파상, 체홉, 헤밍웨이는 물론 끄로뽀뜨낀을 비롯한 아나키스트의 고전을 탐독했다. 2차 대전 기간인 1944년에 입대하여 훈련을 받고는 장교 복무를 거절하고, 일개 병사로 북아일랜드에서 2년 동안 노동자계급 출신들과 어울려 지냈다. 똘스또이처럼 이미 20대부터 이름을 알린 버거는 마흔 두살에 영국을 떠나 알프스 산기슭 캥시 마을에 여생을 보낼 새로운 터전을 마련했다. 40대 후반에 자신의 생에 대한 깊은 회의에 젖게 된 똘스또이를 생각나게 하는 장면이다. 똘스또이처럼 버거 또한 노동이야말로 인간적인 희망을 생산하는 것이라고 생각했다. 제도권 교회 권력

---

80 존 버거의 생애와 작품에 대한 전반적 소개 및 평가에 대해서는 조슈아 스펄링 지음, 장호연 옮김, 『우리 시대의 작가: 존 버거의 생애와 작업』 참조. 아래에서 특별히 출처를 밝히지 않은 경우는 이 책의 여기저기서 인용한 것이다.

으로부터 추방당한 구교도-두호보르(영혼의 전사들)를 지지한 똘스또이처럼, 버거도 멕시코의 원주민-저항 공동체 사파티스타와 팔레스타인을 옹호했다.

'풍경의 작가 똘스또이'로부터 한 세기가 지나고 버거는 풍경화에 대한 새로운 관점을 제시했다. 그리고 두 사람 다 농민들과 함께 하는 생활에서 인생과 자연의 진실을 발견했으며, 또는 발견할 수 있다고 생각했으며, 대지에 발을 딛고 온몸으로 땀흘려 종사하는 농사일이야말로 진실한 생활예술임을 자각하고 주장했다. 삶의 철학과 예술관에서 이 19세기 러시아인과 20세기 영국인은 단순한 흥미 이상의 관심을 불러일으킨다. 도시 출신의 버거는 당대인들의 미술관(觀)에 대한 혁신적 비판을 통해 세상에 자신을 알렸고, 40대에 들어 처음으로 농촌에 정착하는 등 구체적인 계기는 서로 달랐다. 하지만 버거는 우크라이나 출신 넬라 베엘스키를 연인으로 두고 있었고, 그의 작품 곳곳에서 수시로 러시아가 호명된다. 코스모스처럼 라일락도 슬라브권에서 세상으로 퍼진 꽃나무라는 사실을 나는 버거의 산문을 통해 처음 알게 되었다.

1970년대 중반 버거는 제네바 외곽의 한 산촌에서 새로운 가정을 꾸리고 다른 세계의 인생을 시작한다. 그는 전통적 방식으로 농사를 지으며 삶을 영위하고 있던 이웃들로부터 "낫질하는 법을 배웠고, 삶에 대한 감각과 가치를 아우르는 별자리를 배웠다." 그것은 '인생 대학'이나 마찬가지였다. 시대를 앞서가는 탁월한 평론가이자 논객으로서 버거를 알고 있던 사람들에게 그의 이런 행태는 퇴보로 여겨졌다. 그는 돈키호테나 똘스또이의 삶을 사느냐고 비난당했다. 하지만 버거는 런던과 문명에서 탈출한 것이 아니라 삶의 새로운 의미를 찾아간 것이라고 말했다. 시골이란 어쩔 수 없이 도망쳐서 가는 곳이라는 관념 자체가 도시 전문가 계층의 유아론을 드러낸다는 게 그의 생각이었다.[81] 귀족 출신의 똘스또이처럼, 『안나 까레니나』의 주인공 레빈처럼, 부르주아 출신 지식인으로서 버거는 농민들과 함께 하는 삶을 선택했다.

> 버거는 마을 사람들의 삶을 함께 살았다. 추수 때면 건초 만들기를 돕고, 소 떼에게 풀을 먹일 때가 되면 고지대 초원을 찾고, 벌목꾼과 함께 나무를 베러 가고, 사과를 따서 주스를 만들고, 마을 축제에서 사람들이 돌리는 브랜디를 마셨다. 1981년 그는 "다른 어느 곳에서도 느껴보지 못한 편안함을 여기서 느낀다"고 했다.[82]

50대 초반 이후 그가 16년에 걸쳐 쓴 3부작 『그들의 노동에』는 사라져가는 농민들의 땀흘리는 삶에 대한 이야기, 시, 그리고 에세이의 혼합물이다. 그 첫 번째 책 『끈질긴 땅』[83]의 머릿글 인용문(題辭)은 "다른 사람들이 노동하였고, 너희가 그들의 노동에 함께 하였느니라."라는 요한복음 4장 구절이었다.[84] 버거는 산촌의 생활이 관조하는 대상이 아니라 온몸으로 받아들이는 삶이라고 확신했다. 그가 탄복하게 된 밀레(J.F. Millet)의 그림 소재들이 버거 스스로 새롭게 선택한 일상을 이뤘다. 낫질하기, 양치기, 거

---

81 조슈아 스펄링 지음, 『우리 시대의 작가: 존 버거의 생애와 작업』, 335쪽
82 같은 책, 334쪽
83 존 버거 지음, 김현우 옮김, 『끈질긴 땅』(파주: 열화당, 2019). 『그들의 노동에』 3부작의 두 번째는 『한때 유로파에서』, 세 번째 책은 『라일락과 깃발』이다.
84 『우리 시대의 작가: 존 버거의 생애와 작업』, 331-333쪽

름 주기, 나무 쪼개기, 감자 수확하기, 땅파기, 양치기, 거름주기, 가지치기. 그는 밀레가 감상주의자가 아니라 부르주아적 형식을 고수한 선동가라고 주장했다. 풍경화의 관객은 농부가 그 안에서 살아낸 바를 앞에서 바라보기만 할 터였다.[85]

버거는 "예술에 대한 사랑은 유럽 지배계급의 문화적 알리바이에 불과했다."고 혹평하고 <뉴 소사이어티>에 기고한 글을 통해 중산층의 형식이 된 소설을 '나토 문학'이라 부르며 공박했다. 근대 예술의 형식과 그 생산 방식을 근본적으로 문제삼았던 똘스또이가 생각나는 대목이다. 버거는, 반면에 반 고흐의 회화가 갖고 있는 내밀한 힘을 긍정했다. <감자먹는 사람들>, <종달새가 있는 밀밭>, <오베르의 들판>, <배나무>는 화폭에 담긴 대상에 최대한 가까이 다가가려 한 화가의 노력을 보여주었다는 것이다.[86] 똘스또이처럼 버거도 '예술가들의 전유물'로 간주되는 '대문자 예술(Art)의 허구성'을 경멸했다.

농사와 예술, 농사일과 풍경화의 친연성에 대한 감각도 똘스또이와 모리스, 버거를 연결하여 생각할만한 소재를 제공한다. 농사일 자체가 상상력과 구성 감각, 헌신을 요하는 실용 예술로 간주될 수 있기 때문이다. 그런 점에서 "풍경화는 이런 면에서 명사인 동시에 동사일 수 있다. 구투소나 반 고흐 같은 화가가 특별했던 것은 나무와 들판과 예술가의 활동성을 알아보았기 때문이다."[87]라는 조슈아 스펄링의 평가는 매우 적절해 보인다.

85 같은 책, 335쪽
86 같은 책, 328쪽
87 같은 책, 338쪽

농민에 대한 버거의 관심은 그 자체로 역사적 저항 행위였다.[88] 그가 보기에 자본주의는 인간의 삶을 땅, 과거, 죽은 자들, 동물, 전통, 기억, 윤리로부터 분리시켰다. 1970-80년대에 그가 쓴 농민들의 이야기는, 사라져가든 흔적만 남았든 그저 쓸모없다고 치부할 수 없는 반항적인 습관을 고집하며 살아가는 사람들을 보여 준다. 『끈질긴 땅』에 실린 한 이야기에서 주인공 마르셀은 그 동네에서 유일하게 새로 사과나무를 심은 사람이었다. 예순 셋이지만, 아직 머리는 까만 그는 얼굴은 말랐고 몸은 작고 단단했다. 그가 일할 때 쓰는 말(馬)이 귀귀였는데, 둘은 닮았다. 버거는 이 초로의 남자를 '철학자'라고 부른다. 저녁이면 그는 낮동안 있었던 일을 스스로에게 설명해 보려 했고, 다음부터는 그 설명에 맞게 행동하려고 했기 때문이다.

> 새 사과나무를 심은 일에 대한 그의 설명은 다음과 같다.
> 아들놈은 농사일을 안 하려고 합니다. 주말과 휴가, 그리고 일정한 근무 시간 같은 걸 원하죠. 주머니에 돈이 있어서 그걸 쓸 수 있기를 바랍니다. 돈을 벌러 나갔고, 거기에 미쳐 있죠. 미셸은 나가서 공장에서 일하고 있고, 에두아르드는 상업을 하고 있습니다.(그가 '상업'이란 단어를 쓰는 건 막내아들에게 냉정하게 보이고 싶지 않아서이다.) 나는 녀석들이 실수한 거라고 믿어요. 하루 종일 물건을 팔거나, 공장에서 일주일에 사십 시간 일하는 건 남자들의 삶이 아니니까요. 그런 직업은 사람을 바보로 만듭니다. 아들들이 이 경작지에서 일할 것 같지는 않아요. 아마 이속은 나와 니콜과 함께 끝을 맞이하겠죠. 결말이 정해져 있는

---

88 같은 책, 349쪽

데 왜 그렇게 노력과 정성을 들여 일하냐고요? 그 질문에는 이렇게 답하겠습니다. 내가 일하는 건 내 아들들이 잃어가고 있는 지식들을 지키기 위해서라고요. 내가 땅을 파고, 달빛이 부드러워질 때를 기다렸다가 이 묘목을 심는 건, 만약 아들들이 이 일에 관심이 생겼을 때 본보기를 보여주기 위해서입니다. 그게 아니라면 아버지와 아버지의 아버지에게, 당신들이 물려준 지식이 아직 버려지지 않았음을 보여 주기 위해서이고요. 그 지식들이 없다면 나는 아무것도 아닙니다.[89]

똘스또이 시대의 농민들이 러시아 전제군주제 하에서 지주를 섬겨야 하는 농노였다면, 버거 시대 농민의 자식들은 자본주의 제도의 물신(物神)을 숭배하는 노예가 되어 있었다. 19세기 말의 똘스또이가 구체제를 근본에서부터 부정해버리는 '불참 혁명'을 기대했다면, 버거의 철학자 마르셀은 오늘도 사과나무를 심고 있다. 미셸과 에두아르드가 언젠가는 '오래된 미래'를 찾아올 수 있기를 기대하면서...

---

89 『끈질긴 땅』, 117-118쪽

에필로그

🌿 소피야의 일생, 또는 이루지 못한 가출[01] 🌿

야스나야 뽈랴나의 무성하던 숲에 낙엽이 쌓이고 낙엽 아래 작은 구멍에 다람쥐들이 도토리를 모으고 가난한 농부들이 겨울 채비를 서두르던 10월 하순의 어느 날, 그는 주치의 두샨 마꼬비츠끼와 막내딸만 데리고 새벽길을 떠났습니다. 소박한 행장(行裝)을 꾸리고 아직 잠이 덜 깬 마부를 재촉하여 집 앞의 낯익은 사과밭을 지나 고향 마을을 떠났습니다. 그것은 이미 30년을 벼려 온 출가(出家)였습니다. 세상에 설파해 온 자신의 교의를 실천하는 결행(決行)이었고, 행로가 정해지지 않은 성지 순례였고, 적막 속에서 존재의 스러짐을 갈망한 팔순 노인의 출행(出行)이었습니다. 아니, 무엇보다 그것은 행복의 둥지를 고대하였으나 고통의 감옥이 되어버린 가족의 이름으로부터 벗어나고자 감행한 탈출이었습니다.

---

01   이하는 똘스또이의 큰 딸 따찌야나와 막내딸 사샤의 어머니에 대한 회고, 그리고 다음의 논문을 참조하여 소피야의 고백록 형식으로 저자가 상상력을 발휘하여 재구성한 것이다. Е.Н. Строганва, "Жена писателя София Андреевна Толстая," в кн. Гладкова Л.В. ред., Толстой сегодня(Москва, 2014)

그는 사막을 떠나 벌판으로 가고자 했습니다. 대가족의 가장이자 수백 명 농노의 주인으로서 정주(定住)의 운명이 다하기를 기다리다 유랑 길의 어딘가에서 자신의 영혼을 위한 또 다른 거처를 구하리라 떠났습니다. 돌이켜 보면, 열아홉 살 젊은 지주로 까잔에서 야스나야 생가 영지로 돌아온 이후, 형을 따라 깝까즈에서 장교 생활을 한 몇 년을 제하고, 그는 날마다 숲속으로 산책을 나갔고, 말을 달렸고, 사냥을 나갔습니다. 훗날, 귀족들의 세계인 모스끄바의 하모브니끼에서 지낸 겨울이 아니면, '빛나는 벌판'이라 이름 붙여진 농부들의 세계에서 수십 년 반복된 그것은 변방의 소제국을 거느린 '지주의 아침'[02]이었습니다. 여든두 살, 돌연 도래한 귀족의 새벽은 그렇게 60년 세월을 더불어 숨 쉰 숲속의 참나무들과 함께 결심의 날에 이르렀습니다.

그날, 나는 뒤늦게 자리에서 일어나 그가 남긴 편지를 받아 보자마자 미친 듯 맨발로 뛰어나가 연못에 몸을 던졌습니다.[03] 왜, 나는 이렇게 버림받아야 하는가? 반세기 가까운 삶의 무게가 몇 가닥 부초(浮草)에 불과했던가? 모두 내 곁을 떠났고, 나는 물속으로 가라앉았습니다. 육신이 내려가는 그 아득한 몇 초는 내 인생의 고독만큼이나 깊었습니다. 그것은 평생 이루지 못한 가출이었습니다. 왜, 나는 떠나지 못했던가? 빨래하던 여인들과 하인들이 황급히 달려와 허우적거리는 예순 여섯 백작 부인의 몸을 힘들게 건져냈습니다. 내가 먼저 모든 걸 버리지 못했는데..., 내가 먼저 그의 누이동생 마리야처럼 홀몸으로 옵찌나 뿌스띤 수녀원

---

02 똘스또이가 1856년에 쓴 중편 소설의 제목
03 소피야가 집 앞 저수지에 몸을 던 진 것은 남편의 가출 이전이었다. 여기에서는 마지막 비서 불가코프의 회고록을 원작으로 한 영화 <똘스또이의 마지막 인생>의 전개에 따라 극적 흥미를 더하기 위해 써본 것이다.

에 들어가지 못했는데…, 내가 먼저 그를 떠나지 못했는데…, 그는 나를, 가족을, 영지를 떠났습니다.

『안나 까레니나』의 시골 지주 레빈이 어린 끼찌에게 한 것처럼, 그는 카드놀이를 하던 책상에서 백묵을 집어 맘속에 담아 둔 말(言)의 머릿글자만을 써 놓고 방년 18세의 들뜬 내게 맞추어 보라며 청혼했습니다. "당신의 젊음과 행복에 대한 열망이 너무 생생해서 내가 그만큼 나이가 들고 행복할 수 없을 것만 같은 기분을 일깨워주고 있소." 이미 자신의 우상에게 반해버린 나는 그의 '행복할 수 없을 것만 같은 기분'을 이해할 수 없었습니다. 우리 집안과 친하게 지냈던 그가 무엇 때문에 언니가 아닌 나를 선택했는지 짐작하지 못했습니다. 그날 밤, 떨리는 마음으로 촛불을 켜놓고 일기를 썼습니다. 그와 나 사이에 뭔가 중대한 일이 일어나고 있었습니다. 그가 왜 그렇게 서둘렀는지 알지 못한 채, 세상모르는 열여덟 처녀는 일주일 뒤 결혼식을 올리고 서둘러 부모 곁을 떠났습니다. 양처(良妻)가 되겠다는 일념이 가득했던 나는 그것을 '똘스또이의 결혼'이라 생각했습니다.

그리고, 48년을 함께 살았습니다. 열아홉 살 때부터 마흔 네 살 때까지 열셋의 자식을 낳았습니다. 도중에 잃어버린 다섯 아이 중 일곱 살 바냐의 죽음은 내게서 신이 앗아가 버린 인생의 마지막 선물이었습니다. 그가 가출을 결행했을 때 내가 건사해야 할 가족은 손자들까지 합쳐 스물여덟이었습니다. 수백 명의 농부와 하인들을 상대하고, 그의 난필(亂筆)을 정성스럽게 필사하고, 그의 책을 펴낼 모스끄바의 출판사와 옥신각신 밀당을 하고, 사마라에 그가 사들인 영지를 경영하고, 끈덕지게 달라붙는 그의 추종자들을 상대하는 일까지 온전히 내 몫이었습니다. 나는 소피야 안드레예바가 아니라 레프 니꼴라예비치 똘스또이의 부인, 세계적 명성을 누리고 '러시아의 양심'을 상징하는 '작가의 부인'으로 살았습니다.

나는 처음부터 '천재 작가'를 존경하고 그에게 헌신했으나, 그를 잘 알지는 못했습니다. 결혼 후 받아 본 그의 일기는 그 시대 귀족 남자들의 온갖 방종에 관한 적나라한 보고서로 나를 충격 속으로 몰아넣었습니다. 우리의 정혼 한두 달 전까지 그와 관계를 가졌던 농노의 아내를 눈앞에서 보는 모욕을 나는 겪었습니다. 그가 '진정으로 사랑을 느꼈다'는 악시냐는 여전히 집안의 하녀로 얼씬거렸습니다. 그를 닮은, 서자 찌모페이는 우리 가족의 마부로 일했습니다. 그럼에도 나는 그를 용서하고, 사랑하고, 숭배하기로 결심했습니다.

결혼 전 그는 이미 <유년시절>, <소년시절>, <청년시절> 3부작과 <세바스또폴 이야기> 연작으로 명성을 얻은 작가였습니다. 하지만, 『전쟁과 평화』와 『안나 까레니나』를 비롯한 걸작들은, 훗날 비평가들이 정당하게 지적한대로, 나와 함께 살을 부대끼며 정신적 안정을 얻고서 집필된 것이었습니다. 그의 젊은 시절을 지배했던, 아니 평생 그가 천착하고 헤어 나오지 못했던, 육욕(чувственность)과 사랑(любовь)의 갈등이 가족이라는 둥지에서 타협하면서, 창작을 위한 사유가 해방될 수 있었던 것입니다. 나는 그의 조언자였고, 모델이었고, 필경사였고, 매니저였습니다. 모스끄바 의사의 딸로, 시골 생활은 아무것도 모르고 자란 나는, 십 대 후반에 지주-귀족의 아내가 되어 도시에서는 상상할 수도 없는 두엄 냄새를 맡고, 사시사철 끝이 없는 농사일을 습득하고, 늘어만 가는 가족들 하나하나를 다 챙겨가는 사이, 나 자신을 잃어가고 있었습니다.

그는 줄줄이 나온 자식들 모두에게 모유 수유를 원했습니다. 당시 도시의 귀족 부인들은 유모를 두는 것이 관례였습니다. 온몸이 지쳐버린 나는 '아이에게 희생하는 마음으로' 젖을 물렸습니다. 하지만, 육체적 소진보다 내게 더 힘들었던 것은, 그의 일부만 내게 속했다는 사실이었습니다. 나는 그에게 온전히 속했다고 믿었고, 아내의 역할을 충분히 다 하지 못했나, 자책하기도 했습니다. 나는 그의 눈으로 세상을 보았고, 세상의 중심은 내 남편 레프 똘스또이였습니다. 하지만, 나는 그의 전부가 아니었습니다. 그는 모든 것을 나눌 상대로 나를 선택하지 않았습니다. 농부 옷을 걸치고 쟁기질을 하던 그는 구름을 타고 떠도는 신선 같았습니다. 두 발을 땅에 디디고 선 그는 사자처럼 당당한 풍채로 걸어가지 않고 독수리처럼 매섭게 날아가려고 했습니다.

막내딸이 태어나기 3년 전인 1881년, 대문호 똘스또이는 '인생의 전환'을 실천하기로 결심했습니다. 도덕적 자기완성에 전부를 건 그는 자신의 신분을 상징하는, 대대로 궁핍에 절어 살아온 농민들 옆에서 자신의 호사스런 생활을 뒷받침해 온, 모든 것을 버리기로 작정했습니다. 가구와 마차와 포르테 피아노와 백작의 작위까지 버리고, 가장 단순한 삶을, 불편한 삶을 살기로 했습니다. 손수 땅을 일구는 육체노동을 선택했습니다. 드넓은 영지의 재산권을 아내에게 넘겼습니다. 급기야 자신의 작품에 관한 저작권까지 부정하고 그것이 사회적 재산, 즉 공유(公有)가 되어야 한다고 주장했습니다. 20년 동안 살을 부비며 더불어 살았으나 나는 그에게 선택되지 못했습니다. 그는 원대하고 심오한 해방의 길로 나아갔고, 나는 알 수 없는 심연에서 깊은 그늘에 갇혔습니다.

나는 정교회 신자로 살았습니다. 따라서 그의 고독한 '정신생활'을 전혀 이해하지 못할 것은 아니었습니다. 물질적, 개인적 호사를 마다하는 그의 양심이 도무지 마음에 와닿지 않은 것도 아니었습니다. 하지만, 나는 "신이 주신, 의심할 나위 없는 의무라는 것이 있다"고 생각했습니다. 누구도 그것을 거부할 권리가 없고, 또한 그것은 정신생활에 방해가 되는 것이 아니며 오히려 도움이 될 것이었습니다.[04] 현모양처로 평생을 살아오고자 했던 나 소피야에게 그것은 무엇보다 자식들에 대한 의무였습니다. 이제 와서 모든 것을 버린다면, 누가, 무엇으로 우리 아이들을 돌볼 것인가? 세상에 대한 양심으로 자기를 해방하고, 세상에 대한 설교로 자신을 허허벌판에 놓고자 한다면, 수십 년을 그와 함께 한 가족은, 그의 모든 것을 감내한 아내는 어디로 가는가? 그와 깊은 생각을 나눌 수 없었던 나는 어깨에 짊어진 인생의 모든 짐을 내려놓고 싶었습니다.

> "나는 뭔가에 집중하고, 뭔가를 생각하고, 뭔가를 느끼고 실행하는 능력을 완전히 상실해버렸다. 끊임없이 돌봐야 할 오만가지 일들로 나는 바보가 되어버리고, 균형감각을 잃어버렸다. 말로는 쉽지만, 이런저런 수많은 일들이 다 걱정거리다. 아이들의 교육과 병치레, 남편의 위생 상태와 더욱 중요한 정신 상태, 다

---

04 소피야의 일기, 1887년 3월 6일

큰 자식들과 그들의 일, 빚, 그들의 아이들, 그리고 하인들, 사마라의 영지 문제, 새로운 출판 일, 열 세권의 교정, 미샤의 밤 셔츠, 안드레이의 시트와 장화...

이 모든 걸 다 내팽개치고, 어떻게든 이 인생길에서 벗어나고 싶은 적이 한두 번이 아니다. 오, 주여, 살아가는데, 싸우는데, 고통스러움에 완전히 지쳐버렸어요. 가장 가까운 사람들의 무의식적 사악함이 얼마나 크고, 그들의 에고이즘이 얼마나 큰지요!"[05]

남편에게는 작품과 이념과 추종자가 있었지만, 나에게는 오직 가족뿐이었습니다. 하지만, 내 눈에 남편의 이념은 '환상(фантазия)'이었습니다. 나는 '현실'을 살아야 했습니다. 문예와 그림에 소질이 없지 않았으나 아내와 엄마의 삶이 먼저였기에 접어야만 했습니다. 그런 나와 정신적 교감이 안 된다고 여긴 남편은 딸들에게 작품의 필사를 맡겼습니다. 그것은 아내인 내가 가장 보람을 느끼고 좋아하는 일이었습니다.

그는 어느 피아니스트와 귀족 부인의 연애 사건을 소재로 한 <크로이체르 소나타>[06]라는 작품을 통해 나를 모독하기까지 했습니다. 그것은 겉보기에 섹스와 사랑과 결혼이라는 보편적 주제를 다루고 있고, 마치 도스도옙스끼처럼 주인공들의 죄와 벌을 논하는 것이었지만, 내가 한때 개인 교사로 초빙했던 피아니스트와 나 사이를 빗댄 것이 틀림없었습니다. 배신감이 몰려왔습니다. 더구나 러시아의 방방곡곡은 물론 외국에서까지 찾아든 방문객들은 내게 어둠의 세력으로 보였습니다. 그를 흠모한다면서, 남편

---

05 소피야의 일기, 1890년 12월 16일
06 1889년 출판된 똘스또이의 중편소설

의 유명세를 이용하여 무슨 음모를 꾸미는지 모를 일이었습니다. 그 중심에 체르뜨꼬프라는 작자가 있었습니다. 나 몰래 숲속으로 남편을 유인하여 '비밀 유언장'을 작성하도록 부추긴 '귀신(러시아어 쵸르뜨чёрт)'같은 장본인입니다. 그렇게 하여 남편은 그 작자의 영향력 하에 놓여 있던, 나와 남편의 전쟁에서 언제나 아버지 편을 들었던 못된 막내 딸 사샤에게 저작권을 넘기게 된 것입니다.

그리고, 1910년 10월 28일 새벽, 몇 줄의 편지를 두고 그는 떠났습니다.

"내 가출은 당신을 슬프게 할 것이오. 이것이 유감스럽지만, 내가 달리 어찌할 방도가 없었다는 걸 이해해주고 믿어 주시오. 집에서 내가 처한 상황은 견딜 수 없을 정도가 되었소. 다른 모든 것을 떠나서도, 지금까지처럼 호사스런 생활을 더 이상 계속할 수 없소. 그리고 내 또래 늙은이들이 흔히 그러는 것처럼, 세속 생활을 떠나 고독과 고요 속에서 인생의 마지막 날들을 보내고 싶소."07

그들은 남편이 아스따뽀보 역에서 생의 마지막을 가는 순간에도 안에서 문을 잠그고, 나를 들여보내지 않았습니다. 그로부터 9년이 지나 나의 임종을 지켜 본 큰 딸 따냐는 나중에 이렇게 적었습니다. 어머니 소피야는

07　Гладкова Л.В. ред., Уход Льва Толстого, с.546-547

"뭔가 깁듯이, 바늘에 실을 꿰듯이 손을 놀렸다."

그것은 아내의 일생이었습니다.

나, 소피야는 오직 남편과 가족 문제에 집착하여, 자신의 삶의 무게에 눌려 살았고, 그로 인해 시야가 좁아졌습니다. 악시냐와 체르뜨꼬프에 대한 질투와 혐오, 그리고 남편과 막내딸 사샤에 대한 배신감이 너무나 컸습니다. 당시 귀족과 농노로 나뉜 신분제 사회에서 나는 백작의 아내로 살았습니다. 따라서 나에게 농노들의 궁핍한 삶에 관해서는 어떤 사회적 문제의식도 없었다고, 남편의 고상한 사상을 왜 그렇게 이해하지 못했냐고 후세인들이 타박한다고 해도 달리 변명하고 싶지는 않습니다.

참고문헌

Толстой Л.Н. Полное собрание расскзаов и пьес в одом томе. Москва, 2010
Толстой Л.Н. Полное собрание ромнаов и повестей в вдух томах. Том 1. Москва, 2010
Толстой Л.Н. Полное собрание ромнаов и повестей в вдух томах. Том 2. Москва, 2010
Гладкова Л.В. ред., Уход Льва Толстого. Тула, 2011
Гладкова Л.В. ред., Толстой сегодня. Москва, 2014

레프 똘스또이 지음, 최진희 옮김, 『유년 시절·소년 시절·청년 시절』, 펭귄클래식코리아, 2015
레프 똘스또이 지음, 김성일 옮김, <가정의 행복>, 『똘스또이 문학전집: 중단편선 I』, 작가정신, 2010
레프 똘스또이 지음, 김성일 옮김, <세 죽음>, 『똘스또이 문학 전집 6: 중단편선I』, 작가정신, 2010
레프 똘스또이 지음, 김성일 옮김, <까자끄인들: 깝까즈 이야기 1852년>, 『똘스또이 문학전집: 중단편선 I』, 작가정신, 2010
레프 똘스또이 지음, 김성일 옮김, <네흘류도프 공작의 수기: 루체른>, 『똘스또이 문학전집: 중단편선I』, 작가정신, 2010
레프 똘스또이 지음, 김문황 옮김, <1854년 12월의 세바스또뽈>, 『똘스또이 문학전집: 중단편선II』, 작가정신, 2010
레프 똘스또이 지음, 김문황 옮김, <1855년의 5월의 세바스또뽈>, 『똘스또이 문학전집: 중단편선II』, 작가정신, 2010
레프 똘스또이 지음, 김문황 옮김, <두 경기병>, 『똘스또이 문학전집: 중단편선II』, 작가정신, 2010
레프 똘스또이 지음, 김문황 옮김, <눈보라>, 『똘스또이 문학전집: 중단편선 II』, 작가정신, 2010
레프 똘스또이 지음, 김문황 옮김, <습격-어느 지원병의 이야기>, 『똘스또이 문학전집: 중단편선II』, 작가정신, 2010
레프 똘스또이 지음, 김문황 옮김, <강등병 – 깝까즈의 추억으로부터>, 『똘스또이 문학전집II』, 작가정신, 2010
레프 똘스또이 지음, 고일·함영준 옮김, <악마>, 『똘스또이 문학전집 8: 중단편선 III』, 작가정신, 2010
레프 똘스또이 지음, 고일·함영준 옮김, <주인과 하인>, 『똘스또이 문학전집: 중단편선III』, 작가정신, 2010
레프 똘스또이 지음, 고일·함영준 옮김, <세르기 신부>, 『똘스또이 문학전집: 중단

편선III』, 작가정신, 2010
레프 똘스또이 지음, 고일·함영준 옮김, <크로이체르 소나타>, 『똘스또이 문학전집: 중단편선III』, 작가정신, 2010
레프 똘스또이 지음, 김문황 옮김, <지주의 아침>, 『똘스또이 문학전집: 중단편선II』, 작가정신, 2010
레프 똘스또이 지음, 고일·함영준 옮김, <이반 일리치의 죽음>, 『똘스또이 문학전집: 중단편선III』, 작가정신, 2010
레프 똘스또이 지음, 강명수 옮김, <시골에서 보낸 사흘>, 『똘스또이 중단편선 IV』, 작가정신, 2010
레프 똘스또이 지음, 강명수 옮김, <하지 무라뜨>, 『똘스또이 문학전집 9: 중단편선 IV』, 작가정신, 2010
레프 똘스또이 지음, 박형규 옮김, 『전쟁과 평화1』, 문학동네, 2020
레프 똘스또이 지음, 박형규 옮김, 『전쟁과 평화2』, 문학동네, 2020
레프 똘스또이 지음, 박형규 옮김, 『전쟁과 평화3』, 문학동네, 2020
레프 똘스또이 지음, 박형규 옮김, 『전쟁과 평화4』, 문학동네, 2020
레프 똘스또이 지음, 류필하 옮김, 『전쟁과 평화1』, 이룸, 2001
레프 똘스또이 지음, 류필하 옮김, 『전쟁과 평화2』, 이룸, 2001
레프 똘스또이 지음, 류필하 옮김, 『전쟁과 평화3』, 이룸, 2001
레프 똘스또이 지음, 이철 옮김, 『안나 까레니나(상)』, 범우사, 2000
레프 똘스또이 지음, 이철 옮김, 『안나 까레니나(하)』, 범우사, 2000
레프 똘스또이 지음, 박형규 옮김, 『부활1』, 민음사, 2015
레프 똘스또이 지음, 박형규 옮김, 『부활2』, 민음사, 2014
레프 똘스또이 지음, 고일 김세일 옮김, 『러시아 독본』, 작가정신, 2011
레프 똘스또이 지음, 이항재 옮김, 『비밀일기 1910.7.29.-10.29』, 인디북, 2005
레프 똘스또이 지음, 이영범 옮김, 『참회록』, 지식을만드는지식, 2012
레프 똘스또이 지음, 조윤정 옮김, 『국가는 폭력이다: 평화와 비폭력에 관한 성찰』, 달팽이, 2008
레프 똘스또이 지음, 이철 옮김, 『예술이란 무엇인가』, 범우사, 1998
영화 <똘스또이의 마지막 인생>

김창진, 『시베리아 예찬』, 가을의아침, 2015
정소영 엮고 옮김, 『아름다움을 만드는 일: 윌리엄 모리스 산문선』, 온다프레스, 2021
나보꼬프, 블라지미르 지음, 이혜승 옮김, 『나보꼬프의 러시아 문학 강의』, 을유문화사, 2012
나보코프, 블라지미르 지음, "똘스또이의 생애와 그의 작품 세계", 이철 옮김, 『안나 까레니나(하)』
버거, 존 지음, 김우룡 옮김, 『존 버거의 글로 쓴 사진』, 열화당, 2006

버거, 존 지음, 김현우 옮김, 『끈질긴 땅』, 열화당, 2019
브루니, 루이지노 지음, 강영선 외 옮김, 『콤무니타스 이코노미』, 북돋움, 2020
사이드, 에드워드 지음, 장호연 옮김, 『말년의 양식에 관하여: 결을 거슬러 올라가는 문학과 예술』, 마티, 2008
세네카, 루키우스 지음, 천병희 옮김, 『왜 인생이 짧은가』, 숲, 2005
스펄링, 조슈아 지음, 장호연 옮김, 『우리 시대의 작가: 존 버거의 생애와 작업』, 미디어창비, 2020
오버톤 톰 엮음, 신해경 옮김, 『풍경들: 존 버거의 예술론』, 열화당, 2020
우나무노, 미겔 데 지음, 장선영 옮김, 『삶의 비극적 감정』, 누미노스, 2010
윌슨, 앤드류 노먼 지음, 이상룡 옮김, 『똘스또이』, 책세상, 2010
츠바이크 슈테판 지음, 나누리 옮김, 『카사노바, 스탕달, 똘스또이』, 필맥, 2014
콩파뇽, 앙투안 지음, 장소미 옮김, 『인생의 맛: 몽테뉴와 함께하는 마흔 번의 철학 산책』, 책세상, 2014
끄로뽀뜨낀, P.A. 지음, 김영범 옮김, 『만물은 서로 돕는다』, 르네상스, 2005
끄로뽀뜨낀 뾰뜨르 지음, 백용식 옮김, 『아나키즘』, 개신, 2009
투르니에, 미셸 지음, 김화영 옮김, 『짧은 글 긴 침묵』, 현대문학, 2004
파이지스, 올랜도 지음, 채계병 옮김, 『나따샤 댄스: 러시아 문화사』 이카루스미디어, 2005

지은이 김창진

30년 전, 모스끄바에 첫 발을 디디고
러시아라는 세계를 만났다.
거기, 낯설고도 낯익은 유라시아 문명의 세계에 거부할 수 없는
끌림을 느끼며 다정한 사람들과 심오한 문화예술에 젖어들었다.
'빛나는 벌판'이라는 이름의 고즈넉한 숲속 오솔길 옆,
소박한 풀무덤으로 남아있는 레프 똘스또이는 형언할 수 없는
울림으로 가슴 속 깊이 남아있다.
험한 시대에 맞서는 방편으로 정치학을 전공했지만,
평소에는 산책과 영화, 여행을 즐긴다.
에세이로 『시베리아 예찬』을 썼고, 성공회대 교수로 있다.

똘스또이와 함께한 날들

초판 인쇄 2021년 12월 10일
초판 발행 2021년 12월 28일

지은이 김창진

펴낸이 김선명
펴낸곳 뿌쉬낀하우스
편집 엄올가, 송사랑
디자인 김율하
주소 서울시 중구 동호로 15길 8. 리오베빌딩 3층
전화 02)2237-9387
팩스 02)2238-9388
이메일 book@pushkinhouse.co.kr
홈페이지 www.pushkinhouse.co.kr
출판등록 2004년 3월 1일 제 2004-0004호

ISBN 979-11-7036-061-2 03800

Published by Pushkin House. Printed in Korea
Copyright ⓒ 2021 Pushkin House
         ⓒ 김창진

저작권법에 의해 보호를 받는 저작물이므로 무단 전재와 무단 복제를 금합니다.

표지 그림:
상단 - '경작지에서의 톨스토이', 일리야 레핀 원작의 리소그래피, 상트페테르부르크, 1888년
  ⓒ 톨스토이 생가 박물관 '야스나야 폴랴나', 2021
  Литография. Л. Н. Толстой на пашне. По оригиналу И. Е. Репина. Санкт-Петербург. 1888 г.
  ⓒ Музей-усадьба Л. Н. Толстого «Ясная Поляна», 2021 г.

중간 - 『전쟁과 평화』, 『안나 카레니나』, 『부활』 초기 판본 표지
하단 - 야스나야 뽈랴나의 자작나무 숲